ミネルヴァ日本評伝選

熱と誠があれば

北里柴三郎

福田眞人著

ミネルヴァ書房

刊行の趣意

「学問は歴史に極まり候ことに候」とは、先哲荻生徂徠のことばである。歴史のなかにこそ人間の智恵は宿されている。人間の愚かさもそこにはあらわだ。この歴史を探り、歴史に学んでこそ、人間はようやくみずからの正体を知り、いくらかは賢くなることができる。新しい勇気を得て未来に向かうことができる。徂徠はそう言いたかったのだろう。

「ミネルヴァ日本評伝選」は、私たちの直接の先人について、この人間知を学びなおそうという試みである。日本列島の過去に生きた人々の言行を、深く、くわしく探って、そこに現代への批判を聴きとろうとする試みである。日本人ばかりではない。列島の歴史にかかわった多くの異国の人々の声にも耳を傾けよう。

先人たちの書き残した文章をそのひだにまで立ち入って読み、彼らの旅した跡をたどりなおし、彼らのなしとげた事業を広い文脈のなかで注意深く観察しなおす——そのとき、はじめて先人たちはいまの私たちのかたわらによみがえってくる。彼らのなまの声で歴史の智恵を、また人間であることのよろこびと苦しみを、私たちに伝えてくれもするだろう。

この「評伝選」のつらなりのなかから、列島の歴史はおのずからその複雑さと奥ゆきの深さをもって浮かび上がってくるはずだ。これを読むとき、私たちのなかに新たな自信と勇気が湧いてきて、その矜持と勇気をもって「グローバリゼーション」の世紀に立ち向かってゆくことができる——そのような「ミネルヴァ日本評伝選」にしたいと、私たちは願っている。

平成十五年（二〇〇三）九月

上横手雅敬
芳賀　徹

北里柴三郎

師コッホと（明治41〔1908〕年コッホ来日時，厳島にて）

北里研究所

（現在愛知県犬山市の明治村に移築されている）

はじめに

この本は、明治から昭和時代にかけて活躍した医学者北里柴三郎（旧暦嘉永五年十二月二十日新暦一八五三年一月二十九日～昭和六年一九三一年六月十三日）の生涯を俯瞰しようとする試みである。

いかなる時代にもエリートは存在する。狩猟時代には、おそらく狩猟のエキスパートが、貴族の時代には優雅さ狡猾さ、富を有する者が、そして武士の時代には勇猛果敢さを誇った者が。しかし、新しい明治維新の時代に有用な人物とは、近代国家の発展に寄与することができる人間であった。西洋列強に早く伍（ご）すために、富国強兵、殖産興業を推し進める時代にあっては、軍人といっても武家の時代の単なる武人だけであってはならなかった。商人といって、諸外国との通商に秀でた単なる商人だけであってもならなかった。為政者といって、近代国民国家擁立のための天下国家を論ずる政治的人間だけでも不足だった。

そこには科学が、その発展によって人類に貢献するという宏大な理想が必要だったし、その研究者、創造者、発見者が必要だった。

十七世紀西欧で収集と整理・命名の博物学（natural history）が一気に花開き、医学をも含めた近代科学がその黎明期を迎えた。

おおよそ医学と呼ばれるものは、西洋に限ればギリシャのヒポクラテス（紀元前約五〜四世紀）に、東洋の中国では脈学の創始者扁鵲（へんじゃく）（前四〇七〜三一〇年頃）に、インドではアユールヴェーダ（紀元前三〇世紀）に、おのおの起源があるとされる。おそらくは、すべての地域で独自の癒しと看護の知識が積み上げられ、それが植物を利用した薬学的治療法と結びついて、医学と呼ばれる、あるいは医者と呼ばれる職業を形成したのであろう。

日本は、その医学の大部分を中国から学んだことになっている。直接的に、あるいは韓国朝鮮を通して間接的に。もちろん、そこには日本独自に発達し展開された医学的、薬学的知識があった筈である。それが中国の書物を通して体系的に日本にもたらされたことだけは間違いない。

江戸時代から、明治維新を迎え、まさに西欧列国に伍さんとした時、日本に必要なのは開明的思想と科学技術の摂取、科学的発明の基礎を固めること、その技術ならびに知識をあまねく臣民に分け与えることだった。そこに研究者の養成を旨とする教育機関が必要だった。

今日、しばしば日本は、経済は一流、政治は三流と揶揄（やゆ）されるが、これに倣（なら）って言えば明治維新当時の日本の西洋医学に関する知識は三流、国力もやっと三流か二流どころだった。しかし、永い間中国医学の影響下にあって漢方医学が主流で、西洋諸国に比べてもっとも遅れているかに見えた日本の近代医学を、世界の水準にまで押し上げた人物はおそらく北里柴三郎と野口英世（一八七六〜一九二八）であった。

（ここで留意しておいたほうがよいのは、漢方医学が劣っている、悪いというのではなく、西洋医学が主流を占めるようになってきたとき、漢方医学の知識や経験が活かされて、いっそう急激に西洋医学の知識、知見を吸収し咀嚼することができたと考えた方がよかろう、ということである。学問の発達、発展とはそうしたものであることが多い。もちろん、今日の漢方医学の再評価は瞠目すべきものであるし、西洋医学の見落としていたものを見事に掬い上げているとも言える）

毀誉褒貶（きよほうへん）の烈しい野口は華々しい活躍によって世界のノグチになったが、北里は黙々と華々しい実績を上げ、まさに世界のキタザトになっていったのである。そしてその二人の貢献者の片割れである野口は、実は北里の愛弟子の一人だった。

興味深いことに、ある調査によると過去千年の日本の偉大な科学者のイメージは次の通りの順位になっている。

「この千年「日本の科学者」読者人気投票
一位・野口英世　二位・湯川秀樹　三位・平賀源内　四位・杉田玄白　五位・北里柴三郎　六位・中谷宇吉郎　七位・華岡青洲　八位・南方熊楠　九位・江崎玲於奈　十位・利根川進」
（朝日新聞社「この千年・日本の科学者」の読者人気投票、二〇〇〇年十月二日実施）

この中では四人が医者で、この十人の最古の人である杉田玄白（一七三三～一八一七）でさえせいぜい二百年程度前の人物である。もちろん彼は『解体新書』の翻訳と日本最初の解剖をした人の一人として記憶されているのだが、残念なことに、この投票ではたとえば英国のニュートンやドイツのライプニッツとはまったく別個に微分積分を考案した数学者の関孝和（せきたかかず）（一六四〇頃〜一七〇八）などは入っていない。日本の科学は近代のもの、とりわけ西洋の影響下にある明治以降であるという認識であろうか。

野口英世の高い人気は、子供向けの伝記で称揚された極貧と不遇からの立身出世物語の結果であろうし（もちろん、彼の業績をいっさい軽んずるものではない）、華岡も有吉佐和子の小説（『華岡清洲の妻』）の影響が大きいであろう。

湯川、江崎、利根川はノーベル賞を受賞している。今もう一度同種の調査をすると、あらたにその後ノーベル賞受賞者（日本人は全員で十二名）となった福井謙一、白川英樹、野依良治、小柴昌俊、田中耕一らの名前が加わる可能性が考えられる。意外に感じられるのは、六位に挙げられた雪の結晶構造研究に功績のあった中谷であろうか。それはおそらく小学校の国語や理科の教科書で雪の結晶の研究が具体的に触れられているからであろう。

三位の平賀源内（一七二八〜七九）は、その特異な性格と行動力によって、またエレキテルを実験したこと、西洋画を描いたこと、さらに今日の万博（万国博覧会）にも当たる物品会（ぶっぴんえ）を催したことによる。その秘密に満ちた生涯と不可思議な最期も強い興味を引き起こしているのかも知れない。学校の教科書で、とりわけ日本史で特異な人物として紹介されている。その波瀾万丈の生涯が、源義経に対する判官贔屓（ほうがんびいき）のように人々の共感を呼ぶのかも知れない。

　それでは五位に挙げられた北里の功績とは端的に言って何であったのか。彼の生涯を詳細に検討する前に、その全体像を俯瞰することで、北里論の始まり、問題提起としたい。

北里柴三郎——熱と誠があれば　目次

図版一覧

図版一覧

北里柴三郎系図

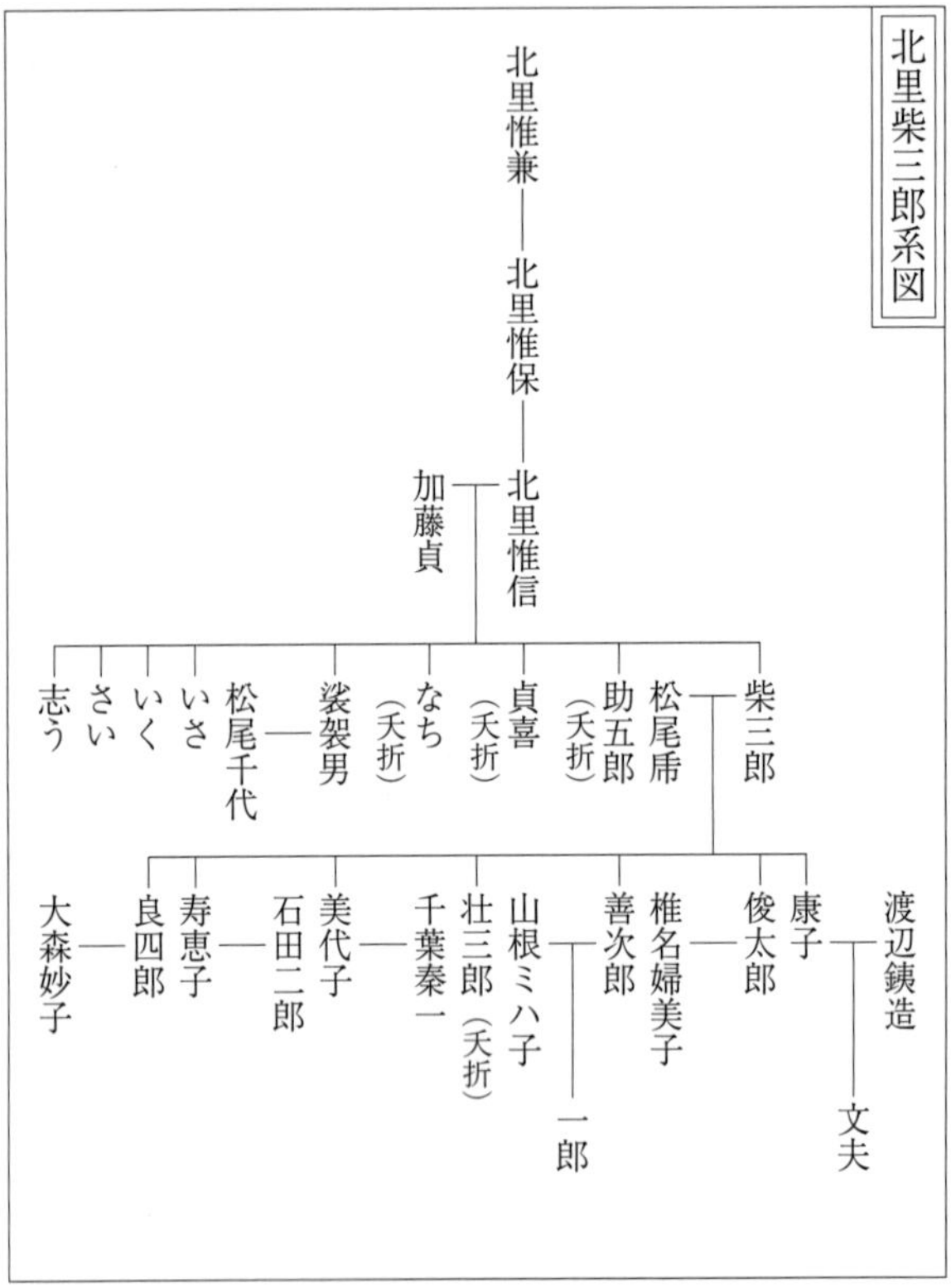
北里惟兼
北里惟保
北里惟信
加藤貞
柴三郎
松尾乕
助五郎（夭折）
貞喜（夭折）
なち（夭折）
裟袈男
松尾千代
いさ
いく
さい
志う
渡辺鎮造
康子
文夫
俊太郎
椎名婦美子
善次郎
山根ミハ子
一郎
壮三郎（夭折）
千葉秦一
美代子
石田二郎
寿恵子
良四郎
大森妙子

序章　北里柴三郎の全体像の俯瞰

北里柴三郎の功績は、編年的に言えば大きく言って次のように羅列されるであろう。

北里柴三郎の業績

まず第一に、日本で細菌学的方法を修得し、ドイツ留学で師事したコッホ（Robert Koch, 1843-1910）の下で、それまで誰もなし得なかった破傷風菌純粋培養に成功したことが挙げられる。また、引き続いて、破傷風免疫体（抗毒素）を発見したことが挙げられる。

次に、この抗毒素発見から、破傷風の血清療法創製に至り、ドイツ人のベーリング（Emil von Behring, 1854-1917）と共同でジフテリア血清療法を開発したことが挙げられる。ベーリングはこの功績により第一回ノーベル生理学・医学賞を受賞している。

第三に、ドイツからの帰朝後、伝染病研究所を設立し、日本における細菌学研究、伝染病研究の水準を上げ、世界に伍する研究をなしたことが挙げられる（福沢諭吉、森村市左衛門らの援助を得て）。

さらに、伝染病研究所において、単なる細菌学研究だけではなく、その研究の基礎を成すものとして獣医学など幅広い協力態勢をとり、かつ血清療法のために実務的環境を整えたことが挙げられる。つまり、総合的研究体制の樹立とその実質的運営に成功したという功績が考えられる。

続いて、その伝染病研究所の資金調達のために、結核専門病院としての土筆ヶ岡養生園を開設したことが挙げられる。これは主に支援者福沢諭吉の指示によるものだが、理論と実践を実に巧みに組み合わせたもので、また、将来の北里研究所の経済的基盤を築いたものである。

また伝染病研究所ならびに北里研究所において、優秀な研究者を育成し、輩出したことが特筆されるべきだろう。野口英世（梅毒および黄熱病研究）、北島多一（一八七〇〜一九五七、蛇毒の研究）、志賀潔（一八七〇〜一九五七、赤痢菌発見）、秦佐八郎（一八七三〜一九三八、梅毒の化学療法サルバルサン発見）ら錚々たる面々である。

さらに、梅野信吉による狂犬病予防液の発明、北島多一によって新知見が加えられたコレラの免疫血清療法等が医療の場で有効に活かされたことも、忘れてはならない。

そして、現在もなお未確定のように放置されている感のある、香港におけるペスト菌の発見がある。多くの日本の教科書で記されているように、ペスト菌はフランス人細菌学者イェルサン（Alexandre Emile John Yersin, 1863-1943）の単独発見と考えられているが、実際には北里と別個での同時期発見の可能性がある。もし、先に報じた者が第一発見者になるという今日の科学的発見の先陣争いの方式に従えば、北里の方に軍配が上がるかも知れない。この発見の経緯、その認知の仕方にも、歴史を語る面白さがあるだろう（なお、イェルサンは、中国に二つのパスツール研究所を開設したこと、ならびにインドシナにゴムの木を導入したことで知られている）。

また、大正二年（一九一三）、国家の由々しき問題としてようやく認識された結核の予防対策組織として設立されていた結核予防協会の副会頭となり、また日本結核病学会を立ち上げて、その第一回総会を東京で開催しその会長を務めたことが挙げられる。

さらに不確実なことだが、インフルエンザ菌の最初の発見者であるという可能性もあるということが考えられる。北里のインフルエンザ菌説は、世界最初の発見者として名前の出ているコッホ研究所のプファイフェル（Richard Friedrich Johannes Pfeiffer, 1858–1945）と同じ雑誌の同じ発行号に一八九二年に掲載されている論文があることからも、信憑性が高いと考えられる。もちろん、この菌はインフルエンザの原因ではなく、インフルエンザは今ではウイルスであることが確定しているが。

また、日本においては、西洋医学は比較的新しく導入され、明治年間ではまだ十分に認知されていなかったのだが、大正十二年（一九二三）、医師の団体として初めての全国組織となった日本医師会の組織に貢献し、その会長に就任して、医師の公益と福利のために尽力したことが挙げられよう。今日日本全国に組織を持ち会員数十六万人余を誇る一大組織を作り上げ、統率したことは特記されるべきであろう。

しかし、大正三年（一九一四）、自らが興し、その後内務省管轄になっていた伝染病研究所が行政改革の名の下に文部省管轄（つまりは東京帝国大学の管轄下になること）になるに及んで、官を辞し、自ら再び北里研究所を創立し、私立の研究所として多大の功績を誇ったことが考えられる。このことは、現在も続く北里研究所の基礎を築いたのみならず、今日の北里大学の礎石を据えた功績とも言える。

さらに、開学の祖としての役目は、大正六年（一九一七）、慶応義塾大学に医学科が創設されると、乞われてそこの科長となり、医学部の発展に寄与したことにも見られる。

北里柴三郎の人生

おおよそこれで北里柴三郎の功績の全体像は見えてきた。それでは北里の生涯の軌跡、その意識と意図、希望の軌跡とはどのようなものであったのだろうか。すでに見たその業績と重複するものがあるとしても、適宜時系列的に配列すればおおよそ次のようになるであろう。

まず第一に、総庄屋に連なる家系に長子として生まれ、また母が武士の出であったことが挙げられる。これらの出自も、北里の精神に大きな影響を与えたことであろう。それは父系の村を束ねる意識と、母系の武士階級としてまさに社会を束ねるという二つの大きな意識、指導的立場の人間であるべきという自覚の薫陶（くんとう）を無言の内に受けていたのである。

次に、幼少のみぎわから寺子屋（七歳）や学問所（十歳）に送られて、勉学の意識を醸成されたことが挙げられる。肥後熊本の端々まで、教育の大切さは認識され、単なる「読み書き算盤」というところから脱していたのかも知れない。また同時に勉学の進展と共に、村落の子女と遊びながらも庄屋の子供としての立場から、指導者的立場への強烈な自覚が生まれたことが考えられる。北里自身の強烈な個性とは別に、庄屋の子供として特別の扱いを受けていた可能性が考えられる。十歳にして学問をしている親戚の家に預けられたこと、以後教育のためとはいえ、休息の時以外、自宅に置かれたことがないことも、重要な点であろう。

ひとつには、両親が北里に教育を授けようとしていたことであり、また厳しい修業を積みながら、北里は自分の学問がどんどん進むことを自覚し、さらなる勉学の志望を持った筈である。またそこでは精神的修練が大きな位置を占めた筈である。

さらに、北里には武士か軍人、あるいは政治家になりたいという強い志望があったことが挙げられる。北里には、長袖（国手、医師）と坊主への強い侮蔑の念があった。それは当時の社会事情を反映している。医師の社会的地位は江戸時代から必ずしも高いものではなかった。もちろん仁医はいたし、また御典医（御殿医）として取り立てられ、地位も財も成した者がある。一方僧はと言えば、廃仏棄釈とそれに伴う国家神道の世情があって、ますます仏僧は肩身の狭い状況に置かれていた。幼少時の武士志望を堅持していたと見ていいだろう。

しかし、親の意を受けて熊本に出、古城医学所、熊本医学校での修学生活したことが北里の志望を変えるきっかけになったことが考えられる。

ここでの生活で、秀才としての北里の存在を、学生のみならず、先生にも認めさせたことは大きかった。それは最初の医学の師とも呼ぶべきオランダ人マンスフェルト（満私歇尓寻、C. G. van Mansvelt, 1832–1912）との出会いであった。彼は、北里にオランダ語を習わせ、個人的に地理学などを講じ、さらに北里には武士あるいは政治家という別の志望があることを見抜き、逆に医学の素晴らしさを実感させ、医学を志望させるに至る方策を練ったのである。それは当時科学の最先端であったミクロの世界、つまり顕微鏡の中の世界を北里に垣間見させるだけで十分だった。細菌（黴菌）を顕微鏡に覗き見た北里は、驚愕し感動を覚えて、細菌（黴菌）学の種が北里の胸深くに蒔かれたのである。

次に、北里の熊本から上京までの経緯が挙げられよう。

北里は、マンスフェルトから強く将来の東京での修学を慫慂（しょうよう）され、さらにその後はヨーロッパでの研学を勧められている。上京の方法、経路、費用の負担者は誰かなどのいくつかの問題が解明される必要がある。また、東京大学に入る上京後一年半ほどの生活の詳細も必ずしも明確でない。

上京した北里を待っていたのは、東京医学校、東京帝国大学医学部での新たな学習と生活の経験である。

どのような先生が教授し、どのような学生が集まっていたのか。大学は開設されたばかりであり、西洋からのお雇い外国人教師が主流であった担当科目と先生の授業の方法、その当時の世界の学問水準との整合性などが問題となろう。ドイツ医学主流の医学部教員構成を仔細に検討しておく必要があるだろう。そこでの外国人教師の一人シュルツェとの一件は、北里のその後を知る上で象徴的事件であるかも知れない。

東大医学部におけるお雇い外国人教師シュルツェ（Emil A. W. Schultze, 1844-1925）は北里柴三郎との師弟の関係を知る上で面白いエピソードを提供してくれる。権威であれなんであれ、不正や歪みに対して厳しく対峙していく北里の一面を示しているエピソードである。また、ずっと後のドイツでの二人の再会の時のエピソードも微笑ましい。

端的に言えば、学生にまだ教えなかったことを医学部の試験問題に出すことの多かったシュルツェに対して、北里が異議を唱えたのである。後に、ドイツでコッホの研究室における会合に出ていた時に、シュルツェが得意げに日本でのエピソードを述べた時、決然と、反抗したのは自分であると名乗り出て、シュルツェを凹（へこ）ましたというのである。

さらに、学生寮での北里の活動と生活の諸相は、彼の未来を彷彿（ほうふつ）とさせる。それは、幼少時から武士志望、政治家志望であった北里のかつての姿を彷彿とさせる活躍である。あたかも今日のクラブ活動に類したものであったかも知れないが、演説会で口角沫（こうかくあわ）を飛ばして演説していたという姿は、実に社会改良家・煽動家（アジテーター）の面目躍如たるところがある。また後に様々な組織を整え指導した組織家（オーガナイザー）の片鱗がここにも垣間見える。ここで組織とは、日本最初の伝染病研究所であり、その後継としての北里研究所であり、慶応大学医学部であり、また日本医師会である。

こんな東大での生活の中で特徴的なこととして、弟を熊本から呼び寄せ、生活の面倒を見たことが挙げられる。家長になるという自覚、さらに一家を挙げて「立身出世」に邁進したと言うことであろうか。世を覆っていた「末は博士か大臣か」という立身出世の志向が、強く北里の胸にも響いていたのであろう。後には父母も東京へ呼び寄せている。熊本から上京し、そこで成功した者の多くは、やがて一家を挙げて上京し、二度と戻ってこなかったらしい。弟の裟袈男（さかお）は東京帝国大学法学部卒業後、帝国生命保険会社専務副社長となった。

教育を終えて北里を待っていたのは内務省衛生局への就職だった。

北里は東大に学者として残れなかったということが言われているが、本当だろうか。むしろ、北里には社会的貢献に、予防医学・衛生学にこそ興味があったのではなかったか。象牙の塔（学問界）に籠るタイプではなく、むしろ公衆衛生、保健の領域でこそ北里の本領が発揮されるのではなかったか。このことが、後の社会貢献という姿勢の基礎になったと考えられる。ここで、マンスフェルトの唱えていたヨーロッパ留学の機会を窺うことになる。

そして、内務省衛生局での活躍を前に北里が成し遂げたのは結婚であった。学資を稼ぐためにアルバイトで働いていた牛乳販売所の社長の姪である大蔵省官吏松尾臣善（後の日銀総裁、男爵）の娘乕（とら）と結婚した。新生国家のエリートであるゆえに、この良縁を得たのであろうが、さらに後に自分が東京に呼び寄せ、東京帝国大学法学部を卒業させた弟北里裟袈男を、乕の妹と結婚させているところからも、両家の繋がりの深さを知ることができよう。乕は、社会的活動に忙しい北里をよく支え、四男五女を生んで育てたのである。乕はまた、北里の危機に際し十分すぎる決断を下すのである。

北里は、マンスフェルトの教えに従って内務省衛生局からドイツ留学を志す。北里は明治十八年（一八八五）、内務省東京試験所において、ドイツ留学から帰朝したばかりのかつての古城医学所、熊本医学校の同級生である緒方正規（おがたまさのり）（一八五三〜一九一九）から細菌学の手ほどきを受けて、その手法を長崎でのコレラ検査に応用して、見事に細菌の同定に成功していた。その実績を認められ、すでにドイツ留学が決まっていた中浜東一郎（後の東京衛生試験所所長、中浜ジョン万次郎の長男）と共に、異例のドイツへの二名派遣となったのである。

ドイツの細菌学の権威コッホ（Robert Koch, 1843-1910）の下で、最初ベルリン大学で十九篇の論文を発表し、後に国立伝染病研究所で研究して五篇の研究論文を発表した。当時の留学は、幅広く修学するということもあって、本来はミュンヘンに留学中の中浜と途中で交代するはずだったが、コッホの下での修学・研究の持続を強く希望し、ドイツを訪問した衛生局長石黒忠悳から直接の許可を得て滞在を延ばし、さらに一年延長した。その上、結核研究の緊急性に鑑み天皇陛下の下賜金によるドイツ滞在をさらに一年延長している。その皇恩に報いるため、その後に国家に貢献しようとする態度が北里に顕著に見られる。

しかし、人生はうまくいかないもので、北里に対しての帰朝前のドイツとヨーロッパでの厚遇と、帰朝後の冷遇があった。すでにベルリンでその令名を轟かせ、たとえばアメリカのフィラデルフィア大学や英国のケンブリッジ大学などから三顧の礼をもって招聘されたにもかかわらず、皇恩に酬いるため帰朝を決めた北里であれば、日本が朝野を挙げて歓迎することと思われたが、実際には明治二十五年（一八九二）の帰国に際しては、政府関係者、東大関係者からはほとんど無視に近いような迎えられ方だった。確かに横浜港に旗がたなびき、知人、友人が迎えたが、その後の足跡は北里を歯噛みさせるに十分なものだった（野口英世の大正四年〔一九一五〕の凱旋帰国の騒動を思い浮かべてみると、いかに北里が不遇だったかが知れる。その後のコッホ一九〇八年やアインシュタイン一九二三年の来日時の大騒動を考えても、この時の冷遇はかなりのものと言えよう。それだけまだ世界のニュースが日本に届いていなかったので、世界的業績の意味すらよく理解出来なかったといえば、そう言える。福沢諭吉のように世界の新聞に目配りをしている人士にはすでに目についていたが）。

その原因は何だったのか。有り体に言えば、東京帝国大学一局支配の構造の中で、その医学の中心人物たる、またかつての熊本の古城医学所の同級生にして、北里に細菌学の手ほどきをした緒方正規に対する、正面切って純粋に学問的批判をしたことであった。時の東大総長加藤弘之（一八三六～一九一六）からは「師弟の道を解せざる者」との批判を蒙（こうむ）った。加藤は、東大の初代の総理であり、帝国大学の第二代総長であった人である（ちなみに、初代総長は渡辺洪基、三代目は浜尾新である。渡辺は後に北里の伝染病研究所の新築移転に反対することになる）。

初め知人を批判することを躊躇（ためら）っていた北里を諭し、学問的批判の論文を書かせたのは他ならぬコッホ研究所の同僚レフレルである。そこには、学問の真実の前には、子弟も年齢の多少も、社会的地位の上下もないという、科学者の基本的姿勢があった。北里はそれに同意して、批判の文章を認めたのである（その後、緒方は、東大教授就任二十五周年祝賀会で北里に祝詞を依頼していること、また死の床にまで北里を呼んで、子供の将来を託しているから、二人の関係は基本的に友好的であったと見るべきであろう）。

東大から不興をかったもうひとつの重大な原因として、伝染病研究所創立と、伝染病研究所から北里研究所創立への動きが挙げられるだろう。

日本政府の冷遇を前にして、その才能を惜しんだ福沢諭吉が自分の土地を無償提供し、またその働きかけによって財界の重鎮森村市左衛門（一八三九～一九一九）らが私財を提供して、私立伝染病研究所を明治二十五年（一八九二）に設立したのである。内務省衛生局の局長で上司の長与専斎（一八三八～一九〇二）がその仲介の労を取った。長與はまた北里のドイツ留学延長を画策した張本人である。

やがて行政整理の名の下に伝染病研究所が大正三年（一九一四）に内務省から文部省移管になると、北里はただちに辞職し、職員もそれに従った。それから、北里は私財を抛って私立北里研究所を設立したのである。この北里研究所の医学的貢献は目覚ましく、その意味ではまた更なる東大との確執が生じたと言っても過言ではない。

その後も世界での北里の地位は向上し続けていた。北里の世界での位置は、医学会での写真での北里柴三郎の座る位置に如実に表れている。確かに彼の位置は、どんどん端から真ん中へと移動している。

しかし、北里はこうした出世にも拘らず生涯にわたって師匠、恩人、故郷への礼儀、感謝の念を忘れなかった。熊本時代の恩師の一人栃原への恩義から、娘を北里研究所に雇い、唯一「さん」付けで呼び続けたこと、日本医学の大恩人相良知安（一八三六～一九〇六）が晩年、貧窮の内に陋屋で病んでいると聞くや、ただちに自ら罷り出て援助を申し出たこと、自分の主宰してきた内務省管轄の伝染病研究所が文部省に移管になった時に帝国議会で質問してくれた国会議員への援助をしたこと、コッホ先生亡き後、第一次世界大戦後の物資貧窮時代に困窮していたコッホ未亡人に幾ばくかの援助の手を差し伸べたこと、また東京で、世界で栄達を遂げた後も、故郷熊本への恩義を忘れず、北里文庫を創設し児童のための本を贈呈したこと、また寄付を幾度となく行ったこと。それは昭和六年（一九三二）に北里自身が亡くなった後も、なお北里研究所によって昭和三〇年代にわたっても続けられたことなど、枚挙に暇がない。

こうした羅列したことだけでは北里のすべてを語り尽くせないが、明らかに優れた医学者、指導者としての立場、政治家的言動がそこに見て取れる。しかしまた、そこには私人、家庭人としての北里柴三郎の像が見えてこない。そうした点は追々論ずるとして、まず生い立ちから東京に出るまでの経緯を辿ってみることとしよう。

第一章　出生から上京まで

1　幼少期

出自　江戸末期の旧暦嘉永五年十二月二十日（新暦一八五三年一月二十九日）に、肥後国北里（現在の熊本県阿蘇郡）の庄屋北里惟信（文政十一年〔一八二八〕～明治三十五年〔一九〇二〕）と豊後森（大分県）久留島藩士加藤海助の子女貞（文政十二年〔一八三〇〕～明治三十年〔一八九七〕）の下に生を享けた。北里柴三郎の誕生である。四男五女の長男として生まれた。この当時の常として、乳幼児死亡率は高く、たいがい五歳までに子供の半分は死に絶えた。この例に漏れず、北里家の九人の子供の内、男二人、女一人は幼児の内に没している。

ここで北里という家名をどのように発音するかが問題になる。姓は「きたさと」か「きたざと」か、はたまた「きたのさと」かという問題である。英語風に書けば、「きたざと」はKitazatoである。ところが、これをドイツ語発音すると「キタツァト」になる。一方、Kitasatoは、ドイツ語では「キタザト」になる。オランダ語、次いでドイツ語を修得した北里の外国語体験から言えば、[s]と置く方が自然であったと考えられる。

姓名の外国語綴りという点で一回だけ、明確に本人が異なる書き方をしたことがある。それは、東京大学医学部のドイツ人お雇い外国人教師だったシュルツェが帰国にするに当たり、同級生と共に感謝状を書いた時、そこでの署名を「きたのさと」(Kitanosato)としたことである。戯れ事のつもりだったのか、それとも真剣にそのように発音していたのか、不明であって、今では判然とし難い。名にしても、「しばざぶろう」とも、「しばさぶろう」とも読める。

つまり、名前一つ取っても、北里は調べ甲斐のある人物であると言えよう。

父の家系は、小国北里における代々の総庄屋で、文政十一年(一八二八)の生まれである。その家は清和源氏の末裔と伝えられ、元は摂津多田満仲(みつなか)(源満仲、九一二~九九七)からその四代の孫信義が長元元年(一〇二八)に肥後の国に二百四十町、豊後に六十町を賜わり、さらに十二代下った妙義が在住の村の名前を取って氏を北里と改めた。徳川の時代になって、いつしか肥後の一隅を占める郷士となった。寛永九年(一六三二)に細川忠利が肥後へ国替えとなり、その饗応に務めた際に、やがて家紋となる扇に巴(ともえ)となった。すでにあった源氏の笹龍膽(ささりんどう)を放棄することに決めたのである。

この新しい家紋には因縁話があって、忠利がこれを新しい家紋とせよと紙に巴と書いて扇に載せて差出したのを、忠利の愛用の軍扇共々押し戴いて、そのまま扇に巴を家紋としたのである。

なお、総庄屋の家系であったが、北里柴三郎が生まれるはるか以前に分家となった家の生まれであるから、庄屋格であったと考えるのが妥当であろう。

母貞は、文政十二年父親加藤海助（久留島藩藩士）の江戸勤務の折に江戸で生まれ、十歳の頃までそこにあった。父親の円満な性格と共に、母親は男勝りで教養もあり、また後の北里柴三郎を彷彿とさせる物怖じしない性格を持っていた。

なかなかのきかん坊で、母の血を受け継いだのか、また肥後もっこす（熊本人の代名詞、きかん気で熱血漢の代名詞）の常か、武家尊重の風潮を一身に受けたのか、幼少の頃から北里はとにかく武人として名を立てようと志していたようである。庄屋の長男であるから、当然、村や郷の子供たちも一目置いていただろうし、家族内でも別格扱いであったことが想像される。とにかく暴れん坊で、悪戯盛りであったことは疑いない。お山の大将であったのだろう。

長男がどのような扱いを受けていたか、長男による家督相続の伝統があった日本では、たとえば食事も長男だけは別扱いであることもあった。このような扱いが将来の北里の生活習慣にどのように現れるかは興味深いところであろう。

しかし、両親は柴三郎が武人となることを好まず、学芸を究めることを望んでいて、なぜか医者になることを勧めた。その理由はいまでは定かに確かめようもない。おそらくは新しい時代を睨んでのことであったのだろうが、それだからといって先見の明があったと手放しで賞賛してもよいものかどうかはなんとも言えない。武人、あるいは軍人、政治家としての北里の将来も明るかったかも知れないからである。ただし、北里柴三郎の望んでいた武人は、つまり武士であり、当時の階級社会（士農工商）を考えれば、どのように転んでも総庄屋止まりであったろうから、出世の道はもっと別のところにあると観念していたのかも知れない。北里家は、苗字を許された、特別扱いの家系であった（時に庄屋が苗字帯刀を許されることもあった）。

また北里の母貞は、その父が久留島藩士で家老の次に高い位にあったので、庄屋といえども階級を超えた婚姻であったことが窺える。そこにある一種の隠された理由というものは今や探り当てようもない。当然、見合い結婚であり、家同士の結婚であったから、両家がそれなりに釣り合っていると考えられた結果の結婚であったと見なすのが自然であろう。

一方本人は、「長袖（ちょうしゅう）（医者）と坊主は尊敬に値しない」と放言し、剣道や武術の練習に余念がなかった。そこに武家社会の中での武士に対するけた外れの憧憬と志向があったことは見逃してはならないだろう。しかも、文字通り目的に向かって猪突猛進というのが、北里柴三郎の態度、生涯を表すのにもっとも相応しい言葉かも知れないが、確かに北里には上昇志向があった。しかし、それも細心の注意を払った、優雅な、文化をも愛でるタイプの突進型だったことに注意しなければならない。

両親の厳しい教育は、家庭教育だけでは十分でないことがすぐ分かった。教育は、北里本人の希望とはまるで無関係にどんどん進んでいったようである。そこにどれだけの両親の希望があったかは慮（おもんぱか）るしかないが、単なる庄屋にして肥後の地に留めておくことを目標にしていたのでないことだけは確かである。

北里は、まず安政五年（一八五八）五歳の年に、家の近くの寺子屋に通い始めた。

これから二十年間ほども続く教育の始まりである。またその当時の塾の教えは儒学中心の学問体系であった。その中でも朱子学はとりわけ君臣の関係を重んじて、忠孝が社会の道徳の中心になっていた。当時、一般庶民にもっとも影響のあったのは石田梅岩（一六八五〜一七四四）の心学で、士農工商の中で最下位にあった町人が経済を握るにつれ、庶民教育も次第に進歩したのである。当時の寺子屋の課程の読み書きは、「いろは四十八文字」「名頭」「村名」「国尽くし」「農業往来」（手紙）「商売往来」「庭訓往来」、さらに実語教などを教えた。算盤は八算相場割を用いて教えた。塾は、たいがい「四書五経」を教えるのが主で、素読、輪読、聴講、輪講と種々あった。

この安政五年（一八五八）はまた、福沢諭吉が江戸築地鉄砲洲の中津藩屋敷の中で蘭学塾を開いた年でもある。これが後に福沢の慶応義塾へと発展していくのである。築地は外国人居留地として、外国人が住み、商売をしたり、また宗教布教団（ミッショナリー）の宣教師が学校を開設したりした場所である。この地で、後の青山学院や明治学院の基礎が築かれた。またこの地には一時外国人を顧客にすることを目指した新島原という政府公認の遊廓が作られたが、実入りが少なく間もなく閉鎖された（東京都『築地居留地』〈歴史紀要四〉）。横浜共々、ここが日本における西洋事物の起源となったものが少なくない。

小僧の学問

それから八歳で、小国郷志賀瀬（しがせ）村にある父親惟信の姉にあたる伯母満志の嫁ぎ先であった橋本淵泉（えんせん）の家に預けられ、その父龍雲（りゅううん）から四書五経の教えを受けた。この龍雲は、漢方医を業としていたが、漢学の素養もあり（当時の漢方医の常であった）、それで北里に素読を授けたのである。

藩の医学のための再春館には、橋本龍雲、その子淵泉が学んだ記録がある。二人は、また日田の広瀬淡窓（一七八二〜一八五八）の開いた私塾咸宜園で学び、その入門帳におのおの、龍雲は文化十二年七月二十一日、息子淵泉天保十三年十月二十五日入門と記録されている。多くの門弟の中には渡辺長英、大村益次郎、僧五岳らがいる。また名士の来訪もひきも切らず、頼山陽、田能村竹田、高山彦九郎、帆足万里、梁川星巌らが名を連ねている。肥後阿蘇郡志賀瀬で医師の業を成しながら、私塾を開いたもので、龍雲は明治十二年に七十九歳で没した（「小国の教育」『小国郷史』）。

さらに興味深いのは、次の記述。

「博愛堂塾主橋本龍雲、志賀瀬にあり、日田広瀬淡窓の咸宜園及藩校再春館に学ぶ。教ゆる順は朝読書昼習字算術で、前記の他庭訓往来、四書五経左伝史記傷寒論女子には小倉百人一首、女大学など、年限に制限なく、束修謝礼も定限なく志によつて樽料等受納する。文政十三年開塾、文久、慶応に至り老衰でやや生徒へる。子淵泉これをつぎ明治七年小学校設立迄四十五年間医師の傍ら教育に当る。生徒百六十人。」

（『続小国郷史』）

「恩師橋本龍雲氏三十三回忌墓前追悼

南小国村故橋本龍雲氏は当時医師として令聞高く、学問該博而も多芸多趣味の人にして、殊に勤王の志深く同志の士と交遊し其書を講じ道を説くに当りて言動王の大儀に及ばざる事なく、又仁慈の情にとみ毎月二十九日には必ず無料施薬施術を行ふ等、其学徳近郊に洽く笈を負うて来り学ぶ者頗る多し。」

（『九州日々新聞』明治四十五年一月二十五日）

この親子二人は、広瀬淡窓という人の私塾で学んだのだが、そこは門弟三千人、全国から識者、文化人がひきも切らず訪れるという所であったから、その当時からおのずとその情報のネットワークは全国に行き渡っていたことが知れる。肥後熊本の田舎とはいえ、その世界はすでに遙かに遠く日本全国まで拡がり繋がっていたのである。江戸は暗く明治は開明の時代というふうに単純に位置付けることがしばしば虚しいことは、すでに江戸時代にして学問が全国的にその情報網を築いていたことからも言えよう。

北里は、ここに滞在中、この家の縁側を毎日丁寧に反覆拭き掃除をして磨き上げたということで、長い間、この縁側を子女教育のよい見本として保存されていたということである。ここには現在、庭先にかつて北里が教えを受けた旨の小さな立て看板が立てられているが、山奥までこの縁先を見に来ようという人はもうほとんどいないためだろうか、草むらに覆われている。さらに近年その土蔵から多くの当時の教科書、薬学書、本草学の書物などが発見され、貴重な時代の証言をするものとして、北里研究所に平成十三年に贈呈され、附属東洋医学研究所で分類、配架された。

この安政五年（一八五八）という年はまた、二人の幼い弟が短い期間に続けて亡くなった時期でもあった。すぐ下の弟助五郎が安政五年八月十二日に、また三男貞喜が同八月二十三日に死去している。さらに翌年安政六年八月二十一日には長女なちが幼い命を落としている。安政のコレラ大流行の年に当っているから、その犠牲になったものかとも思われる。もしそうであるとしたら、そのことが幼い三人の兄弟姉妹を奪った病気、流行病への鉄槌を下すべく、医学の道を志す遠因になったのかも知れない。医学の無力さのみでなく、その予防の無策さが、後の北里をして保健衛生の専門家たらんとする志望を抱かせたのかも知れない。

コレラは、その流行の後に衛生の諸方策が取られたことから、しばしば「近代衛生の母」と言われるが、その猖獗(しょうけつ)を極めたことはその被害の甚大さからも想像できる。

コレラ　世界的には、十九世紀において三度のコレラ大流行を経験しているが、おそらくはインドを起源にしたコレラが日本を襲来したのは文政五年（一八二二）九月のことで、その感染源、経路は不明であるけれども、西国から近畿、東海へと進み、箱根は越えなかった。激しい症状と高い死亡率から「三日コロリ」「鉄砲」「項痢」「虎烈刺」「虎狼痢」などと呼ばれた。

三回目の世界的流行が日本に達したのが安政五年のコレラで、前後三年にわたり猖獗を極めた。一説にはこの間、江戸だけで十万人の犠牲者が出たということである（二十八万人の死者という説もある）。

文久二年（一八六二）には、その余波で全国で五十六万人がコレラに感染し、江戸だけで七万三千人の死者を数えたという。

その後、明治時代になってもコレラの流行はやまず、明治十二年（一八七九）には患者数十六万人、

明治維新以降の疾病による患者数と死亡者数（明治９～32年）

	コレラ		赤痢		腸チフス		痘瘡	
	患者数	死者数	患者数	死者数	患者数	死者数	患者数	死者数
明治９(1876)			976	76	869	108	308	145
10(1877)	13,816	8,027	349	38	1,964	141	3,441	653
11(1878)	902	275	1,078	181	4,902	558	2,896	685
12(1879)	162,637	105,786	8,167	1,477	10,652	2,530	4,799	1,295
13(1880)	1,580	618	5,047	1,305	17,140	4,177	3,415	1,731
14(1881)	9,378	6,237	6,827	1,802	16,999	4,203	342	34
15(1882)	51,631	33,784	4,330	1,313	17,308	5,231	1,106	197
16(1883)	669	434	72	5,066	18,769	5,043	1,271	295
17(1884)	904	417	22,702	6,036	23,279	5,969	1,703	410
18(1885)	13,824	9,329	47,307	10,690	29,504	6,672	12,759	3,329
19(1886)	155,923	108,405	24,326	6,839	66,224	13,807	73,337	18,678
20(1887)	1,228	654	16,147	4,257	47,449	9,813	39,779	9,967
21(1888)	810	410	26,815	6,576	43,600	9,211	4,052	853
22(1889)	751	431	22,873	5,970	35,849	8,623	1,324	328
23(1890)	46,019	35,227	42,633	8,706	34,736	8,164	296	25
24(1891)	11,142	7,760	46,358	11,208	43,967	9,614	3,608	721
25(1892)	874	497	70,842	16,844	35,636	8,529	33,779	8,409
26(1893)	633	364	167,305	41,284	34,069	8,183	41,898	11,852
27(1894)	546	314	155,140	38,094	36,667	8,054	12,418	3,342
28(1895)	55,144	40,154	52,711	12,959	37,015	8,401	1,284	268
29(1896)	1,481	907	85,876	22,356	42,505	9,174	10,704	3,388
30(1897)	891	488	91,077	23,763	26,998	5,697	41,946	12,276
31(1898)	655	374	90,976	22,392	25,297	5,697	1,752	362
32(1899)	829	487	108,713	23,763	27,673	6,452	1,215	245

出典：厚生省『医制百年史』（資料編）。

死者が全国で十万人を越え、明治十九年（一八八六）には患者十五万人、死者十一万人となるような深刻な事態になっていた。

深まる学問修業

次に北里は、母の実家である久留島藩士加藤海助の家に、文久三年（一八六三）に預けられた。北里家には、久留島藩の講習所で学ばせたいという願いがあったが、他藩の者ということで入所が許されず、結局その代わりに、儒学者園田保（そのだたもつ）の私塾に学んだ。しかし、その願うところは、武士となることであった。その願いは叶わず実家に帰り、またすぐに熊本遊学に出た。幼少の頃より、学問のために北里は実家に長く留まったことがなく、その点でも両親が長男柴三郎の文武学芸について特別の配慮をしていたことが窺い知れよう。

また、八歳で家を出てから北里は実家に戻って休養することはあっても、そこに根を下ろし生活することは終生ついぞなかった。それは、母からの出世するまでは帰郷してはならないというきついお達しのせいであった。ここに明治以降にしばしば見られる立身出世のための修学あるいは鍛練の原型を見ることができる。明治以前にも、他郷に出て出世するということはあった。また、さほど急激ではなかったが、氏より育ちの時代が確かに到来してきていたのである。教育はその要であった。それが後に日本で学歴偏重の弊を生む源泉ともなった。

北里は慶応二年（一八六六）に熊本に出ると、最初儒学者・医学者田中司馬（たなかしば）の門を叩いた。しかしそこでは学問より武道の鍛練に精を出し過ぎて、後に明治元年（一八六八）に細川藩儒者栃原助之進（とちはらすけのしん）の門に移った。この門は、細川藩の藩士の子弟もいたが、また近隣の郷士ならびに庄屋の子弟の多くが集まる所でもあり、学芸よりはむしろ武芸を学ぶことが多く、まさに我が意を得た北里は日々その武術の鍛練に精を出したのである。

まさに幕末の風雲急を告げる時勢であり、細川藩もその埒外にありようがなかった。ようやく藩の意見がまとまり、大政恭順の動きが出て、明治維新を迎えることとなった。しかし、北里はこの時も同志と議論白熱し、夜を明かすことも珍しくなかったらしい。時世に疎くない、むしろ敏感な動静が見られ、そのことも後の時代に医学において最先端の研究を行うようになる素地があったのかも知れない。単なる学者で、世知に疎ければ当然学界の最先端を走るなどということはほとんど例外的なことだっただろうからである。世知というよりは、むしろ武人、あるいは政治家志望の片鱗がこの辺りにもほの見えるようである。

明治二年（一八六九）の春には、熊本細川藩の藩校時習館に入寮している。藩では、藩士の師弟教育（男だけであることは言うまでもない）として藩校時習館を宝暦五年（一七五五）に城内二の丸に設立した。この時習館は明治三年の閉校まで、百十年続いた。また翌年の宝暦六年には医学研究、医術研修のための再春館を創設し、医学寮を設けた。さらに漢方医学の附属薬園として繁慈艶（はんじえん）（俗に御薬園）を設けた（「小国の教育」『小国郷史』）。

しかし、翌年明治三年の七月には明治新政府から廃藩置県の令が出て、藩校時習館は閉校となり、退寮の憂き目にあった。

志望と医学の道

歴史にもしもという問いかけは不謹慎だが、もし北里がこのまま熊本に留まり、栃原の塾にあったとすると、時局に流されて不平不満分子と図ってついに明治九年（一八七六）の「神風連（じんぷうれん）の乱」に連座したやも知れない。実際、栃原の塾からこの乱に何人かの闘士を出していたのである。とりわけ幼少の頃から議論好きで政治に興味があり、お山の大将のようなところのあった北里だけに、人の前に立って剛胆さを示したり、あるいは担がれておおいに気を良くして乱の連中と交わっていたら、そのまま連座して罰せられていた可能性がある。人の生涯の浮き沈みということも、また運不運ということも北里にとってはまだ未経験のことだったのであるが、ここは窮地をうまく避けえたと考えてもよい。

しかし、北里の胸には軍人たらんという志望がふつふつと沸き上がっていた。大阪に設立されたばかりの陸軍兵学寮が各藩の俊秀を募集していたことから、これに応募し、将来は軍隊を指揮せんものと目論んでいたのである。

一方両親はといえば、北里柴三郎が長男であることから、軍人よりは故郷の塾の先生となることを望んでいたのである。北里としては、まず熊本で、さらには長崎で学問を積みたいという希望もあった。

両親は柴三郎の希望を聴いたあと、熟考し、まず肥後元藩主・現熊本藩知事細川護久（ほそかわもりひさ）が、藩の漢方医学講習所であった再春館を廃して、西洋医学の講習所を開こうとしていることを告げた。

柴三郎は言下に、非常に傲慢ながら、「医者と坊主は一人前の人間のなすべき仕事ではない。私はこの世に生を享けてから志は天下国家にあり、そのためにひたすら武芸を鍛え、学問を修得してきたのである。いまさら長袖（医者）になるつもりはさらさらありません」と、淀みなく決意のほどを述べた。

北里柴三郎は、一旦は実家には戻ったが、次に母の意見で豊後久住（ぶんごくじゅう）および肥後小国郷（ひごおぐにごう）の郡代安田退三の家に寄食し、そこで書生を数カ月経験した。後にも先にも、北里が完全に他人の世話に与ったのはこの時期だけである。この安田は、北里の気性を熟知し、かつ今後の日本の行く末を考えた上で、北里に医者になることを勧めたとされる。北里の人生航路の大転換、つまり武士・政治家志望から医師志望への変換には、安田とマンスフェルトの二人の力が等しく与っていたことが分かる。もちろんそこには、両親の強い勧めもあった。なぜ両親が、柴三郎に医者の道を勧めたのかは、判然としない。庄屋の道も、それほど輝かしくはなく、また武士になるには階級の差という問題が存在したからであろうか。庄屋を務めながら、故郷の塾の先生となることを望んでいたのが、ある時から医者の道を勧めるようになったのだろうか。

当時、医師という職業は多くの場合尊敬され、また富裕になることも少なくなかったが、それは人助けの職業ということによる。また、すでに見たが、漢方医が幅を利かせている世の中では、漢学の素養が不可欠で、それゆえに学識が問われる職業でもあった。

2　医学教育の開始

古城医学校とマンスフェルト

この後北里は、明治四年（一八七一）二月に熊本城下の「医学所及び病院」、通称医学校（古城医学校）に入学した。この古城医学所、後の熊本医学校であるが、その前身は、熊本藩が宝暦六年（一七五六）に建てた藩の医学寮「再春館」にあり、明治三年（一八七〇）七月八日に廃止し、その百十五年の歴史を閉じた。その後新たに十月六日、長崎から吉雄圭斎（一八五九〜一八九四）を院長に招いて西洋医学の病院を新設したのである。さらに翌年、その吉雄の推薦で長崎医学校から招いたのが、オランダ人海軍軍医マンスフェルトである。

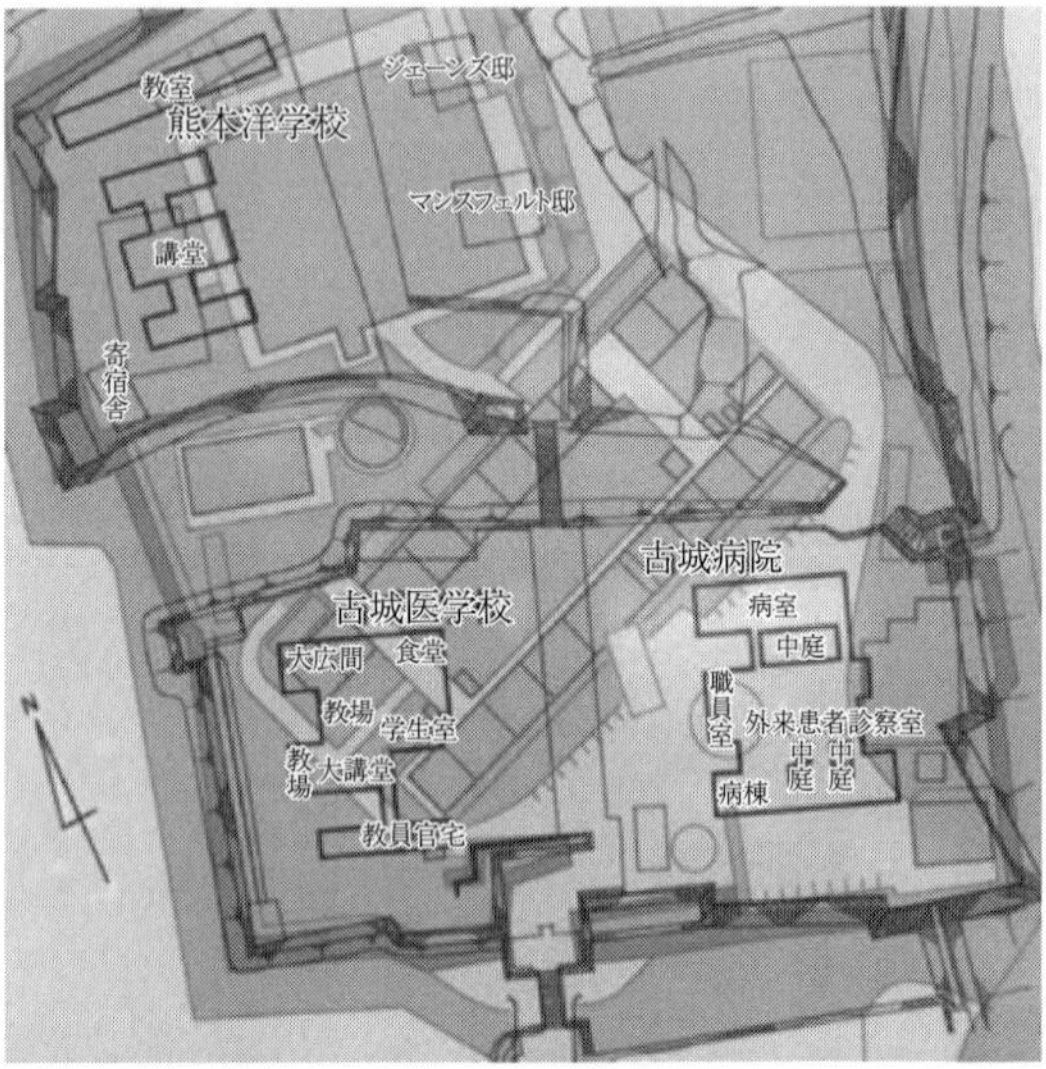

古城医学校配置図
（薄い線が現在の熊本県立第一高等学校）

なお吉雄は、吉雄耕牛（一七二四〜一八〇〇）の孫で、阿蘭陀通詞（通訳）・医師として、モーニッケ（Otto Gottlieb Johann Mohnike, 1814-1887）のもたらした種痘術で日本最初の種痘を施した人であり、また日本最初に西洋の聴診器を受け取った人である。

この古城医学校については、その位置が、かつて安土桃山時代の大永・享禄年間（一五二一〜一五三二）の頃に、鹿子木親員（寂心）によって隈本城が築城された場所にあった。一世紀後、現在の地に加藤清正によって熊本城が建造されるに至った。それで旧来からある隈本城は、古城（現在の古城町）としてその名を残すようになったのである。

旧来の熊本城、古城の位置と、古城医学校、現在の熊本県立第一高等学校の位置関係を、同高校の教頭久保田和弘らによって同定された地図を参考までに掲載しておく。

古城医学校教師マンスフェルトと時を前後して、熊本洋学校に奉職したアメリカ人教師ジェーンズ（Leroy Lansing Janes, 1838–1909）の宿舎が現在もなお場所を移して水前寺公園の南側で保存されている。規模も形も、マンスフェルトの宿舎と似ていたのかも知れない。

ウエストポイント陸軍士官学校を卒業したアメリカ・オハイオ州出身の教育家ジェーンズは、南北戦争に北軍として参戦し、大尉となって終戦。明治四年（一八七一）八月十五日に熊本へ着き、九月の開校から明治九年（一八七六）九月の廃校まで、キリスト教的信念に基づく全人格教育を行った。またジェーンズが行った日本初の男女共学教育は、後の熊本女学校設立（一八七七年）への流れを作った。

ジェーンズ邸

ジェーンズ一家が去って二週間後の十月二十四日、熊本では明治政府への一連の士族反乱のきっかけとなった「神風連の乱」が起こり、その翌年の西南戦争まで混乱の時が続いた。

幸いにも教師館は戦火を逃れ、征討大総督である有栖川宮熾仁（ありすがわのみやたるひと）親王の宿所とされたが、この有栖川宮の許可によりこの場所で敵味方関係なく戦傷者を救済する博愛社が設立された。博愛社はその十年後に日本赤十字社となった。

「わが国における博愛社（日本赤十字の前身）の創設も明治十年の西南戦争救護にさかのぼることができる。元老院議官佐野常民は明治十年五月一日に熊本城内の総督本営を訪れ、征伐総督有栖川宮熾仁親王殿下に両軍の戦傷病者救護のため「博愛社」の設立を懇請し直ちに内諾を得ることが出来た（正式の許可は五月三日）。なお当時の総督本営の建物は肥後藩主であった細川護久侯が外人教師ジェーンズを迎えるために、明治四年九月に建築した洋式の建物であった。」

（『日本赤十字社熊本支部史』）

やがて熊本大学医学部に連なる古城医学所の歴史を瞥見しておくと次のようになる。

宝暦　六年（一七五六）　肥後藩主細川重賢、医学寮を創設して再春館と称した
明治　四年（一八七一）　廃藩置県により官立医学所兼病院（通称「古城医学校」）と改称
明治二十一年（一八八八）　勅令により全国の県立医学校が廃止
明治二十九年（一八九六）　県の補助を受け、私立熊本医学校を創設
大正十一年（一九二二）　熊本県立熊本医科大学となる
昭和　四年（一九二九）　官立熊本医科大学に移管される
昭和十四年（一九三九）　附属医学専門部及び附属体質医学研究所を設置
昭和二十四年（一九四九）　熊本大学医学部及び附属病院となり、現在に続く

いよいよ正式の医学の勉学の開始である。北里は昭和六年（一九三一）の死の直前まで医学に携わっていたわけであるから、実にこの勉学開始の時から六〇年にわたって医学と付き合ったことになる。学問、学界への貢献ということでは誰に対してもまったく遜色のない人物だが、その医学との関係の長さにおいても誰にも引けを取らない。

しかし、ここでも人生の岐路があったと言うべきだろうか。もし、もう少し早く北里が生まれ、幼少の頃の伯父橋本淵泉、さらにその父龍雲から漢学のみならず漢方医学を学びそのままその道を歩んでいたとしたら、北里はやがて明治時代に一気に凋落の一途を辿る漢方医として身を立てようとしていたかも知れない。その意味で、まさに西洋医学を学ぶに適当な時期に生まれてきたと言わざるを得ない。もちろん当時の洋学の中心地長崎が、故郷熊本からさして離れていなかったことも幸いしたに違いない。医学を志すか否かは別にして、北里は故郷小国を出て、熊本、さらには長崎に遊学することを希望していたからである。また肥後熊本が、明治新政府の方針に沿ってただちに西洋医学に転換を図ったことも、北里には幸いしていた。当事者達の先見の明が、北里に味方していたのである。

この古城医学所で、明治三年（一八七〇）に、先任のボードイン（Antonius F. Bauduin, 1820-85）の後を継いで就任した教師が、長崎養生所医師ならびに長崎精得館（後の長崎府医学校）教師を経て、熊本の古城医学校へ転任してきたばかりのオランダ人教師マンスフェルト（満私歇尓夛、Constant George van Mansvelt 1832-1912）であった。そのマンスフェルトに才覚を見出されたのが北里であった。この古城医学校は、明治四年七月に、熊本藩が廃止され熊本県が置かれたのに伴って、官立となり医学校学則によるとその教科内容は以下のようなものであった。

一　朝第八字より第十一字まで語学

一　第十一字より第二字までの内、蘭学究理書ならびに文典、生徒の等級に随い教示す

一　毎月十二度、夜六度早朝六度、二字間、支那学を講ず

一　毎月十八度、夜二字間、蘭学究理文典生徒を交替して講ず

（鹿子木敏範「古城医学校とマンスフェルト」『隈本古城史』）

マンスフェルトは、厳格さで知られ、膝関節リューマチの持病を持ちながら、三年の間一度も休みを取ることもなく、馬も鐙を外しながら乗って患部を庇い、また学内は杖に縋って回診したので、教師と学生も奮起して彼に付き従い、おおいに学内改革と教育に成功したとされる。

またマンスフェルトは、明治五年六月の明治天皇熊本行幸に際し医学校・洋学校の視察があった時、当時十九歳の明治天皇を案内し、かつ日本人の食生活に肉を取り入れ、牧畜を奨励すべきであるという意見を奏上している。しかし、実際には宮中でもうすでに前年十一月において初めて牛乳飲用がなされ、明治五年二月には宮中での獣肉使用許可、また同年四月には僧侶の肉食、妻帯に対しても公の許可が出ていたので、いささか時期を逸していたかも知れない。なおマンスフェルトの月給は五百円

で、後の東大のお雇い外国人教師ベルツやスクリバにも見劣りするものではなかった。

また、当時ごく普通に行われていた路上での糞尿を禁じ、それに対する設備を講ずるように明治新政府が命じたが、熊本ではマンスフェルトがヨーロッパのように辻便所を設けることを提案している。あいにく、熊本県は会計が逼迫（ひっぱく）していた折でもあり、辻便所を建造する代わりに農家に便所を設立させ、医学校が汲取料を徴集して汲み取りをを実施した。それがまた医学校の貴重な財源となったのである。

マンスフェルトは、口授の日講筆記を教科書に用い、彼の意見により制定された正科目である解剖、組織、顕微鏡、生理、内科、外科、物理学の学課をすべて自分で担当した。彼の授業はいつも午後の二時間行われ、通弁（通訳）が講訳し、それを別の教導（教師）が筆記して、日講筆記録を作成した。どのような講義であったか、その講義録の一部を垣間見てみよう（神戸大学医学部図書館蔵『満氏解剖学』書写者不明、一八七四年。これは皇紀二五三四年に、兵庫県病院にて筆写されたものである）。

「肺
肺ハ不正ナル氷柱形体ニシテ胸腔ノ中央ヲ除クノ両側半分ヲ充塡ス両肺間ニハ心臓位置ス而シテ両肺ハ気管支ニ由テ互ニ繋着セラル各肺ノ内面ハ穹隆内面及ギ下面ハ陥凹ナリ（中略）肺色ハ若年ノ者ハ暮薇赤色中年ハ灰泊色老年ハ蒼黒色ナリ気管支中ニ入リ先ツ二別スル恰モ熊手ノ如シ」

こうした肺や気管支という用語もさることながら、その微細な表現までもが正確を究めていて、新しい洋学がもうすでに根付いていたことを印象づける。つまり、開国、明治維新の過程よりもずっと早くから長崎出島を通して日本に取り入れられてきた西洋医学の知識が、すっかり自然なものとしてここでは記録されている。

また今日使われている医学用語も、この時分には定着しつつあったと見てもよいだろう。なお、日本最初の解剖（腑分け）が前野良沢、杉田玄白らによって江戸千住小塚原で行われたのが明和八年（一七七一）、さらにその結果としての翻訳書『解体新書』が刊行されたのが安永三年（一七七四）のことであった。

北里は、すぐその語学の才能、とりわけオランダ語を認められ、マンスフェルトの授業の通訳を任された。その上、彼は北里を毎夕自分の宿舎に招いてオランダ語ならびに世界の地理をも個人的に教授している。北里は、一方ならぬ恩義に与ったのである。確かに、北里はマンスフェルトに見込まれ発見された学生であった。同窓の学友の誰よりも、教師の信任を得たのである。その中には後に東大教授になる緒方正規、浜田玄達（一八五四〜一九一五）らもいたが、彼らは北里より先に学半ばで東京に出て、大学東校（後の東京医学校、東京大学医学部）に学んだのである。北里は、熊本に残り、昼間はマンスフェルトの助教として勤め、夜間は彼の特別教授を受け続けた。そして何より医学の面白さを教えてくれたのはこのマンスフェルトだった。

マンスフェルトは、北里の志望が実は軍人か政治家であることを見抜き、残念に思っていたのであろう、自宅で医学の面白さを説いても見せた。しかも、もっと効果的な方法で北里を説得するのである。それは顕微鏡の中で動植物の細胞を見せることで、これまで北里が見たこともない世界を示して見せたのである（『北里柴三郎伝』）。

北里は北里で、敏感に師の配慮を感知し、また顕微鏡の中に見出した微生物の世界に魅入られたのである。マンスフェルトは、明治七年（一八七四）医学校に四年奉職した後に熊本を去るにあたり、北里にこれから学問を続けるにはまず熊本を離れて東京に出て学び、さらには西洋に留学して修学する必要があることを諄々（じゅんじゅん）と説いた。

マンスフェルトが、外国人教師の契約任期が切れて明治七年七月に熊本を去ると、彼の助言に従って北里は新たな学習の場所を求めて東京に出ることを決心した。なおマンスフェルトは、オランダ海軍軍医で中国の上海から来朝し、長崎で教え働いたのだが、その後任期満了で帰国するところを、請われて相次いで別の学校で教鞭を執ったのである。熊本医学校（明治四～七年）、京都府療病院（明治九年～十一年）、大阪病院（明治十一年～十二年）で相次いで教鞭を執り、滞日十四年の後にオランダ本国に帰国した（ずっと後、北里がドイツ留学の際に二人は再会し、おおいに旧交を温めている）。

上京

父母の許しを得て、母の手織の衣服と僅少の小遣い銭を包みに入れ、いよいよ故郷を去って東京に出ることとなった。明治七年（一八七四）八月以降のことである。

今日の我々が考えるよりもはるかに物理的距離の遠かった当時においては、自宅を去り、六十キロメートル離れた熊本に出るための道程が、阿蘇山を左に見つつ二十峠を越えて一日を要して徒歩で行われた。それは「お袋が作った梅干握り飯を背に、旧道をテクテク登」り、「あたりの草を抜いて馬に与え」(北里善次郎『父北里柴三郎』)るような道行きだった。そこから船や徒歩や車馬を乗り継いで長崎に着いたのである。ましてや東京に出るには、その長崎から船に乗って上京した筈である。

なぜなら、当時東京に出るには、まだ馬か馬車か駕籠か、あるいは船か徒歩しか無かった。東京―横浜間に鉄道が開通したのが明治五年(一八七二)のことであり、さらに東海道本線が全通したのと、四国と九州に鉄道が開業したのが明治二十二年(一八八九)であるから、まだ北里は列車で東京に出ることはできなかった筈である。

しかし、ここですでに書かれたいくつかの北里の伝記で矛盾した記述が見られることを述べておこう。北里の生前に弟子の宮島幹之助(みやじまみきのすけ)(一八七二～一九四四)によって編集され(当然生前の北里自身も草稿を読んだと考えられ)た『北里柴三郎伝』(昭和七年刊)は、詳述はしていないが長崎から海陸三百里(千二百キロメートル)を船で上京したことになっており、孫の北里一郎の『北里柴三郎の人と学説』における記述では、小国北里村から大分まで八〇キロ歩き、そこで乗船して大阪にまず出、そこでの就業の後に金子を持って上京したことになっている。すでに祖父と孫で一事に関しても記述が違うことから、にわかには上京のルートが断定できないことになる。しかし、前者の方が北里の生前の目を経ていることからも、より信頼がおけそうである。つまり、熊本小国北里から、熊本、長崎と出て、船で東京へという旅程である。

では、長崎と東京間の大坂(大阪)での途中下船はどうか。これは判断が難しい。北里はまっすぐ熊本から長崎を経て東京に出たのか、あるいは、一時大坂に留まり、準備を整えて上京したのか、これは今後の研究を待たなければならない。

さて、とにもかくにも北里は明治七年九月に本郷竹町にいた郷党の先輩山田武甫（一八三一～九三）の宅に到着し、そこにしばらく逗留した。おそらくは書生という身分で、家の雑用をこなしたり、あるいは家庭教師、庭師などという仕事をこなしたかも知れなかった。

山田は、肥後藩の傑出した人物で、幕末の開国論者横井小楠（一八〇九～一八六九）の直弟子であった。北里が熊本医学校在学時代に県の役人（小参事）として校務に係わり、すでにそこで北里の抽んでた才能に注目していた一人であった。横井はまた徳富蘇峰らも生み出した。山田は北里が上京する折にはすでに中央政府に出仕しており、内務書記官を務めていた。山田は九州の自由民権運動に関わり、後に明治二十三年（一八九〇）の第一回総選挙に熊本県より衆議院選挙に立候補して選出されている。

書生という身分をとった可能性のひとつは、それがその当時の才能ある若者が大学へ入る、あるいは経済界や政治界といった世間に出ていくごく普通の方法であったからであり、また北里に学費支弁の困難があったからである。北里の実家の経済状態はつまびらかではないが、北里が上京し、東京で勉学を続けるのを仕送りで支えることができなかったことだけは確かである（庄屋の経済状態がその程度であったのか、それだけ他郷で勉学するのには費用がかかったのか、どちらかも不明）（『北里柴三郎伝』）。それは熊本小国を出立する際に両親から言い渡された通りである。そのために北里は得意の語学を活かして翻訳をしたりあるいは雑務をこなして収入を得、それを生活費、また学費に充てていたのである。しかし、それだけでは不十分な場合は、山田の支援を得ていたであろうし、また親戚の一人から幾ばくかの支援を得て、それを学資とした可能性が高い。

後に官吏として内務省衛生局に出仕したときに、かつての借金とも支援金受取とも知れない金子を自分の給金の中から返金していることからも、確かに学資は不足していて、それゆえに金品の授受／貸し借りがあったのである。その上どうやらその親戚、あるいは知人の大塚さんとやらは、その学費貸借に関していちいち借用書を書かせていたようで（それは現存しないが）、東京大学を卒業の折にお礼かたがたその大阪の親戚を訪ねると、御祝いとしてご馳走にあずかったが、その際お吸物に錆びた貨幣が一枚入れられていて金の大事さを説いた。

さすがにそこに返済を促す真意を見た北里は快くはなかったが、就職後には在学中の学費返還を続けてその恩に報いたと共に、やがてその借金を皆済したのである。そもそも、上京の費用を誰がどのように出したのかも未だに詳（つまび）らかではない。

第三の説明として、北里の次男善次郎（北里研究所第四代所長）が、父から聞いた話として書いているものがある。それによれば、医学校入学を志したが、生家がそれほど裕福でなく、まず大阪に出て大塚宅で書生奉公し、早朝から廊下の水拭きをし、使い走りに酷使されて、やっと夜だけ学問できるという風であった。北里は目的のために辛抱を重ね、貯えた金を持って上京したということである。するると、明治七年から翌年の八年まで、大阪に在って、その後東京の山田武甫宅へ書生に出たと考えられる。そしてその年の十一月に東京医学校の入学を許されたと見るのがもっとも自然かもしれない。

第二章　大学入学とそこでの教育

1　入学までの道筋

東京に出たのは、東京医学校（後の東京帝国大学医学部）でさらに医学の研修を積むためであった。それはまさに師マンスフェルトの教え通りだった。

東京医学校

東京医学校は、元来安政五年（一八五八）に設立された江戸幕府の「種痘館」、「種痘所」が、文久元年（一八六一）に「西洋医学所」、さらに「医学所」となり、明治維新後は、「医学所兼病院」と改称されたものだが、新たに国学、漢学、洋学の覇権争いが激化し、ついに「大学」の中の「大学東校」とされ、開成学校は「大学南校」となった。ここ大学東校では、ドイツ医学に準拠することが至上方針として遵守され、医学校に関する限り国学、漢方医の干渉は排除されたと言ってよい。そしてついに、明治四年（一八七一）には「大学東校」は「東校」と改称され、文部省所管となり、医学専門の学校としての性格を濃厚にした。

この「東校」はさらに翌明治五年には「第一大学区医学校」と改称し、さらに明治七年五月七日には「東京医学校」と称されるに至った。

北里が故郷を出たのは、まさにこの直後の明治七年八月以降のことであり、本郷竹町に入ったのはその年の九月のことであった（次男北里善次郎の言に従えば、まず大阪、そして翌年明治八年九月に東京へ出たと考えられる）。

ここでひとつの問題が出来（しゅったい）した。それは、すでに二十三歳になっていた北里の年齢のことであった。明治政府が定めた（とりわけ後に北里が世話になる相良知安や、長与専斎が関与したのであるが）「医制」が定めていたことに以下のようなことがあった。

「第十三條　医学校ハ予科三年本科五年ヲ以テ学課ノ満期ト定ム　予科入学ハ十四歳以上十八歳以下ニシテ小学校卒業ノ証書ヲ所持スル者ヲ撰ヒ体質ヲ検シテ之ヲ許ス」

つまり予科に入学するには十四歳から十八歳までを入学の期限としていたのである。しかし、これには付則というべきものがついていて、そこに特例が認められていた。

「二拾歳以下ノ生徒ヲ中小ノ数科中読書算術外国語及ヒ理化学ノ大意等　其学ビタル所ニ就テ之ヲ

試業シ年齢体質ヲ較量シオ力ノ当否ヲ察シテ予科入学ヲ許スヘシ」

しかし、これでも北里は年齢制限に引っ掛かるのであるが、そこは年齢を三歳若くして、入学を認められたのであろう。

北里が下谷和泉の藤堂邸跡（現在の千代田区神田和泉町）の学校の寄宿舎に入るまでは、山田家に寄留していたが、これはこの当時の学生がよくやっていた書生としてであったと考えられる。また、借金したのは上京時ではなく、『北里柴三郎伝』の文からみると、学校の寮に入ってからとも考えられる。しかし、とにかく苦学であったことだけは間違いない。

かくして北里は上京の後、一年二カ月経った明治八年（一八七五）十一月をもって東京医学校本科の学生となった。これはドイツ人お雇い外国人教師の定めた課程によってドイツ語で教授するものであったが、そこにはこれと別に別課教程があった。これは通学生を主に対象としたもので、日本人教授である三宅秀（病理学）、田口和美（解剖学）、桐原真節（外科学）らが日本語をもって講義をする、いわば西洋医学速成コースであった。北里は、そのコースの不備を知って、あえて時間のかかる本科を志望したのである。入学試験は特別にある定められた日に志願者全員向けに行われたというのではなく、五月雨式に行われ、順次体格試験が施されたようである。

たとえば前年の明治七年には、後に北里の同級生となる河本重次郎（後東大医学部初代眼科学教授、一八五九〜一九三六）が、近視のために落第となったが、なぜか幸運なことに次の年、つまり北里と同じ年の明治八年には視力検査を含めた体格検査が行われず、合格となった。

この明治八年十一月に入学を許された同級生は百二十一人だった。東京医学校は、当時下谷和泉橋の藤堂邸跡にあり、そこで七寮の寄宿舎に入った。

この入学までの経緯は、北里の同級生の福井県士族佐々木曠（安政五年〔一八五八〕一月一日～昭和四年〔一九二九〕二月二十五日）の日記に詳しい。それを川俣昭男の論文から孫引きすると次のようになる。

明治八年の秋はこの入学準備と手続きに費やされたと考えてもよい。

九月廿二日　十二時迄東校行　入学願書納ム
十一月　二日　八時東校行　学術検査ヲ受ク　検査科目　日本外史、與地史略　作文治験ヲ記シ以医薬請文題　十時相済
十一月五日　雨　東校ヨリ体格検査ノ差紙来
十一月六日　晴　東校行　ミュルレル氏自ラ検　午後直ニホフマン氏胸郭ノ広狭気度ヲ検シ後胸前后ニ打診
十一月十二日　晴雨　東校行　独乙文法　詞活音　筆算　フィンク氏　独ホルツ氏算一時過済
十一月十九日　晴　東校ヨリ差紙来　入校差許シニ相成候条　明廿日證人同道参校アルヘシト
十一月廿日　晴　東校行監事局へ行　證書ヲ出シ六番舎四番室部屋ヲ取
十一月廿一日　晴　東京医学校六番舎四番室入荷　物皆二人力車ニ載運ブ

十一月廿四日　曇　火曜日　初メテ六番教場ニ於テ　ホルツ氏ヨリ　新入六番舎生百十七名ノ受業

この一連の試験、体格検査から、お雇い外国人（ドイツ人ミュルレル、ホフマンなど）が自ら行い、そこには胸の検査、とりわけ結核を検査する意図をもって胸郭検査、打診診察が行われている。

北里もおそらく同じような経緯で入学を許され、荷物を寄宿舎の六番舎へ運び込んだのであろう（宿舎費用、部屋の内部構造は不明）。

十一月二十日の入校手続き後、早くも二十四日にはもう最初の授業が行われ、ドイツ人教師ホルツからドイツ語、地理学、数学のいずれかを学んでいる。この日には、入学を許された百二十名の内、三名が欠席していたことになる。

この時の同級生には、同じ熊本から同行した大久保眞次郎、中島孚（まこと）、長崎医学校からの山根文策（やまねぶんさく）（後に北里柴三郎次男善次郎と山根の次女ミハ子婚姻）、鶴崎平三郎（後にベルツの教えから明治二十二年（一八八九）神戸須磨浦に須磨浦療病院を設立）、浦島堅吉（うらしまけんきち）、さらに外国語学校から来た河本重次郎、大谷周庵（おおたにしゅうあん）（子息の大谷彬亮は後の北里研究所附属病院院長）、池田陽一らがいた。

当時の医学校の教授陣容は次頁の表の通りであった。

東京医学校とは、すでに述べたように、安政五年（一八五八）に創立された種痘館を発祥とし、その後、種痘所、西洋医学所、医学校兼病院、大学東校、東校、第一大学医学校などと名称の変更を重ねたが、北里入学の前年の明治七年に東京医学校と改称し、いずれにせよ後の東京帝国大学医学部の

明治10年時点の東京大学医学部教員

名前	国籍	専門	任期	給与
W. デーニッツ	独	解剖学	明7	350円
F. ヒルゲンドルフ	独	博物／数学	明7	(225円)
H. コッヒウス	独	理化学	明7	
H. フンク	独	独語／羅語	明7	280円
A. ウエルニッヒ	独	内科学	明7	400円
W. シュルツェ	独	外科学	明7	500円
R. ランゲ	独	独語／羅語	明7	250円
ニーヴェルト	独	薬学	明7	270円
V. ホルツ	墺	独／地理／数学	明7	120円
A. ランガルト	独	薬学／化学	明8	350円
R. シェンデル	独	数学／物理学	明8	280円
H. アールブルク	独	動植物／博物学	明9	(250円)
E. ベルツ	独	内科学／産婦人	明9	400円
P. マイヨット	独	独語／羅語	明9	250円

出典：『文部省第六年報』(明治11年発行)。

前身であった。

校長は長与専斎(文部省四等出仕、後の内務省衛生局長、中央衛生会会長、どちらにしてもこの後、北里の生涯に大きな影響を及ぼすことになる)で、本科はドイツ人教師が主に授業を担当していた。その中にはウィルヘルム・デーニッツらがおり、後にはシュルツェ、マイヨット等が加わり、彼らの定めたカリキュラムに従ってドイツ語で授業が行われていた。

お雇い外国人が幅を利かせていた時代であり、かつ授業から論文まで担当教師によって英語であったり、ドイツ語であったりした。かえって今日声高に国際化が叫ばれている時よりもはるかに国際化が進んでいた時代なのである。たとえば当時、工学部では英語やドイツ語で授業が行われ、美しい筆記体で書かれた英文論文を見ると、一種特別な感慨に捉われる。それがとても維新直後の日本人が書いたものとは思えないほどの美文であり、また美しい筆致なのである（明治時代こそもっとも日本人の外国語能力が高かったという説もある。それにはお雇い外国人から直接習っていたということも与っているのだろう）。

しかし、こと医学部に関しては、授業に加えて構内での会話はすべてドイツ語で行われており、そこで学生の間で次のような盟約が交わされたのであった。

盟約乃原素（作成佐々木曠）

凡　国乃事業学修ト実地トニ成ルモノニシテ甲乙必ス平均セザルベカラズ　然リ　而シテ乙ハ語学等ノ学課ニ於テハ最モ緊要ナルモノニシテ小児ノ語ヲ習フ以テ知ル　ヘシ而シテ我輩日日獨乙學ヲ従事シ茲ニ一年余其ノ受クル処ハ皆文法熟字作文等ニ　シテ多クハ実施ニ就クヲ得ザリシニ　幸ニ本日同志ノ結社アリテ通常ノ交際ニ於テ　互ニ獨乙語ノミヲ以会話スベシ

長与専斎

このように、ドイツ語による学習の必要性は、その教師の国籍によるものだが、その後、日本では長い間、ドイツ語が幅を利かせていた。昭和の代を通じてずっと医者のカルテ（ドイツ語で

Karte、つまり英語のCard、診察記録である）はドイツ語で書かれていた。それはあたかも、中世の神学者、神父が、キリスト教の教義を、あるいは演説を、すべてラテン語で行って自らの権威付けを行ったことと似通っている。

明治十年（一八七八）、東京医学校は東京開成学校と合併して東京大学となり、医学校はその中の医学部としてあらたに出発することになった。その総理に池田謙斎（けんさい）（一八四一〜一九一八）が着任し、長与専斎は副総理となった。その直前の明治九年十二月には、本郷加賀藩屋敷跡に新校舎が竣工し、すでに移転を終了していたのである。

下谷和泉藤堂邸跡の学校の寄宿舎の位置、概要に関しては、以下のようであった。

「明治八年五月七日付で前田家の当主利嗣が東京医学校への土地献上を東京府に願い出て八月五日に文部省から東京医学校に引き渡された五四二・七一坪もその一つで、これは同家と東京医学校が接する所に、前田家の突出地があって医学校寄宿舎の設計上支障があるため、医学校が交換を願い出たところ、前田家の篤志によって寄付をうけることになったもの。」

「工事経過に関する記録はほとんど残されていないが、地均しほかの土木工事は八年七月に始められた。建物については、寄宿舎が同年末に着工されて翌九年三月中に竣工をみていること、先述の工事請負人の決定の日付と医学校、病院の下谷からの移転の時期（明治九年十一月二七〜三〇日）が極めて近いことなどを考えると、個々の建物の工期はかなり短かったものと思われる。」

北里柴三郎の学生時代は必ずしも明確に分かっている訳ではない。取り立てて個人的記録としての日記などが残っている訳でもない。

（『東京大学百年史』）

学生生活

北里の同期で、後に東大教授となった河本重次郎の思い出の記『回顧録』を繙（ひもと）くと、北里柴三郎が辿ったかも知れない道筋が淡々と綴られていて参考になる。以下、河本について、北里の学生時代を再構築してみよう。

河本は安政六年（一八五九）八月十五日兵庫県但馬に生まれる。同郷の吉村寅太郎に連れられ、明治三年に銀山越え、播州五條を通り過ぎ、明石を経て、舞子から兵庫に至り、そこで蒸気船に乗り込んで東航し、品川湾に停泊して、高輪に上陸、その後横浜まで出た。

横浜で太政官に属する金銀吹分所長をしていた叔父の中江種三を頼り、横浜高島町にあった高島嘉右衛門の塾で学習したのである。またその後、東京外語学校でドイツ語を学習した（高島は医学塾を開き、またその開墾事業で名を残した。さらに四柱推命の研究を通して新しい運命鑑定の事業を開いたのである）。

明治七年、河本は入学のために藤堂屋敷にあった東校に行って、体格試験を受けた。ミュルレル（Benjamin Carl Leopold Mueller, 1824-1893）やホフマン（Theodor Eduard Hoffmann, 1837-?）の両外国人教師がいて体格検査を監督しており、また医科大学初代学長三宅秀（ひいず）（一八四八〜一九三八）も同席していたそうだ。この時は先述したが、河本は近眼が十二度とかで、入学の許可が出なかったが、次の年明治八年には運良く体格試験がなく、そのお陰でどうにか入学を許可された。ランゲ教師が試験を為し、選抜の任に当たっていた。

「余が入学した頃は、寄宿舎に生活したが、其寄宿舎は今では全く影なく、知る人とてないが、今大学の外来診療所の在つた所に、長く三列に木造二階作の粗末なる大建築が南北に面して前後に並びて立つて居て、その長い廊下が中央を結び付けて居た。而して、其突き当たりの一番奥の所に賄所があつた、寄宿舎の左右の端にも、廊下はあったが、之れは床なしで砂敷で飛石が並べてあった。寄宿舎は、二階も下も、各室皆通り道の左右に並んで居たが為め、南の室は好きも、北側の室は日がささず、冬は寒く困った、室の左右には、壁に接して高き床あり、畳二丈を前後長なりに敷きたるものなれば、室内に都合四人入るゝことが出来た。下の畳座敷には、机を置き勉強に使ひ、夜は上の高床に入る時入りて寝るのであった。併しこゝに一つ危険があった、それは『ランプ』であつた、夜分床に入る時、『ランプ』を枕の横に置き書を読む風が、一般に行われ居りたるを以て、場合に依ては此『ランプ』が転倒せぬとも限らん、或る夜、余は二時頃便所に下りて見ると、或る窓から火焔が吹き出で居た、そこで、余は大声で、火事よゝと云って大騒ぎ起りしも、後の祭で、遂に寄宿舎一棟の長屋を全部焼失した。」

このように寄宿舎は手狭で、しかも冬の間は寒く、危険も付き物だったが、意外と学生達はその生活を楽しみ、また生来の性質や素質の片鱗を覗かせていたのである（この宿舎の概念図を見よ。河本書の七〇頁より引用）。

ではたとえば河本が『回顧録』の中でさりげなく次のように書いている北里の存在感を、我々はどのように解釈すればよいのだろうか。

「吾が級には真鍋と云ふ人が（中村弥六君の弟）居た。此の人は酒を呑むと、非常に狂気になる癖あり、或る時酔って帰るや『ランプ』を室内に投げ込むと云ふ仕末で、其危険と云ふたら、大変であった。かう云ふ時には、毎に北里君が云ってをさめ役を為したものであった、又、急に何にか相談会でもあると、北里柴三郎君が議長と云ふ風で、今日、同君が有名となりし一つは、此議事的、事務的才を持たれたからであると思ふ、其時分『不肖柴三郎』と云ふ様な語調で、議されたものであつた、兎に角、同君は吾々よりも四五歳うえで、先づ先輩の格であった。併し能く出来たと云ふのではない、学校の成績は中等位であった。」

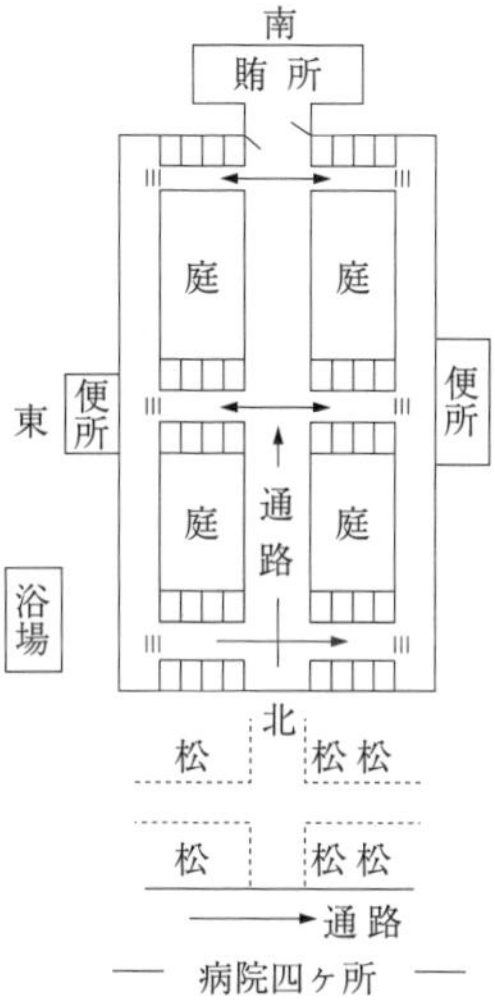

東大寄宿舎の図
（河本重次郎『回顧録』）

年長者であったということはさておき、北

里はことあるごとに出かけていき、その場の問題を解決する能力と胆力をどうやら備えていたらしいことは分かる。口癖の「不肖柴三郎」というのもなかなか愛嬌がある。しかし、河本の目にも北里が優れて学力で他人を凌いでいたと言う認識を得られなかったようである。ここからの人生における成功は、実に北里の刻苦勉励によることが想像される。

2　大学でのエピソード

北里は、この東京医学校、東京大学医学部の両方の時代を通じて、単に勉学に精を出したのみならず、その他の活動でもおおいに気炎を吐いた。

蛮カラ

ここでは四つほどもそのエピソードを挙げれば、その姿が十分窺えるであろう。

そのひとつは、粗暴な生活態度である。破衣弊帽（はいへいぼう）というその後の旧制高等学校生のバンカラ（その語源は「蛮カラ」「野蛮なカラー」ということで、ハイカラ（High collar）つまり流行の先端の「高い襟（えり）」をもじって対応させたものであった）はもうこの頃からその風を競うようになり、またドイツ語のゲル（金、Geld）やメーチェン（娘、Mädchen）という隠語が学生の間にあったやも知れない。その先駆的ともいうべきバンカラが寮生活にはあったらしい。寮の窓から商人を呼んで買い食いをしたりして、その代金を払わずにごまかすといったようなことである。うどんの担ぎ売りがその被害にあったらしい。

二番目は、『北里柴三郎伝』にあるその寮でのエピソードである。バンカラが過ぎて、粗暴との評を得ていて、そのことにとことん悩んだ末に長与専斎校長は、かつて大阪の緒方洪庵の医学塾適塾での同級生であった福沢諭吉に事の次第を述べて相談に乗ってもらった。

それを聞くや、福沢はただちに自分の配下の草郷清四郎、三輪光五郎の二人を寮監として寮に送り込んだ。二人は早速学生を力で押さえ込むことに熱心で、すぐ寮の代表を呼び出し、寮の規則遵守を呼びかけ、違反者に強い態度に出ることを表明した。

学生の代表であった北里は、彼らの前に出て、到着したばかりの貴兄らがただちにどのようにして学生が乱暴であることを知ったかと問うと、二人は校長などから聞いたと答えた。そこですかさず北里は、他人から聞いたことのみで人間を判断し、批判するのかと問い詰めた。草郷は言葉に窮して反論することが出来なかった。

会見後、寮に引き上げた北里らは、もし今後も寮監がかかる威圧的な態度をとるようだったら、乗馬での通勤途上を襲い、一撃を加えて馬上から引きずり降ろそうと語り合った。こうした事態に対する毅然とした態度はもちろんのこと、その後の襲撃の決断までも、いかにも人の先頭に立つ北里らしいやり方であった。

こうした決議があったことを知ってか知らずか、寮監は以後、強圧的態度を改めて、物事を学生たちと合議の上決めるようになった。

三番目は、同盟社と称する結社活動である。その目的は、おおよそ男子が社会活動を志す以上は雄弁でなければならないというものだった。どうやら昔からの武士（軍人）志向、政治家志向がまたぞろ顔を出したのか、北里は雄弁をもって良しとし、毎週土曜日の演説会では、その政治的傾向は、おおいに学内でも脅威として認識されたが、活動はそれに留まらず、講義録の印刷販売から、新聞印刷事業、撃剣や柔道のスポーツ大会、ストライキの指導まで幅広く、そこで指導的立場をとっていたらしい。この結社の長が北里であり、その統率力と面倒見のよさが、その後の北里を彷彿とさせる。おそらく北里は、どこにいてもどのような事件にあってもその渦中にあって、平然と事務を執り、仲間を叱咤激励し、ついに当初の計画通りにその行動を成功に導くというほどの人物であったのである。

なお、演説、弁説ということは、明治維新以降、西洋の政治習慣や修辞学（レトリック）の影響で、次第に日本でも大衆に訴えかけることが大切であると認識されるようになってきていたので、いわば北里はその意味でも、時代の最先端に立っていたというべきだろう。自由民権運動が世に吹き荒れていたのであるが、演説会は格好の宣伝場所であった。しかし、政治演説会には警察が立ち会い、政府批判などを繰り返すと、すぐさま解散を命ぜられるという風であった。

この同盟社での講演の一つが、現在北里研究所に残されている『医道論』（明治十一年四月執筆）であろう。この原稿は、その論旨には日本医学に対する正直な憤り、批判が溢れている。

「末は博士か大臣か」と言われていた出世主義は、しかし、北里にはある意味で無縁であった。それは、北里が持っていた医学への志の問題であり、それは在学中に組織した同盟社での演説原稿として執筆した『医道論』の中に如実に読みとれる。原文は漢文調で、カタカナ混じりである。その主旨を辿ってみよう。

「昔の人は、医は仁の術、また、大医は国を治すとは善いことをいう。医の真の在り方は、大衆に健康を保たせ安心して職に就かせて国を豊に強く発展させる事にある。人が養生法を知らないと身体を健康に保てず、健康でないと生活を満たせる訳がない。（中略）人民に健康法を説いて身体の大切さを知らせ、病を未然に防ぐのが医道の基本である。」
「病気を未然に防ぐ為には、病気の原因と治療、つまり、医術を徹底的に理解しないと達成出来ない。真の医を施すには医術の充分な研究が必要である。医学を志す者は理論技術とも甲乙なく徹底的に研究する必要がある。」

（北里記念室編『北里柴三郎――生誕百五十年』）

ここに、将来の北里の進路が見て取れる。そして、軍人か政治家を目指していた自分の不明をも次のように看破している。つまり、医学を卑しいと見なしていたかつての自分のものの見方を自ら批判してみせているのである。

「日本では昔から医学は賤学と見なされ、大志を抱く者は決して医学を志向しない。医学を賤学と見るのは、医道が衰退した為で、医者自身が為した天罰である。医者が自分の栄華だけを祈り、権力者や富豪に迎合することばかりを考えたため、識者から軽蔑され、だから大志を抱く者は医業を嫌って遠ざける。従って医学は発展せず、人民もその任務の重要性を知らない。これが医学が衰退し、真の医道を探究できない原因で、実に悲嘆の至りだ。（中略）だから、今から医学に入る者は、大いに奮発勉励し、この悪弊を捨て、医道の真意を理解せねばならない。」

その矛先は、当時の医学生と開業医に向かい、容赦のない批判を浴びせている。同盟社の威勢のいい演説会は、これでおおいに盛り上がったであろうと思われる。

「今の学生の風潮をよく見ると、その意志は軽薄で、贅沢に走り、うわべを飾るだけで満足している。医学生の全部が金持ちの子ではなく、東大生もその半数は人民の血税を学資としている。人民は日夜辛苦して一日も休む暇なく困窮の中で納税した金なのに、それを無駄遣いして知らぬ顔をし、自分の実力で学問が進歩する野田から国が資金を与えるのと思い違いしているなら、とんでもないことである。(中略)自分に同感の有志は一緒に憤慨し、この悪弊を今や洗い去ろうではないか。」

北里はすでに故郷を出る時、母から「出世するまで故郷に帰るな」との厳命を受けていた。それは厳しい枷(かせ)だったが、また母の思いがこもった言いつけでもあった。

北里は、若い頃からいつも学問のために故郷の父母の膝下を離れていた。その心情はどのようなものであったのか、以下の手紙に如実に現れている。

「小生此ノ年齢迄モ遠ク膝下ヲ離レテ御両親様ニ御不自由ヲカケ誠ニ以テ心痛致シ候得共、是此ノ心痛ハ決シテ御両親様ノ御本意ニ非ズ。一旦学問致ス様御赦シノ上ハ他事ヲ顧ミズ此学ニ勉励シ、他日卒業ノ上ニ国家ニ裨益シ以テ御両親様ヲ顕ハスガ小生ノ志ス所、且又御両親様ノ御思召モ其所ニ候へバ、小生ハ今ヨリ向フ四ヶ年ニシテ始メテ卒業致ス事ニ候へバ、其迄ハ御膝下ニ待ヘルコトモ出来不申候間、其迄ノ所ハ君等小生之分ノ朝夕之孝仕モ大ニ勉励シテ御両親様ノ御意ヲ慰メ奉リ、決シテ御意ニ逆フコトナク御孝養被成下度伏而頼入候。小生卒業之後ハ君等ニ代リテ君等ニ大ニ勉学為致、小生御膝下ニ傍フテ御孝養致候間其迄之所ハ無怠御仕へ可被成候」（『北里柴三郎伝』）

この北里の悠然たる活動は、ちょうどその頃、故郷熊本小国郷北里にいる母に起こっていた騒然とした対比的状況をも想起させる。

明治十年（一八七七）、薩摩鹿児島の不平士族が西南の役（西南戦争）を起こした際、九州各地の旧士族の不満分子が、徒党を組んで西郷隆盛に与（くみ）せんと結集しつつあった。その中でも豊前中津奥平藩の不平分子二百名ばかりが、小国を通過して熊本城を包囲中の西郷軍に参加しようとしていた。彼らは、道中略奪を繰り返しながら北里村に入ってきたが、すでに情勢を見極めていた北里の母貞は、予め夫惟信と子供を他郷に避難させて、単身留守居役を買って出たのである。

しごく当然のこととして、不満分子数十名が庄屋の北里家に略奪にやって来た。母貞は気丈にも懐中に剣を忍ばせたまま彼らに主人の不在を告げ、金品の要求には無一文であることを主張し、暴徒を前に一歩も譲らなかった。さすがに女一人に対して辟易とした暴徒は、何も取らずに引き上げたということである。

どこにいても臆することのなかった北里の態度とは、このような母堂の薫陶があったからといってよい。もちろん北里の弟子を大切にする態度は、庄屋としての父の包容力が見事に受け継がれたと見てよいだろう。

もちろん、北里が武士になろうという希望を抱いた大きな理由のひとつは、この母貞の実家の父が、久留島藩の家老に次ぐ地位にあった加藤海助であったことも与っていたのであろう。また母貞は読書に優れ、男児と争って一度も負けたことがなかったと言われていて、北里を彷彿とさせる。北里の負けん気はそこに源があった。

苦学生

東京大学在学中、北里は牛乳会社に職を得て、その収入で自活していたのみならず、肥後から呼び寄せた弟北里裟袈男（慶応三年〔一八六七〕四月三十日～昭和七年〔一九三二〕六月六日）の学資も自分のアルバイトで面倒見ていたのである。今日風に牛乳会社でアルバイトというと、あたかも早朝の配達でもしていたように聞こえるが、実際には東大の医学部の学生ということもあって、本当は、衛生や検査の担当であったのではないだろうか。あるいは、その語学力を見込まれて、牛乳会社が仕入れた当時最先端の牛乳の殺菌、あるいは設備保持の方法を、たとえばオランダ語やドイツ語の原書から読み解き、会社員に教示していたのではなかったか。あるいは、牛乳の品質管理というような重要な仕事を任されていたのかも知れない。後に北里が、実験用動物を部下に管理させ、そこで様々な生体実験やワクチンを創製したことを考えると、すでにこの時の経験がその後に活かされたのかも知れない。その意味で、北里のどのような経験も無駄にはなっていなかったと言えよう。
その時の乳牛はどのようなものが使われていたのか、あるいはそれは欧州から輸入されたホルシュタイン種だったのか。そんなところにもまだまだ北里研究の余地はある。牛乳がどのように人々に浸透していったのかという文化史的興味と共に。

その牛乳会社社長の兄である、当時は大蔵省官吏、後に日銀総裁、男爵となった松尾臣善（一八四三〜一九一六）の次女乕（一八六七〜一九二六）と、東大卒業後の明治十六年四月に婚姻を結んだ（卒業式はその年の十月のことであったが、一応就職が決まった後の結婚だった）。北里は苦学したと書いたが、働きながら学んだのであった。このアルバイトともよぶべき収入の道は、今日のハンバーガー屋やチェーン店の居酒屋でバイトをするのとは違って、全国で唯一の大学の学士様が、それも将来は日本を背負って立つ医者の卵がバイトをする訳だから、おのずと待遇も違っただろうし、それで生活を支えることができるほどの収入があったものと察せられる。その当時からあるいは北里は将来を嘱望されて、婚姻の話を承っていたのかも知れない。とにかく当時大学はひとつ東京大学しか無く、それゆえに大学というよりは、大きな社会制度のように見なされていたのかも知れない。あるいは中国の科挙制度のように。さらには、その科挙にすでに推挙されて、いっぱしの大臣扱いだったのかも知れない。

この岳父松尾臣善は、天保十四年姫路の郷士の生まれ、四国宇和島藩に仕え、士分に取り立てられた人物である。明治維新後、藩からの推挙で大阪府外国局会計課長を務め、その後大蔵省入省、明治三十六年十月には第六代日本銀行総裁に就任している。明治四〇年九月には男爵を受爵して貴族院議員にもなっている。
北里は、自分が学生時代に実弟裟袈男を熊本から呼び寄せ、東京帝国大学法学部に入学させてその卒業まで経済的面倒を見ていたが、この弟袈裟男もやがて松尾臣善の四女千代を明治二十五年十一月に娶(めと)ることになるので、松尾家における北里家の信頼たるや絶大なものがあったことが察せられる。まだ北里柴三郎が東京にあり、弟妹が熊本にある時、北里が二人に送った手紙は彼の心情をよく吐露していて興味深い。以下に引いてみよう（手紙の引用、現代仮名遣いに改め、かつ句読点も打ってある）。

「いやしくも男子に生るる以上は、おおいに愛国の心を平生かねて養成し、我が帝国をして世界万国と併立せしめ、彼我甲乙なく、我れ彼の上に出づるとも敢えて彼に一歩を譲らざる様に我が国を不羈独立ならしむるは、今日に生育するお互い男子の志す所にして、一日も忘るべからざるものなり。しかれども人々一大業を成さんと欲せば、各々その基礎を堅固ならしむべし。その基礎とはすなわち一身上の勉強なり。如何に志あるとも人に学力なければ他人これを信ぜず。他人に信を失うときはなかなかもって一人にて国家に大益を起こさんと欲しても、決して思うばかりにてなすこと能わず。天下の事は衆と共になすに如かず。よって衆人の中にて大志あるものがその誘導者となりてこれを勧誘するものなれば、その人必ず大学力ければ能わず。その大学力とはかねて幼少の時に大勉励に根す。よりて今日青年の時は寸時も怠らずますます勉励を加え他日の大業を志すべし。」

（北里記念室編『北里柴三郎——生誕百五十年』）

ここに明治時代の典型的な立身出世の言辞を見ることができる。この書には、将来を見据えて、大業を成そうという北里のおおいなる自負と希望を見ることもできる。それが、弟妹への忠告の書を兼ねている書簡であることが興味深い。

このようにいわば血をわけた他人に心構えを語ることで、彼自身がまた自己を鼓舞していたことが想像される。志の大きさに押し潰されないだけの知力と体力をすでに北里は自覚し、かつ身につけていたのである。そこには、東京大学医学部の学生においてさえ、士族であるとか平民であることが明記されていたという事情があり、そこでさらに士族を学力、能力で追い抜いて自分の力のほどを示そうという心のドライヴが北里に働かなかったということはないだろう。文字通り負けん気の強い北里のことであるから、一層闘争心を燃やしたものと察せられる。

シュルツェとの確執

次のエピソードは、ドイツ人お雇い外国人教師シュルツェ（Emil August Wilhelm Schultze, 1844-1925）とのちょっとした確執である。

シュルツェは、外科学と眼科学を担当していたが、講義要録を学生に頒布した後、授業でまだ終わっていない単元を試験したりして問題になった時、学生全員が共同謀議し、授業で解説されていない部分はいっさい試験で答えないと示し合わせたのである。事の次第を知ったシュルツェは激怒し、あやうく辞任して帰国するところであったが、学長三宅秀と同じ外国人教師ベルツ（Erwin von Bälz, 1849-1905、後に皇太子侍医、また草津温泉の効能を称揚し、かつ湘南の地のサナトリウムに適することを指摘して、日本の結核療養地としての湘南を定着させた功績がある。高田畊安の茅ヶ崎南湖病院はその具現であろう。

南湖院はやがて東洋一の結核サナトリウムとなる。現在三代目の高田準三氏がその衣鉢を継いでおられる）が慰めて、やっと事なきを得たと言う。

この話には後日談がある。後にドイツに留学しコッホの下で北里が修学している時、その研究会に参加していたシュルツェが、日本での経験を誇り高らかに述べ立てた時、学生が乱暴であったことを付け加えた。北里は、すくっと立って、その話の中の乱暴狼藉を働いた無礼の輩としての学生こそ自分であると名乗り出て、シュルツェを赤面させ、辟易とさせたことである。さらに語を継いで、自分はシュルツェ先生から医師になれる見込みがないので今日限り勉強をやめよと忠告を賜った者ですと白状するに及んで、シュルツェは閉口する他はなかった。まだまだ東洋の地は遠く無縁の場所と思われていたので、おそらくはシュルツェは座興として逸話を披露したのであったのだろうが、そこに思わぬ陥穽（かんせい）が待っていたということであろう。かつてシュルツェによって不良学生の烙印を押された北里の医学者としての名声はその時はすでにヨーロッパ全体に鳴り響いていたのであるから。

しかしこのシュルツェの気紛れや、突飛な行動も、奥さんのエンマ（Emma Schultze）の手紙を読むと、彼の性格異常や傲慢さによるというよりは、あるいはシュルツェが悩んでいたひどい頭痛のためかも知れないということに思い当たる。

エンマは、ドイツの友人宛の手紙にこう書き記している。「ヴィルヘルム（シュルツェのこと）のことですが、彼の頭痛のため大変心配していることは否めません。（中略）彼の病気は、確かに危険なものではありません。私はそう信じていますし、ドクトル・ベルツも私に保証しました。最もいけないのは、彼自身が、そのことを悪く考え込むことです。それで元気を失って不機嫌になり、みじめで、以前に比べ不活発で根気がありません。また、よく嘆き、自分の健康状態を悲観的に考えているのです。」（明治十三年一月七日東京発、トスカ編『明治初期御雇医師夫妻の生活――シュルツェ夫人の手紙から』）

この時期明治十三年（一八八〇）は、まさに北里柴三郎らが大学でシュルツェとの問題を抱えていた時期である。あるいは、こうした頭痛を抱えてシュルツェは一種の不機嫌、性格のむら、軽い性格異常を起こしていたのかも知れない。それが、北里が問題にした、まだ学習していない部分を試験に出すという行動を呼び起こしたのかも知れない。

なおさらに付け加えれば、このシュルツェの息子ヴァルター（Walter Schultze, 1880-1964）は、フライブルクとベルリン両大学で学び、ブラウンシュヴィアクの病理学細菌学教授として、東大の甲野棐（たすく）（明治十四年卒業）の息子甲野謙三（明治四十三年京大卒）と北里柴三郎の同級生大谷周庵（明治十六年卒）の息子大谷彬亮（明治三十九年京大卒）を教え、親子二代でまた日本人親子二代を教えたことになる。この大谷彬亮は、後に北里研究所で活躍する医師となる。

そのヴァルターの子（つまりシュルツェの孫）ノルベルト・シュルツェ（Norbert Schultze, 1911-2002）は、第二次世界対戦中のドイツ軍、連合軍の双方から愛唱された哀しい歌「リリー・マルレーン」（Lili Marleen）の作曲者である。

明治十四年（一八八一）七月のシュルツェの東大離任に際しては、多くの勲章、名誉が彼に与えられたが、学生達もまたそのもめ事にもかかわらず感謝状を送っている。すでに序章で書いたことだが、その中で、二等本科生の署名の中にある北里の署名は［Kitanosato］である。あるいはこれが彼の名前の本来あるいは通例の読み方だったのかも知れない。あるいはまた、騒動を引き起こして対立した師への、北里なりの餞（はなむけ）の言葉だったのかも知れない。

シュルツェの後任は、やがて肺結核のため日本の地に骨を埋めることになるスクリバ（Julius Carl Scriba, 1848-1905）である。このスクリバとベルツが、東大におけるお雇い外国人教師のもっとも隆盛だった時代なのかも知れない。

青山胤通との出会い

もうひとつ興味深い、これ以降の北里柴三郎と東大との確執（かくしつ）を生むことになる素地が学生時代にあったかも知れないことを見ておこう。それは、青山胤通（あおやまたねみち）（一八五九～一九一七）との確執である。そこを実に観察眼の鋭く、しかも何十年後に自分の回顧録に記している、同級生の中で一番で卒業し、後に東大医学部眼科初代教授になった河本重次郎の言葉に再び耳を傾けてみよう。

「上の級に古川栄君が居た（中略）其同級に青山君が居られた、其自分の気質は、後日の同君の気質と全く同じであった。或る時、青山君がスクリバに何にか問われて、答えが旨く行かなんだ、所が上の方で見て居た余が級の北里君が、何の気もなく少しく笑った、青山君は大に怒って、手に持って居た大腿骨の頑頭で、振り向き乍ら、北里君の頭を打たんとしたことがあった。（中略）青山君は、体軀も偉大にして、精神気力、亦大なる所あり、衆人の及ばざる所であった、兎に角、一種の豪傑であったに相違ない、其一旦憤怒あるや、虎豹の如く、殆んど近くべからず、故に人に愛せらるゝと云ふよりは、寧ろ敬畏せられたる方なり。」

（河本重次郎『回顧録』）

ここで言う青山とはもちろん後に「帝大の青山か、青山の帝大か」と言われた青山胤通で、安政六年（一八五九）東京の生まれ、内科学の専門家で、医科大学学長を務め、後に男爵になっている。近代日本の内科学を確立したといわれるのは青山胤通、三浦謹之助、入沢達吉（いりさわたつきち）の三人だが、このうち、青山胤通は明治天皇の事実上の主治医とされていた。

青山は、北里の卒業の前年明治十五年（一八八二）第四回卒業生として卒業し、その後ずっと帝大に奉職した。その後青山胤道は二十九歳で、外科の佐藤三吉は三十一歳という若さで教授に就任した。

青山の名前は、こうした医学界のみならず、医者として森鷗外から紹介された樋口一葉や石川啄木、齋藤緑雨を診たことでも知られている。彼等は皆結核で夭折（ようせつ）した。

青山の統括する内科には、日本で最初の大学におけるレントゲン機器が納入されたし、そこで肺病病室が特設されていたのである。石川啄木は、日本でもっとも早くレントゲン診察を受け、かつ日本でもっとも権威のある内科医に診てもらっていたのである。しかし、誰一人生き残って、長生きできなかった。まさに結核の時代だった。

ここで問題なのは、やがてこれから三十一年を経た大正三年（一九一四）に、青山の率いる東京帝大医学部が、ついに北里が所長を務める伝染病研究所を内務省所管から文部省所管に移してその配下に置き、青山が所長に就任するところまでこの対立関係が延々と続くことである。もちろんそこには青山対北里、文部省対内務省、東大対伝研という大きな構造が少なからずあったことは間違いない。それはある意味で、明治二十七年（一八九四）の香港におけるペスト菌発見騒動にその一大クライマックスを迎えることとなった対立の構図であった（第六章参照）。もちろん二人の対立をあまりに劇的に考えると、本筋を取り違える可能性があるが、二人は別にしても、その周囲がこうした対立を意識しなかったということはあり得ない。世間ももちろんその対立を知っていて、むしろ囃（はや）し立てるというようなこともあったのである。

第三章　内務省衛生局就職へ

1　社会へ出る

就職の意図

北里はあまり優秀ではなかった、それゆえに東大に残って教授になれなかった、という印象を強く持っている人が多い。それは正しいことだろうか？

それに対して、まず入学者数百二十一名、次年度で一気に約半分に減少し、本科開始時に三十一名、本科一等生で三十名、卒業試験合格卒業者数二十六名ということを確認して、その中で八番であったということを見れば、よく勉学していたと言わざるを得ない。百二十一名中の八番であるから、まず秀才の部類に属することは間違いない。

実際のところを見てみると、北里の同級の中では卒業時成績が学年一番の河本重次郎と四番の隈川宗雄が東大に残っている。人物、学業の両方の観点から残ったのであろうが、八番が駄目ということ

医学部教科内容と在籍者数

		冬学期	夏学期	在籍者数
東京医学校 明治７年５月	明治７年入学			121名
	明治８年 予科３等生	ドイツ学 算術 地理学 幾何学	ドイツ学 算術 博物学 地理学 幾何学	121名
	明治９年 予科２等生	ドイツ学 ラテン学 博物学 代数／幾何学	ドイツ学 ラテン学 博物学 代数／幾何学	67名
東京大学 医学部 明治10年４月	明治10年 予科１等生	ドイツ学 ラテン学 動植物学 鉱物学 代数学	ドイツ学 ラテン学 動植物学 鉱物学 代数／幾何学	48名
	明治11年 本科５等生	物理学 化学 医家動物学 解剖学	物理学 化学 医家植物学 各部解剖 組織学	31名
	明治12年 本科４等生	物理学 化学 実地解剖	物理学 化学 顕微鏡用法 生理学	31名
	明治13年 本科３等生	外科総論 内科総論 生理学 生理学実地演習	外科総論 薬物学 毒物学 内科総論／病理解剖 製剤学 分析学実地演習	31名
	明治14年 本科２等生	外科各論 病理各論 外科臨床講義 内科臨床講義	外科各論 病理各論 外科臨床講義 内科臨床講義	31名
	明治15年 本科１等生	外科各論 眼科学 病理各論 外科臨床講義 内科臨床講義	外科各論 眼科学 病理各論 外科臨床講義 外科手術実地演習 内科臨床講義	30名
	明治16年 卒業	卒業試験 ２～６月	学位授与式 10月27日	26名

出典：『文部省年報』（明治８年～17年）。川俣昭男論文参照。

はないだろう。ただ、北里の残した成績と河本の北里にまつわる思い出の記でも分かるように、北里は目から鼻に抜けるような飛び抜けた秀才ではなかった。河本は、まず中くらいの成績であったと追想している。

それでは、北里はどんな学生時代を送ったかを、おおよそ再現できる範囲で試みてみよう。たとえば、それは前述の河本重次郎の回想でも分かるし、あるいは別の同級生川俣四男也の記述からも察することが出来る。

川俣昭男（北里の東大医学部の同級生川俣四男也の孫）の論文によると、川俣は明治七年入学し、明治十五年十一月で前期末試験合格により、明治十六年一月に卒業試験の申請を行い、二月から六月に、相当長期間をかけて卒業試験を受けたようである。

たとえば、外科や眼科の試問では、病床と論理試験の両方が課され、病床試験では「一週間患者を施療し、原因、診断、治療方法などを毎日記録させ」るなどしている。

ちなみに、「成績甲」は、一番河本重次郎と二番大谷周庵だけで、北里は残念ながら「成績乙」だった。今日風に言えば、成績の〔甲・乙・丙〕は現在の〔優・良・可〕に対応し、「乙」は三段階の第二番目「良」ということになる。

学科目ごとの具体的な成績は以下のようである。

つまり、北里柴三郎は卒業二十六名中、席次としては第八番目であったが、こと科目別の成績ということになると、最上の成績を取ったのは眼科学だけということになる。

北里柴三郎の卒業試業成績
（明治16年2月～7月）

科　目	成績
腎内脈論	丙
組織学	丙
局処解剖	丙
生理学	丙
第一成績	丙
外科病皮下論	乙
外科論理	乙
眼科	甲
第二成績	乙
内科病症実験	丙
内科論理	乙
解剖学	乙
第三成績	乙
全成績	乙
点数	40
順序	八

出典：川俣昭男論文。

北里柴三郎は東京帝国大学に八年間在学して、明治十六年（一八八三）四月二十一日付けでの卒業証書を授与され、同月内務省に勤務した。実際には内務省衛生局から明治十六年四月十三日付けの辞令が出されている。ここでは照査課に配属になり、主に外国の文献調査と翻訳を担当した。また、十月二十七日には正式の学位記が授与された（ここで卒業すれば学位がもらえるという状態だったが、明治二十年に学位令が出て、博士の称号をもって学位とすると定められた。京都帝国大学が創立されるのが明治三十年であるから、東京帝国大学の学位は、長い間唯一の社会的価値のある学位であり、重用されたことが想像される）。

しかし、成績や将来の進路を語るのにもう一点はるかに重要なことは、北里が最高学府に残りそこで業績を成すことになんらの幻想を持っていなかったということである。北里の胸の中には、何よりもまずかつての師マンスフェルトの教えがあった。東京に出た後は、是非ヨーロッパで修学するようにと慫慂されたことである。さらに北里には糊口（ここう）を凌（しの）がなければならないということがあった。そこで、内務省に入り、日本人が西洋から学んだ新領域としての衛生に人生を賭けてみようと思いついたのである。衛生という観念がまだ新しかったこの時代において（「衛生」という言葉が一種の流行語にさえなっていたのは興味深い。人々が、我先に衛生という言葉を、その意味するところもよく理解しないで、使っていたようである。つまり西洋からの新しい知識の輸入がこのような流行をもたらしたと考えて良い）、かかる認識に達したことは、それ自体おおいに先見の明があったということであろう。

つまり、有り体に言えば、北里は帝大になんの未練もなかった。ドイツ留学という目的を持ち、衛生というもっと実務的かつ国民生活に役立つ領域での貢献を目指していたのである。この点でも北里には先見性があり、かつユニークであった。別の言い方をすれば、たとえ北里が父母の教えに従って立身出世の権化であったとしても、その視野に国民的貢献という、もっと大きな指標があったのである。

ちなみに、この年の卒業生の中には、文学部政治学および理財学科の坪内雄蔵、後の文豪坪内逍遙が、また哲学科には歴史家として名を成した三宅雄二郎（雪嶺）がいた。同じ医学部には山根文策がいて、その次女ミハ子は後に北里柴三郎の次男善次郎の嫁となっている。その婚姻は大正十三年十月十一日のことだった。この山根は、後に北里柴三郎が結核専門病院土筆ヶ丘養生園を開設した時、診療面でおおいに助力している。同期の大谷周庵の息子彬亮は、後にドイツ留学をし、北里研究所付属病院院長として活躍した。また鶴崎平三郎は、神戸須磨に日本最初の海浜結核サナトリウムとしての須磨浦療病院を明治二十二年（一八八九）に開設している（ややこしいが、十七年間結核に苦しみ抜いて死んだ俳人正岡子規は、須磨保養院に入院し、須磨浦療病院で診察してもらっていた。また、日本最初の海浜結核療養所、あるいはサナトリウムということになると、この少し前に設立された明治鎌倉海浜院を嚆矢とする。しかし、この海浜院は短命で、その後すぐさまホテル仕様になったことを考えると、須磨浦療病院を日本最初の実質的な海浜サナトリウムとすることに異論はないだろう）。

内務省衛生局

北里は、明治十六年の春先に東京大学を卒業し、無事医学士となった。思うところあって北里は、地方の医科学校校長や県立病院長のいかにもうまみのある話を聞き流しながら、将来を案じていた。当時、東京大学医学部を出てすぐに地方へ赴任する同級生は、たいがい一五〇～二五〇円の高給をもって迎えられていた。まだ全国に医学士が少なく、引く手あまただったということである（なぜ医学士がひっぱりだこになったかというと、明治十五年の太政官布達第四号と、これに基づく医学校教則が、医学校を甲と乙の二つに分け、甲種学校は教師に医学士三名以上を有することを条件に、甲種医学校の卒業生だけが無試験で開業免許を取得できるようにしたためである。当時、医学士は東京大学医学部の卒業生だけだった）。

北里の心にあったのは、社会の福利ということであり衛生ということである。彼の思うところでは、いかなる学問も社会に裨益（ひえき）するところがなければ価値がないということであった。彼の生涯の口癖は、「学術を研究してこれを実地に応用し、それによって国民の衛生状態を向上せしめる」ということであった。北里の目標としていたのは、内務省の衛生局であった。

元来、この衛生局は明治五年に文部省に医務課が設けられたのを出発点としている。翌年には医務局に昇格し、相良知安（一八三六～一九〇六）が局長となったが、間もなく欧米の医事制度を視察して帰国した長与専斎に交替していた。明治八年、医制の改正後、衛生事務を文部省から内務省に移管し、ここに医学教育は文部省、衛生行政は内務省と分離された。結局、衛生行政は昭和十三年（一九三八）に厚生省ができて、そこの専管事項となった。現在の厚生労働省がその後継にあたる。

明治十年六月現在の内務省職員は一八五名で、その内訳は任位官三人、判任官十九人、試薬師二十八人、御用掛三人、諸雇一二八人、司薬場雇外人四人というものであった。

明治十一年七月には、コレラの流行に対処して衛生制度は飛躍的に改善され、その審議を目的として内外の医師を内務省に召集して中央衛生会とし、内務卿管理下の恒久的機関として、衛生行政を強化しようと図っていた。また、地方には補助機関としての地方衛生会を設立して、地方への浸透も図ろうとしていた。この中央衛生会こそ、後に北里の研究支援に大きな力を発揮する組織なのである。

ここで官吏任命の形式について簡単に触れておけば、「奏任官（そうにん）」とは高等官の中で、内閣総理大臣などその機関の長が奏薦して任命する官吏で、三等以下の位の者のことである。「勅任官（ちょくにん）」とは、高等官のひとつで、勅任、つまり（天皇の）勅命によって官職に任じられた者で二等以上の位の者である。他に、「判任官（はんにん）」があり、これは各省大臣、府県知事などの権限で任免される者で高等官の下に位置し、別名「属官（ぞく）」とも言った。

この前後に衛生局長長与専斎は、衛生事業の拡大を画策し、そのために売薬に税金をかけるという売薬印紙税が新設され、新たな財源となって衛生院創立の機運もあったが、十分機が熟さず、衛生局費が倍加されただけだった。それでも、衛生局は喜んで、新たに新学士である長尾精一、野並魯吉、弘田長、浜田玄達、菅之芳らを御用として兼勤させた。

こうして内務省衛生局は、その本来の任務である衛生事業の中で、防疫、医事、上下水道などの事務に加えて、三宅秀の献策した、地方巡視制度が設立されたのである。

なお、初代医務局長相良知安に対する、ずっと後の北里の対応にも、彼の行動様式を知る上で大変興味深いものがある。それは恩義ある人への北里の接し方の問題である（第十章参照）。

北里は、明治十七年（一八八四）九月八日に内務省御用掛申付（判任待遇）となってそこにできたばかりの衛生局に入ることを希望した。当時衛生局は、局長に長与専斎がおり、その下に永井久一郎書記官、また御用掛の他に準御用掛後藤新平（一八五七～一九二九）がいた。後藤は幕府の逆賊高野長英の親戚で、岩手県に生まれ、働きながら福島の須賀川医学校に学んだ。この医学校は、当時東北地方における唯一の医学校であった。明治十三年（一八八〇）愛知県立病院長兼愛知医学校長として赴任した。

愛知県立病院長兼愛知医学校長となった後藤新平に大きな影響を与えたのは、司馬凌海（しばりょうかい）（一八三九～七九）と医学教師ローレッツ（Albrecht von Roretz, 1846–1884）であった。司馬の学友が、後の初代陸軍軍医総監松本順（以前は、良順、一八三二～一九〇七）で、彼の長崎医学伝習所のポンペ（Pompe van Meerdervoort, 1829–1908）について学修せよとの命を受けた際に、司馬を同道したのである。性奔放のため、しばしば問題を起こしたが、司馬は語学の天才で、蘭、英、独、仏、中ができた上に、露（ロシア語）、羅（ラテン語）、希（ギリシャ語）も齧（かじ）っていた。東京医学校三等教授から、愛知医学校教頭となった（月給二百五十円、後藤の当初の月給は十二円）。司馬は肺結核に罹り、明治十二年神奈川県戸塚で客死している。この院校の新築造営にあたったのが、後の岳父となる安場保和であった。後藤夫人はその娘和子（鶴見祐輔『後藤新平』）。

一八八二年、遊説中の自由民権運動家板垣退助が岐阜で刺され、これを後藤が治療したことで有名になり、それが政治家へ転ずる転機となりまた動機となったと言ってもよい。まさに北里が内務省に入る同じ年明治十六年一月二十五日に後藤は内務省に赴任してきたばかりだった。

「當省御用掛仰付、取扱准奏任候事。但月俸百圓與候事。」

運悪く、後藤は学士（当時、東大の卒業生だけの学位）でないのに、準御用掛であり、また俸給という点で、北里が七十円であるのに、後藤は百円を貰っていた。それが負けず嫌いの北里には癪の種だった。そこで俸給の多少を云々する訳ではなかったが、一応釘を刺しておくために、不服を申し立てて筋を通したことであった（『北里柴三郎伝』）。

内務省に入って最初に与えられた仕事は、ヨーロッパ各国における医事衛生制度および医学関係の諸統計の処理と取り調べであり、その整理と意見付置が任務であって、北里はその報告に尽力した。このことは、単に語学力を必要としただけではなく、また同時に世界情勢への目を養った筈である。その時にこそ、マンスフェルトの個人指導が活き、ヨーロッパへの留学を慫慂をしてやまなかった師の恩義がしみじみと感じられた筈である。

この後藤は、この入省時のちょっとしたごたごたを知ってか知らずか、その後しばらく二人は憎み合って、鎬を削った。後になって二人は意気投合し、後藤は生涯北里を支持し支援し続けた。それは友情といってもよかったかも知れないが、彼の波瀾万丈の人生を考えると、二人の人生が交叉したこともまた、妙な出会いだったと言ってよいだろう。後藤は、横井小楠の高弟安場保和の娘と結婚しており、一方北里は藩校時習館でも横井の弟子から学び、また上京の折に世話になった山田武甫も横井の弟子であったことを考えれば、二人には因縁浅からざるものがあったと言わざるを得ない。

北里のもうひとつの任務は、明治十二年（一八七九）に始まったばかりの医術開業試験、いわゆる医師試験であった。明治七年（一八七四）の「医制」により西洋医学の採用が決定的になったが、さらに医師免許の問題があった。それがついに明治十六年十二月に公布された「医術開業試験規則」に則って実施されることとなった。

「医術開業試験規則」とは、日本国内の主要な場所で年二回この医術開業試験を行うことで、その試験実施場所における府立あるいは県立医学校、病院の職員、あるいは医師、理化学者を試験委員に任命して、内務省医務局から派遣されている試験主事である島田書記官と協議の上、試験を行うこととした。

この島田書記官に随行して、北里は試験主事としての役目をこなしていった。こうして、明治十七年初頭から、北里はこの方面で強い指導力を発揮するに至る。

そしてこの年の九月には「内務省御用掛申付」という辞令を公布された。この年明治十七年末に、ドイツ留学をしていたかつての熊本医学校の同級生にして、東大の先輩である緒方正規が帰朝して、翌年の一月に東大に衛生学の講座を新設したのである。緒方は、ドイツで衛生学の碩学、ミュンヘン大学のペッテンコーフェル（Max von Pettenkofer, 1818-1915）について学んだ後、コッホ不在の衛生局で、コッホの高弟レフレル（Friedrich August Johann Loeffler, 1852-1915）から細菌学のイロハを学習して、当時の最先端の学問を修めていたと言ってもよかった。

緒方はまた、内務省御用掛を拝命し、その衛生局の東京試験所を兼務し、細菌学の研究を開始した。緒方は、北里を自分の助手として働かせるようにと長与専斎に働きかけ、この他には陸軍の賀古鶴所（森鷗外の親友）、海軍より桑原壮介、さらに後には農科大学の津野慶太郎やら岡山医学校の菅之芳らも緒方に細菌学の手ほどきを受けた。

この衛生局東京試験所は、下谷泉橋にあり、その内十坪ほどの二室が細菌学にあてられ、油浸装置付きのドイツ製顕微鏡の他、細菌学的研究に必要な備品があらかじめドイツで購入されて備え付けられていた。

緒方はこの試験所で脚気病原に関する試験、結核牛の解剖、狂犬病毒の研究に従事し、日本における細菌学研究の草創期に貢献した。北里は北里で、ここで助手としてはじめて内務省衛生局の雑務から解放され、細菌学、実験医学の領域に足を踏み入れたのである。

2　ライヴァルの登場

後藤は、この後ドイツに留学し明治二十六年（一八九三）三十六歳で衛生局長となった。その年十月に、相馬子爵家のお家騒動である相馬事件にかかわり後藤邸は官憲により家宅捜査を受けた。高級官僚であった後藤新平を逮捕するには天皇の裁可が必要であったが、ついに警視庁の係官に拘引された。この事件を訴え出た錦織剛清の誣告（ぶこく）事件の公判は明治二十七年二月より開始されたが、後藤は「犯罪の証憑十分ナラズ」として無罪が言い渡された。しかし、衛生局長の椅子は棒に振ったが、また返り咲いた。その後、台湾総督府民政局長となり、明治三十九年（一九〇六）初代の満州鉄道総裁となった。さらに明治四十一年には逓信大臣となり、その後内務大臣、外務大臣を務めた。また、東京市長を務めた時には関東大震災後の大規模な復興計画を立てたりした。明治・大正の時代を通じて大陸進出を唱え、日本帝国主義を作り上げることに努力し、日露国交回復にも尽力した人物である。女婿に鶴見祐輔、孫に鶴見俊輔、鶴見和子がいる。

後藤新平・永井久一郎

北里が入省した頃は、まさに内務省で衛生局が充実の時を迎える時期に当たっていた。つまり、局長長与専斎は衛生事業の拡充を第一の旨とし、衛生院の創設という制度の改革を具申していた。

長与専斎の具申により実現した売薬印紙税が国で許可され、その財源によって得られた収入が衛生局の経費に振り向けられることが決せられた。このため、衛生局局長だけが三等出仕になり、他の局長がすべて奏任官であったのに、長与専斎のみが勅任官の称号を得たのである。

　この衛生局での後藤との上下関係を、いささか学歴、給与の上下に関連させて、いかにも度しがたい人士という印象づけに成功したかに見える北里は、また永井書記官とも溜飲を下げるような経験をしている。

　それは、就職間もない明治十七年に、永井久一郎・書記官、太田実・準奏任御用掛と共に、東北、北海道衛生巡視に出た際に、十分に発揮された。まだ御用使いのようであった北里が、二人の随行を仰せつかり、雑用掛として車、宿の世話まで悉（ことごと）くしていた。

　そんな時、太田は、福地桜痴、丸山作楽らの帝政党に属していたが、一方、その対抗政党としての改進党の論客で後の総理大臣となる犬養毅（いぬかいつよし）（一八五五〜一九三二）が、巡視先の秋田で秋田新聞主筆として鋭い舌鋒を揮（ふる）っていたのである。

　もともと官僚風を吹かせている永井、太田の有り体を理解している犬養は、わざとらしく衛生講演会を二人に依頼したが、とうてい衛生をよく理解していない二人には不可能で、結局、北里に助け船を求めることとなった。こうした事情をよく呑み込んでいる北里は、自分は単なる随行員であることを楯に固辞したが、それでは犬養の思う壺になるというので、やっと一つの条件で北里は無事衛生講演を引き受けることとしたのである。その条件というのは、講演会終了後の宴会において、北里を上座に据え、永井、太田を末席に連ならせるというものであった。もちろんその意を察した犬養が、末席の二人を粗末に扱っておおいに溜飲（りゅういん）を下げたことは疑いがない。

しかし、こうした微笑ましいエピソードも、あるいは官僚たちの反感を買い、あるいはその後のドイツ留学帰国後の宙ぶらりん状態や、伝染病研究所の文部省移管といった不遇の伏線をつくったのかも知れなかった。北里は、その輝かしい業績にもかかわらず、ついに日本の官界から厚遇されるということが少なかったのである。

なお、この官僚風を吹かせておおいに北里を辟易とさせた永井久一郎（一八七九～一九一三）は、実は北里柴三郎より一歳年下で、アメリカ留学経験のある少壮の官僚として活躍し、父親とはまったく異なる人生を歩んだ作家永井壮吉こと永井荷風（一八七九～一九五九）の父でもあった。

ずっと後の昭和十二年に、永井久一郎の実弟で枢密院顧問の阪本釤之助が、この東北、北海道を巡回した際のエピソードを語っている。

「北里さんに就いては、北里といふ卒業生は変つた男ださうなといふことを長与さんが聞いて、それでは俺の方で役人といふのではないが、使つて見ようといふ事になつた。あの人だけが衛生局雇といふのです。月給は五十円であつた。先刻お話の太田実といふ男と、北里さん、もう一人江南といふ属官が、私の兄の永井書記官に随伴して、東北地方から北海道へ行つたことがあります。江南といふのは酒ばかり飲んでゐる。北里さんが銭勘定まで締めくくりをしてキチツとやつてくれましたが、すいふん俗才のあつた人と思ひます。」

（「近代名医一夕話」）

確かに、長与が北里を拾い、育てたのであり、また後にあらゆる業務で成功を収めることになる世間を渡る才を十分に持ち合わせていたことは、この小旅行でも遺憾なく発揮されていたのである。

学術的成果

内務省衛生局に勤め始めた北里の最初の論文は、明治十六年（一八八三）に『大日本私立衛生会雑誌』第七号に掲載された「蒼蠅ハ病毒傳染ノ一媒介者」というものである。その書き出しはやや大仰であるが、北里の意気込みが感じられて愉快である。

「凡ソ宇宙間ニ棲息スル下等動物中或ハ大ニ吾人ノ用ニ便ズルモノアリ蜂ノ蜜ヲ製シテ用ニ供シ蛙ノ生理学試験ニ必要ナル等其例枚挙ニ遑アラズ或ハ無害無効ナルアリ或ハ有害ノ甚シキモノアリ殊ニ日夜人ニ膚接シテ襲害ヲ致スモノハ蚤、虱、蚊、蠅ナリ」

この内務省勤務時代の北里の業績の一つに、飲料水に関する論文がある。それは「衛生上飲料水簡易試験法」と題された論文で、『大日本私立衛生會雑誌』第二十九号、明治十八年（一八八五）四四～五八頁に掲載されたものである。コレラ等伝染病が流行している折から、飲料水の簡便な試験法を著述したこの論文は非常にタイムリーなものであったことが分かる。また、その内容は、日本の社会衛生状態を考えた場合、飲料水の保全は重要であり、飲料水の簡易検査法を詳しく述べたものであることから、社会啓蒙的な意味合いが濃厚である。

水はまず無色透明でなければならないが、多量の有機物、アンモニア等を含有しないことが条件で、たとえば井戸水でも、便所等となんらかの形で繋がっている所の井戸水は、「フルヲレスチイン」を便所（圊）に投入すれば、井戸水がすぐ緑黄色を現し、それが便所からのものであること、つまり純粋な水と異なることを示してくれるということだった。その結果、飲料水に適するのは、無色透明、無味無臭で、アンモニア、亜硝酸および有機物を含有せず、水温が一年を通して一定範囲内にあることを条件とするとした。他に、石灰、マグネシウム、鉄分、鉛の検出法および顕微鏡検査の方法も述べている。

ここで細菌培養法は述べられていないが、現在の水質検査法と比べても本質的に大差はなく、上水道における水質検査、衛生施策に北里の論文が大きな役割を果たしたことが分かる。

日本における、いわば本格的な水道ということを考えると、英国人パーマー（Henry Spencer Palmer, 1838-1893）の指導の下、横浜に最初の水道が引かれたのが明治二十年（一八八七）、第二番目は同じパーマーの調査、指導の下に水道事業を行った明治二十二年の北海道函館だったから、この北里の論文はまさに時宜を得たものであったと言える。中央官庁の官僚であるのだから、国の施策の最先端を行っている必要があるのだが、この後の彼の道程を考えると、そうした運命を担って生まれてきた男と言っても過言ではないかも知れない（なお余談にわたるが、いわゆる生活水を供給する水道設備は、江戸にもあった。神田用水から木製の樋を伝って、路地の先の民家にも水は供給されたのである。もちろん、井戸や泉からの取水が一般的ではあったが。また、下水という観点からすると、江戸の糞尿は、お堀や用水を伝ってやってくる郊外の農家への肥料を配布する仲買人としての糞尿取りが、無駄なく運び出し、いわば生態学的循環が無理なく行われていたことは注目に値しよう。ここで妙に力んでエコの先駆と言わなくとも、庶民の知恵は深く浸透していたのである)。

北里は、内務省御用掛を兼ねて衛生試験所で、かつて熊本医学校の同輩、また東京大学の先輩であった緒方正規から細菌学の手ほどきを受けた。緒方は、先年明治十七年末にドイツのペッテンコーフェルの下で衛生学を、また半年間コッホの高弟レフレルから細菌学の方法を修学して帰国したばかりであった。

緒方は、大学に衛生学講座を開設し、また翌年からは内務省御用掛を命ぜられて、衛生局東京試験所兼務となり、細菌学の研究に従事した。ここで緒方は長与専斎局長に申し出て、かつての熊本医学校の同級生北里を助手に採用して、細菌学のイロハを教授し、やがて北里は家鴨の中の鶏コレラ菌を証明したり、また明治十八年九月に長崎にコレラが流行した折にはその地にあって、コレラ患者排便中にまだインドでコッホが発見したばかりのコレラ菌を確認し、さらにその純粋培養に成功するなど、目覚ましい活躍ぶりを示したのである(「長崎縣下虎列刺病因ノ談」『大日本私立衛生会雑誌』第三十一号)。また日本における最初のコレラ死体解剖にも立ち合い、その報告を学会に提出した。

この緒方が、これまで不明だった脚気の原因を病原菌と考えて研究を進め、脚気菌の論文を書いた。助手を務めていた北里は、緒方脚気菌の大発見発表の演説会が学士会館で開催された際に、脚気菌を注射したとするモルモット五、六匹の脚をぶらぶらさせたのを聴衆に得意然と供覧に付しているのを目撃されている。その当時学生だった金杉英五郎(後の慈恵医大学長、一八六五〜一九四二)などは、緒方の大発見を賞賛すると共に、その助手である北里をさえ羨ましく感じたということである。この発表を石黒忠悳（一八四五〜一九四一）などが細菌学上の大発見であると賞賛するに至り、一時は国際的にも大評判を取った。

後にコッホの下で修学した北里は、レフレルに尋ねられてオランダのペーケルハーリング（Cornelius Adianus Pekelharing, 1848-1922）の脚気菌の報告を科学的根拠から否定したが、同時にかつての緒方の論文をも批判するようにレフレルから慫慂された。北里は、かつて熊本の古城医学校、後の熊本医学校の同級生であり、かつまた細菌学の師でもあった緒方を批判することに躊躇したが、やがて学問のため私情を挟むべきでないと悟り、真理のためとついに緒方の脚気細菌論を批判した一文を「緒方氏の脚気バチレン説を読む」と題して『中外医事新報』（明治二十二年一月）に発表したのである。

これがかつての同輩でありかつまたかつての師である者の論文を否定したというので、師に弓を引く者として糾弾されるに至ったのである。ここに大学対北里の対立の一因が胚胎したと言わざるを得ない。森鷗外もこの言動を「北里は識を重んぜんとする余りに果ては情を忘れたり」と非難したし、東大総理（総長）であった加藤弘之もまた「子弟の道を解せざるもの」として不快感を示したのである。

東大医学部と陸軍軍医のグループが、細菌感染説にこだわった理由は、まさに時代が細菌学の勃興期で、新しい「細菌」の発見が相次ぎ、その時流に乗ろうとしたことがあったと考えられる。つまり、あらゆる病気に対してその原因となる細菌を探すというのがもっとも合理的な原因追求であると考えら

細菌発見年表

年	菌名	発見者
1868	癩菌	Almaner Hansenm (1841-1912)
1879	淋菌	Albert Neisser (1855-1916)
1880	腸チフス菌	Carl Joseph Eberth (1835-1926)
1882	結核菌	Robert Koch (1843-1910)
1882	馬鼻疽菌	Friedrich Loeffler (1852-1915)
1883	ジフテリー菌	Edwin Klebs (1834-1913)
1883	コレラ菌	R. Koch
1886	肺炎球菌	Albert Fraenkel (1848-1916)
1887	脳脊髄膜炎菌	Anton Weichselbaum (1845-1920)
1888	食中毒菌	August Gaertner (1848-1934)
1894	ペスト菌	S. Kitasato (1852-1931) and A. Yersin (1863-1943)
1898	赤痢菌	Kiyoshi Shiga (1871-1957)
1905	梅毒菌	Schaudinn and Hoffmann
1906	百日咳菌	Bordet and Gengou

出典：著者作成。

れたのである。

この緒方の失敗は、また顕微鏡の性能にも依っていた。

コッホが一八八二年に結核菌を発見するためには、それまでの四百倍程度の顕微鏡では不可視で、油浸法やレンズの組み合わせの仕方で、ようやく結核菌が可視となる八百倍に到達していたのである。

結核菌を染める染料、顕微鏡の倍率、かつ「ヘンレの三条件」を元にした「コッホの三条件」(Koch' Postulates) が細菌同定に応用され、かつ証明される必要があった。

この「コッホの三条件」を念のために示しておこう。この条件を、北里は様々な細菌の発見に応用したのである。

一　ある病原体がその病気のすべての症例に発見されること。
二　純粋培養したその病原体を、動物に接種することにより発病させ同じ症状を示すこと。
三　罹病した動物から病原体を再び分離し純粋培養でき、さらに繰り返し発病させることができること。

またこの当時、細菌（bacillus）という発想はあったが、さらに微細なウィルス（virus）という考え方はまだなかったし、それを見ることができる顕微鏡もなかった。

可視の大きさを比較すると、肉眼では〇・一ミリメートルまでしか見えないし、細菌になると一μ（ミクロン、千分の一ミリメートルの単位）になって、光学顕微鏡でなければ見えない。さらに〇・二五〜〇・〇〇二五μのウィルスになると電子顕微鏡の開発を待たなければならなかった。

またその後の北里の国際的栄達、数々の医学的発見による名誉などが、東京大学の連中に不愉快な思いをさせたことは想像に難くない。

しかし、この東大を去って内務省に入ったこと、さらにドイツ留学後私立伝染病研究所を設立したことなどに、その伝染病研究所が内務省に吸収された後に、時の総理大臣大隈重信のもとでの行政改革の一環として伝染病研究所が文部省移管となったことなどの遠因があったと見る向きが多い。しかし、後に詳述するように、この問題は、ドイツ帰りの逸材北里を最大限に有効利用するためには、政府の新しい機関設立やら、それに要する立法措置やらを二、三年待っている時間的余裕などなかった。

また冷遇されている北里を放置しておけないゆえに、福沢諭吉らの機転の利いた支援があって伝染病研究所が出来たのであるから、おおよそ帝大に対する対抗意識、官僚機構に対する抵抗などがこの私立伝染病研究所設立の目的であるなどと断定的に決めつけるのは必ずしも当たらない。

むしろ、至急に世界の至宝を活躍させようという朝野をあげての支援が、かえって官の縄張り意識や事大主義を刺激した可能性がある。その意味で、福沢の先見性は、北里の官の中での評価という点では、マイナスに働いたとみてもよかろう。福沢は、あくまで在野の巨人であったのである。

ドイツ留学は、東京に出て医学を学ぶことに引き続いて、古城医学校の恩師マンスフェルトの言いつけ通りであった。北里は、自ら強運ではあったが、それ以上に師の言葉に敏感に反応しかつ従順であった。それは、また良き師に恵まれていたからこそ指導に応じることに意味があったと言えるのである。肝胆合い照らす間柄とはこのようなことを指すのであろうか。師弟のこうした堅い絆というものが、北里の生涯を語る時、何よりも大切なのであった。

第四章　ドイツ留学へ

1　留学志望

留学決定

すでに医学校、大学を通してオランダ語、ドイツ語に習熟していた北里にとって、ドイツでの留学生活は意外に容易なことだったかも知れない。これは森鷗外と類似する点である。また幼時から両親によって常に新しい環境（塾、学問所）に半ば強制的に送り込まれていた身としては、その環境にすぐさま馴染むことは特段不如意なこともなかったと考えられる。

ただ、北里の留学決定までの経緯は、必ずしも平坦なものではなかった。衛生局長長与専斎は、すでに金沢医学校長兼病院長であった中浜東一郎（なかはまとういちろう）（一八五七～一九三七、東大医学部の先輩、森林太郎の同級、ジョン万次郎こと中浜万次郎の長男）を、コレラ、赤痢等の研究のためドイツ留学の候補者として推挙していた。一方、内務省の中で、細菌学と衛生学の研修のためなら内部

中浜東一郎

者が適任との論議が起こり、すでに中浜に内諾を与えていた長与は困惑し、四等出仕兼陸軍軍医監の石黒忠悳と相談の結果、中浜、北里の両名を内務省派遣とする案を提出するに至った。

すでに山県有朋（やまがたありとも）内務卿（一八三八〜一九二二、内務卿はこの年の十二月から内務大臣と名称を変更した）から一名の留学資金を獲得していたが、さらにもう一名の追加決裁を強力に依頼した結果、どうにか二名の派遣が決定したのである。

明治十八年十一月八日に、内務省から北里に「衛生學術上取調トシテ獨乙國被差遣」の辞令が出た。留学資金は、年額六百円であった。

北里には、熊本時代の古城医学校で同級であり、またその後内務省衛生試験所で北里に細菌学の基礎の手ほどきをした緒方正規が、かつて自分がドイツで師事したレフレル（緒方のドイツ留学時代、コッホは研究旅行で不在であった）に宛てて紹介状を書いてくれた。北里はそれを持ってコッホ研究所の門を叩いたのである。

ドイツ医学の背景

ここで当時のドイツが医学的にどのような状況にあったか、あるいはヨーロッパがどのような学問状況にあったかを理解しておくことが必要であろう。

大きな流れを見ると、十八世紀に、博物学が格段の発展を遂げ、たとえば動物、植物、鉱物などの収集とその分類、命名に大きな進歩をもたらした。一方、医学としては、病理学、生理学の分野において大きな進歩が見られ、その結果、類推や想像であった人体内の構造、さらには病気の分類、命名、さらには病巣の形成、その細胞学的変化を徐々に理解するようになった。

十九世紀になってあらたに細菌学（bacteriology）が、フランスのパスツール（Louis Pasteur, 1822-95）によって始められ、彼は細菌が空気中にあまねく存在することを示し、誰もがその感染、発病する可能性を知らされた。その細菌学は、英国のリスター（Joseph Lister, 1827-1912）によって消毒法（防腐学、antisepsis）という新しい学問を形成させ、さらにドイツにコッホ（Robert Koch, 1843-1910）という細菌学の巨人を生んだのである。新生の国民国家（nation state）がヨーロッパ内に続々誕生していく中で、国家の名誉という問題に関わる国家間の競争ということも激化し、とりわけフランスとドイツの間の科学競争、先陣争いは熾烈（しれつ）を極めた。細菌学はまさにその闘いの最先端にあった。

そんな状況下のヨーロッパに放り込まれたことを斟酌（しんしゃく）すると、当初から北里が厚遇されたとは考えにくい。アジア人、黄色人種、非文化的国家の国民への差別意識は今日では想像も出来ないほどひどいものであったし、また自己の劣等的意識もある程度働いていた可能性もある（森鷗外は例外としても、夏目金之助（漱石、一八六七〜一九一六）のロンドンでの被差別意識を読み取ってみると面白い。身長や肌の色といった点に関する身体的劣等感や、文化的劣等という観念がいつもついて回った。国際連盟事務局次長を務めた新渡戸稲造（一八六二〜一九三三）も、アメリカ留学当初にひどい人種差別にあって、キリスト教者の寛大な交遊に感謝した結果、深くキリスト教に帰依するようになったと言われている）。コッホ研究所でも、最初は珍しい東洋人が来たくらいの感覚であったであろう。そこに北里が発奮する理由があったし、マンスフェルトの教えが彼を導いていた。また、日本の超エリートとしての自覚も彼に勤勉と油断無い態度をとらせたに違いない。そこには、日本から派遣されて来た留学生の間に、当時けっして珍しくなかった国家を背負って立とうという気概も十分あったに違いない。今日の軽快な留学とは違って、当時は命がけ、国家と一家の命運と期待を一身に背負って出かけて行く、という風であった。

ドイツでのコッホとの邂逅　明治十八年十一月、横浜港をフランス船「メンザレー号」に乗船して、北里はドイツへ旅立った。同乗者には、中浜東一郎、生物学者の石河千代松などがいた。

この客船は、台湾、香港、シンガポールを経て、スエズ運河経由でフランスの港マルセーユに明治十九年一月に到着した。おそらく、マルセーユから列車に乗ってベルリンに至ったと思われる（明治三十三年に文部省第一回留学生として英語学を学ぶため英国留学二年を命ぜられた夏目金之助は、横浜からドイツの汽船「プロイセン号」に乗ってイタリアのジェノヴァに至り、そこから列車でパリ経由、ドーヴァー海峡を渡ってロンドンに到着している）。

それは、明治二十五年（一八九二）五月二十八日まで六年半続く、ベルリンでの研究の始まりだった。ドイツでの師コッホに出会った時、北里はもちろん緊張していたが、それなりに会話ができた。一方、コッホの方はと言えば、ただ少しばかりドイツ語が堪能な日本人が新しく来たというくらいの印象だったらしい（『北里柴三郎伝』）。

コッホから実験のテーマを与えられ、それをこなしていく、つまり多くの弟子（門下生）の中で、分業のようにテーマが与えられ、弟子達はそれをこなし、コッホはそのデータを積み上げることによってあらたに理論を組み立てる、あるいは病原菌の存在を証明するという方式であった。

科学の分野では、十八世紀の博物学の時代には、多くは個人の抜きん出た力によって収集と分類、命名が行われたが、十九世紀は、細菌学の実験方法が確立してからは、チームワークということも新たな科学の方法となっていったのである。とりわけ精密な実験を要する事態に対しては、多数の実験助手が必要だった。悪く言えば、北里はそのような一人として組み込まれたという風に考えられなくもない。

そして、実験はいささかの予断も油断もなく行われた。あらゆる可能性を潰していくという実験方法だった。戦争において爆撃機が破壊し尽くす絨毯（じゅうたん）爆撃に似ていると言えばいいだろうか。

研究の取り組み方

実験が始まり、北里が集中的にそれに取り組むのを見て、ドイツ人達が初めて賛嘆の念を抱かざるを得なくなったことは面白い。自分たちこそ勤勉の代名詞だと信じていたドイツ人同僚、助手達が、自分達の前に実はもっと長時間にわたって用意周到な実験を繰り返す日本人を見出したのである。

ここで北里の研究態度、あるいは実験の取り組み方というものについて少し触れておくのがよいだろう。

一言で言えば、北里の研究態度は、用意周到、精密実験主義、実証主義、というようなものだったろうか。それに加えて、体力勝負という独特の面もあった。

ローベルト・コッホ

今日のように、すべての実験道具が揃っていて、またその多くが電子機器でありかつ実験の分析も機器がこなすというような時代ではなく、すべて個人がこなすような時代であった。まず、実験テーマの設定、それから実験計画を立て、準備をし、実験器具を整えるところから始まる。

北里は、実験器具の準備においては、まず自分で試験管やビーカーといった器具をことごとく洗った。悪く言えば、彼は誰の腕も信じていなかったということになる。だから誰にも実験を手伝わせなかった。しかし、これはまことに正しい方法、態度であったと、今日のわれわれからは言える。なぜなら、当時まだまだ完全煮沸、消毒（pasteurization, Listerism）ということが徹底しておらず、十分に精密な実験をしたつもりでも、雑菌の少しでも付着した試験管やフラスコを使っていると、要するに別の菌を抽出することになる可能性が高い。その結果、実験で得られた結果はいかにも怪しいものになってしまうのである。

たとえば、ドイツのコッホ結核菌発見より二十五年も早い一八五七年に、フランスのヴィルマン（Jean Antoine Villemin, 1827-1882）が、結核菌を抽出したという実験報告を出したが、その追試（確認実験）をした英国の科学者たちは、雑菌だらけの試験器具で行って、彼の発見を追認しなかった。よって、一八八二年のコッホの結核菌発見の、科学的に正確な実験結果が世に認められることになったのである（後に、コッホはヴィルマンの菌と自分の発見した菌が同一のものであったことを認めている。最初の発見者が誰であるかという困難な問題がここで発生する。「コッホの条件」はそうした点を排除するに役立った）。

また、何か新しい実験や試みを始めるときには北里にはいつも強い信念があった。きっと何かが見つかるとか、なんとかなるだろうという、そうした自信とも予感ともつかない、そんな確信が。そしてその次には、それを実際上何かに役立つものにしようという、実益的研究態度があった。その次にくるのはやはり、周到な実験計画であろう。そこに北里の努力と注意が発揮された。その集中と傾注は、無比のものであった。

実験に際しては、大抵、十五種類の菌を準備し、それを絹糸とガラスに塗り分ける。これで三十回分の試験になる。さらにその絹糸一本とガラス板一枚を、肉汁と寒天の培養基に植える、これで実験の数は六十種類になる。そして、それを一つは普通のシャーレーに入れて室温で乾かし、一つは硫酸乾燥器に入れて乾かし、対照実験としてシャーレーの中に入れて上から湿気のあるガーゼで覆ったものを試してみる。これで、実験の種類は一気に百八十種類にも増える。

さらに実験の時間間隔は、菌の培養ということになると、一時間後、二時間後、三時間後、四時間後、その後は十時間後、十五時間後、二十四時間後、三十五時間後、というように、小刻みにやる。これは大変な根気と努力を要することである。

さらにこの実験では、百八十種類を一時間でこなすとなると、一分間に三つ培養基に菌を植えなければならない。それが十時間目までは休む暇もない。そこでやっと一息つけるというような、そんな超過密スケジュールを、北里はこなしていたと想定できる。大変地味であるのみならず、ひどく根気と体力のいる仕事に従事していたことになる。

しかし、北里は平然としていた、いわば平気の平左だった。体力と根気において圧倒的力を持っていたということである。短い睡眠時間で、多くの実験の課題をこなし、しかもその結果に絶対の自信を持っていたのである。

つまり、仮説への確信と、自分自身による実験の周到な準備と、ごり押しとでも言うべき実験の実施とその結果への自信、そしてその結果として得られたどの点を取っても他人から後ろ指指されることのない北里の医学的実験の成果がそこにあった。実験の鬼とでも呼ぶべきその様は、たとえば実験器具の創案という点でも遺憾なく発揮された。彼はまた新しい実験器具の創案で、その業績を残したのである。

そのことは、すぐに所長のコッホの耳にも達した。

繰り返しになるが、北里の特徴は、自分の見込みに自信があっただけではなく、その結果にもおおいなる自信を持っていたことである。さらに言えば、大きな困難に出会えば出会うほど、北里は熱意を燃やし、挑戦をするという性質であったということである。

北里は、最初にまず師コッホの命によりコレラ（cholera）に関する実験研究を行った。まず「日本におけるコレラ」（Die cholera in Japan, 1887）という論説を『ドイツ医学週報』（*Dtsch. med. Wschr.*, 13）に出して、これがまた北里が外国の学術雑誌に提出し掲載された最初の記念すべき論文となった。次に、コッホの命に従った研究の報告で、「チフス菌及びコレラ菌の含酸或いは含アルカリ培養基に於ける関係」（Ueber das Verhalten der Typhus-und Cholerabacillen zu Saeure-oder alkalihaltigen Naehrboeden）というものを『衛生雑誌』（*Z. Hyg.*, 3）に出したのであった。

2　留学生仲間

ドイツという土地が、北里を最終的に作ったといっても過言ではない。それは、精密さと勤勉さという大きな要素によっているのだろう（それがドイツ人だけの特性でないにしても、今日なお彼らにはそうした特質が見られる）。

つまり、他の国に行ったとしても、北里はそれなりの業績を上げ、名を上げただろうが、ことドイツほど北里の性質に合致した国はなかったのではなかったか。北里の勤勉さと頑固さを評価し、それを受け入れる土壌がドイツにはあった。そこに行き、師を得、実験の結果を得た北里はしごく幸運だった。

留学生経済事情

北里は、もちろんうまく息抜きしていただろうが、遊びも歩くことさえも少なく、研究室で研究を重ねた。それが、北里の北里たる所以だった。仕事無くしては北里無く、北里無くしては、仕事無しということだろうか。彼のベルリンでの住居は、現在のところ不明である。日本宛の一切の手紙、あるいは日本からドイツへの手紙もすべて、「コッホ研究室気付」だったので、実は北里のベルリンにおける住居はよく分かっていない。それほど北里が研究に打ち込んでいたとも言えるし、また当時の郵便事情から気付にしておけば安心して任せられるということもあったのであろう。

あるいは、しかし、北里は十分な学資を手にしていなかった可能性もある。北里の学資は年額六百円であった。

北里の少し後の明治二十三年四月五日からドイツ留学に出発した後藤の場合、一時金千円だけだった。もちろん彼は年棒千四百円だったが、それは残された家族の生活費、弟への学資などを含んでいた。いわば在官のままの私費留学だった。これでも当時のドイツの経済状態、マルクと円の交換率から見ると不足気味だった。

同じ時期に別のある官吏が欧州へ出張し、ベルリンに一カ月滞在して帰国するに要した費用を別に掲げてみよう。

この旅費計算は、出張のためのもので、もちろん現地に住む留学生の費用をすぐさま表している訳ではない。しかし、相当の費用が必要だったことは想像できる。もう少し後藤について、当時の留学生の生活を辿ってみよう。後藤は、生活が苦しいので、留学費の増額を要求している（実際、彼の日本に残された家族は、完全に実家の世話になっていたのである）。彼の俸給は千四百円、税を引くと千二百円だった。


「単一の学生として下宿の二階に住居し、偶散歩我伲に暮し帰りよい加減に致し居り候には、或は不足無之候得共、右の事情ゆへ、全く衛生制度学を真実講究せんと欲せ婆、資の給さるの憾を生し候事、陶然に御座候。（中略）本年より二カ年間、一年八百つゝ、俸給の外手当て下賜相成候様奉願上度候。」

（鶴見祐輔『後藤新平』）

欧州出張旅費細目

細　　目	金　額
支度料	250円
内国旅費（横浜往復と日当）	7円24銭
船舶料（横浜—マルセーユ往復）	1,079円
汽車賃（マルセーユ，パリ，ベルリン往復）	121円20銭
日当（横浜，ベルリン30日，全行程130日間）	299円 （日当は2円30銭）
客舎料（マルセーユ2泊，ベルリン30日，1日6円）	192円
合計	1,948円44銭

出典：鶴見祐輔『後藤新平』。

残念ながらこの年間八百円の増額要求は聞き入れられず、結局、後藤は妻子の実家の世話になり、自分はなんとか食い繋いで、ついには知人に高額の借金をさえしたのである。

あるいは、北里は慎ましく清貧に甘んじていたのだろうか？　小さな部屋で、食事はたいがい大学で済ませていたのかも知れない。それはまったく記録がないのである。

一方、後藤が留学中に、政府の経費の大々的削減が予想され、また海外留学生無用論が幅を利かせるようになっていたのである。

後藤の遊学は、世間に想像されるような愉快で呑気なものではなかった。たとえば、食に淡白な後藤でさえ辟易するほど「獨逸に居た時分は、下宿のめしが不味いので閉口したよ。それでよく散歩などして、今日はこれだけ腹がすいて居るから、あのめしでも美味く食へるだらうと思って、食卓に著いて見るが、矢つ張り不味くて食へなかつた」のである。

後藤は、日本人と一緒にいては語学の勉強にならないと、一人で素人下宿にいたが、ある時、情けないほど弱り、風邪をひいてもいたのだが、「私はもう獨逸が嫌いになった。早く内地に帰りたい。米の御飯が喰いたい」と言って、完全なホームシックに罹っていたらしい。留学生仲間の岡田国太郎が、お粥を作ってやると、梅干しが欲しいと望み、陸軍工兵士官の太田からたくさん貰って、さらに三日間ほど続けて粥を食べ、ついに元気回復したということである。打々発止（ちょうちょうはっし）の後藤をしてこれであるから、北里も少しばかりホームシックを経験したかも知れない。しかし、剛健で研究の虫だった北里には、あるいは無縁のことだったのかも知れない。幼少のみぎわから、北里はいつも家郷を後にして勉学の道に励んできたのであったから。

北里も、この後藤と同様、相当苦しい生活を送っていたはずである。とりわけ留学当初の食生活には。しかし、後の子供の追想によると、北里は帰国後も汽車の中でパン食をしていた様子だから、あるいは食事さえも平気で馴染んでいたのかも知れない。なんとも鷹揚（おうよう）で頼もしい。

森鷗外と留学生仲間

こうした時に、すでに北里より一年早く明治十七年（一八八四）にドイツに留学していた陸軍軍医森林太郎（後の文豪森鷗外）が、ミュンヘンからベルリンへ移動する準備をしていた。

明治十九年（一八八六）二月十九日、森はプロシア軍医会に出席するため、ミュンヘンを出てベルリン（伯林）に向かった。二月二十一日には、河本重次郎、青山胤通らと共に北里に初めて面会している。

二月二十五日に、また北里と森は会しているが、そこでは諸友の会の中で「座間北里柴三郎田中正平と争論したり。北里の曰く、凡そ三学部の卒業生は医学部の卒業生を蔑視す。余其何の意なるを知らす云々。北里の言或は当る所も有る可けれど、此会に来りて此語を発す。固より宜きを得たりと謂ふに可らず。余素と田中を相識る。翌田中を訪ふ。其抗抵せざりしを謝す」（森鷗外『独逸日記』）という風に、当初から北里が論議のために些か場を弁えないことを森は感じていたようである。

その頃、森はミュンヘンでの師ペッテンコーフェルから招かれて、北里に縁の深い男のことを聞かされていた。森の日記から見てみよう。

「明治十九年三月九日　ペッテンコオフエル余を其作業室に延く。広面大耳の白頭翁なり。弊衣を纏ひて書籍を堆積したる机の畔に坐す。余ロオトの翰を呈し、来由を陳ず。ペッテンコオフエルの曰く。緒方正規久く余が許に在り。余これを愛すること甚し。子も亦正規の如くならんことを望むと。」

森鷗外（軍医の頃）

緒方正規は、ドイツ留学で細菌学（当時は微生物学を「黴菌学」と称していた）のイロハを学び帰国して、北里にその技法を教授したのであった。そして東京帝国大学医学部に、細菌学教室を創始していたのである。

しかし、その年の八月に森が日本陸軍軍医部が購入した医療機器点検のため、ベルリンに上った時に、再会している。そこでは二人は学事を語り合ったようである。明治二十年（一八八七）四月十五日、森はミュンヘン（民顕）を発って、ベルリンに赴き、そこでコッホの指導を得て「細有機物学」を修めようとしていた。この地で森は、乃木希典少将（一八四九〜一九一二）、青山胤通、佐藤三吉、隈川宗雄らに会っている。

「四月十五日　民顕府を発し、普国伯林府に赴く。ロオベルト、コツホ Robert Koch に従ひて細有機物学を修めんと欲するなり。」

「四月二十日　北里余を誘ひてコツホ Koch を見る。従学の約を結ぶ。」

つまり、森はコッホについて学ぶために、北里に仲介の労を取ってもらったのである。

「五月二十四日。コッホ師諸生を導きてストララウ Stralau に至る。水道の源を観る。余北里、隈川等と与る。帰途ルムメルスプルヒ Rummelsburg に至る。」

「六月一日。頃日専ら菌学を修む。北里、隈川の二氏と師の講筵にて出て会ひ、週ごとに一二度郊外に遊ぶより外興あることもなし。」

つまり、森は北里とコッホの講義の後、一週間に一、二度一緒に郊外に出て共に遊んだような仲だったのである。年齢的には北里が年長だったが、東京大学医学部においても森は明治十四年卒業、北里明治十七年、またドイツ留学も森が明治十七年、北里が明治十八年であるから、どちらにおいても森が先輩格にあたる。なお、青山、佐藤は明治十五年卒業、隈川は北里と同期であった。

しかし、ここで興味深いのは、北里が森の「余が家の新築に係り、宏壮なることとなり。友人来り観て驚歎せざるなし」の家をしばしば訪れているのに、逆に森が北里の家を訪れたという記述は皆無であることである。それは、上記のように常に森が先輩であったということも無関係ではないのだろう。年齢は、森の方が北里よりはるかに若かったが。また、森の宿舎が宏壮であったのに比して、ただただ研究室と住居を往復するだけの生活を送っていた北里は、あるいは貧弱な寓居だったのかも知れない(もっとも、週に一、二度郊外に日本人同志で遊びにでかけていたのであるが。森の日記に見られるように、毎月月末には在ドイツの日本人会「大和会」があり、そこで大使館関係者、留学生が共に集って、ビールを呑んだり、日本の新聞を読んだりして交流に努めていたのであろう)。

狭い日本人社会で、しかし、互いに気の染まない連中が悪口を言い合ったり、喧嘩をしたりするのはよくあることで、海外に留学し、そこで少しでも住んだことのある連中なら誰でも経験することである。

「明治二十年六月三十日　此の日北里の曰く。武島務帰朝の命を受く。子之を知るや。曰曾て聞けり。曰島田輩の説く所に依れば、福島の谷口の讒を容れて此命を下し、者の若し。君の意如何。石黒の来るに遭はゞ、僕其の果して谷口を信ずるや否を見んと欲す。曰君石黒に対して谷口の事を可否せんは乃ち不可なること莫らんや。曰固より敢てせず。」

武島務は三等軍医だったが、私費でドイツ留学をし、資金が滞って窮したのである。そこで福島大尉（大使館付武官、陸軍留学生取締）が帰朝を命じ、また石黒が辞職を命じたのである。谷口は後に軍医監となった谷口謙（森と東大同期）である。

しかし、その後に、福島は反省することになる。

「明治二十年十二月三日　朝北里来る。曰く。聞く福島頃ろ稍く某の姦を識り、大に武島を辱めしを悔ゆと。」

ここで某とは谷口であろう。

「十二月二十日　北里来る。江口の毫も学問の精神なく、言論陋甚しきを説く。」

しかし、このこき下ろされた江口襄は、森と東大医学部で同期、後に一等軍医正になり、退職後は伊勢の山田日赤院長となった人物である。

また、北里と森の接点は医学に関する記事執筆に関してもあった。

「十一月十四日　グットマンを訪ふ。獨乙医事週報の編輯長なり。余が在横浜の米人シモンス Simmons を駁する文を掲載せんことを請ふ。グットマン直ちに之を諾す。且曰く。嚢には北里医学士あり。我社に文を投ずる約を結べり。君も亦能く我通信員たらん乎。曰く可なり。」

北里は、研究に没頭していただけではなく、こうした新しい発見や知見を、毎週発行される『ベルリン医事週報』に投稿することを約束し、実際、実験の新しい知見や発見を書いて医師全般、一般大衆に知らせようとしていたのである。

脚気論争の火ぶた

しかし、もっと重要で、今後の北里、森の関係に影を落とす問題を、北里は明確に森に伝えて、学問上の可否、正否に論戦を挑むことを告げていたのである。

「明治二十一年三月十八日　北里、江口等と片山の家に会す。北里ペエケルハアリング Perkelharing と脚気細菌の事に就き争端を開けるを語る。」

これが名高い脚気論争で、断固たる信念をもって、北里は脚気が脚気菌によるものでないことを確信していた。すでに一八九五年、ペーケルハーリングは脚気菌の発見を論文で発表していたし、また今、日本では東大の緒方正規が、こともあろうに脚気菌に関する論文を執筆していて、日本のみならず世界で大評判を取っていた。

また、日記の執筆者森林太郎さえ、陸軍の橋本綱常軍医総監から、脚気の住居の可否によることを証明するべくドイツ派遣をされてきたのである。これは、海軍の高木兼寛の軍艦筑波上でのフィールド実験（明治二十一年〔一八八四〕）がすでに十分な結果を示し、すでに海軍に軍配が上がっていたにもかかわらず、陸軍上層部はあくまで従来の住居説に固執し、かつ米飯摂取にこだわっていたが、前線では脚気の緊急の対策のために、本部の通達を無視してもうすでにどんどん麦飯が採用されるようになってきていたのである。

こうして、森は間違った前提の理論の証明をするために、軍上層部からの命令を受けてドイツ留学したのである。森は、兵食と日本古来の食物との学問的研究と脚気の原因が主に住居にあることを示すために、おのおの栄養学、衛生学、細菌学の最先端の学者であるフォイト博士、ペッテンコーフェル博士、コッホ博士から訓練を受け、自信に溢れて帰国したのであるが、そこにはもうすでに北里の世界に評価される業績と名声とがあった（森は後に陸軍衛生規程などを執筆し、それはやがて『衛生新編』として浩瀚な書物となった。明治三〇年発刊。ここに兵食は洋食である必要は無く、日本食で差し支えないとの日本陸軍兵食の根本原則が確立された）（石黒忠悳『懐旧九十年』）。

陸軍という枠組みからはみ出すことなく栄達を遂げ、しかし、小説で高い世評を受けた森は、いわば医学という科学の世界では負け組に属することになった。東大、陸軍、ドイツ留学と破竹の勢いで駈け上って来た森にも、なお負けざるを得ない相手がいたのである。それが科学の真実だった。そして正しい説を提唱しているのが北里だった。北里は、いわば森にとって目の上のたん瘤(こぶ)だった。そこに、脚気を巡る陸軍対海軍の確執があり、また脚気菌の発見という点で、北里は細菌学の師緒方正規を攻撃した許し難い相手であり、自分が卒業しまた親友青山胤通などのいる母校東大に刃向かう憎き後輩であった。

青春と言うにはいささか遅かった北里のドイツ留学に比して、森は早く留学の機会を得ており、しかも軍からは医学の勉学はたいがいにして、衛生学と事務取調、かつ隊付医官となってその隊務を含めた軍の全体像を俯瞰し把握することを命ぜられていた森にとっては、医学的実力で勝負できる状態ではなかった。ことドイツ語だけに限れば、森はあるいは北里より優秀な使い手だったかも知れないが、医学に関しては、完全に北里が優位を占めていた。おかしな言い方だが、森に文学があってよかった、と言える。あるいは、森は文学に逃げたという考え方も可能だろう。

細菌学研究の成果

コッホが北里に与えた最初の研究テーマは、「チフス菌およびコレラ菌の含酸あるいは含アルカリ培養基における関係」というものであった。

一八八四年、コッホによるチフス菌、コレラ菌（*Bacillus cholerae*）の発見以来、種々の研究が為されていたが、これらの菌がとりわけ酸に対してどのような反応をするのかということがまだ不明だった。北里は、塩酸など十五種類の酸について試験を行い、また苛性石灰ほか七種類のアルカリについても試験を行った。さらにヨード・カリ、臭素カリなどの塩類についても調査して、その詳細な報告を行った。

この与えられた実験は、培養、消毒などに関して新しい知見を細菌学にもたらしたし、北里にとっては細菌学の手法に熟知することができる絶好の機会となった。

コッホは北里の技術が格段に進歩したのを認め、さらに北里にコレラ菌に関しての詳細な研究を進めるように指示した。

北里は、このコレラに関する研究も終え、いよいよ破傷風（はしょうふう）（tetanus）の研究に入ろうとしていた。そんな時に、オランダ領バタヴィアで脚気（かっけ）（beriberi）の研究に従事していたオランダの細菌学者ペーケルハーリングが脚気菌を発見したとの報が入ってきた。

北里は、同僚のレフレルの問いかけに対し、ペーケルハーリングの研究の不備を指摘し、レフレルの勧めるのに従って『細菌学中央雑誌』にその旨を発表した。レフレルはさらに、日本の緒方正規が発表した脚気菌の論文をも批判すべきであると勧めた。

緒方は、北里にとっては熊本医学校の同級生であり、また東京大学医学部の先輩であり、さらに内務省衛生局に勧めた北里に、ドイツからの帰朝早々に細菌学の手ほどきをしたいわば先生でもあった。日本的感情からすればその緒方を、たとえそれが学説の是非の問題であるとはいえ、批判するのは困難なことであった。

こうして北里は、ペーケルハーリングの論説を批判し、ペーケルハーリングはおおいに激してコッホに批判の書簡を寄せ、ついに北里が追試をすることになった。彼はオランダからただちに培養したものを送って寄こし、北里は早速追試にかかった。その培養を精査した結果、ペーケルハーリングの主張する脚気菌は通常の葡萄状球菌に他ならないことを示し、脚気とは無関係であることを確認した。コッホからその追試の結果を知らされたペーケルハーリングは、それから約一年後、自ら北里を訪問し、追試の礼を述べて、以後二人は親交を結んだのである。

脚気と日本

この脚気に関する問題は根が深い。元々、日本では上は将軍徳川家茂から下は商人階級まで幅広い患者層を誇っていた。

たとえば、江戸ではその患者の多さから「江戸患い」とまで言われていた。また、明治天皇（一八五二〜一九一二）は脚気に苦しみ、その治療は急務であった。端的に言えば、これは日本を二分するほどの大論争を引き起こしていた。その分かりやすい例が、繰り返しになるが、日本陸軍と海軍の脚気に対する見方、対処の仕方の違いである。

プロシア（ドイツ）式訓練を受け、ドイツ医学の薫陶を受けた陸軍では学理が強く、日本に脚気が多いのは、主にその住居が湿気を多く呼び、それが身体に悪い影響を与えるのであるという考え方だった。一方、イギリス海軍の薫陶を受け、またイギリス医学の疫学的研究を重んじる海軍では、薩摩藩出身の海軍軍医高木兼寛（たかきかねひろ）（一八四九〜一九二〇）が、英国で受けた経験主義的かつ演繹（えんえき）的方法で、脚気は食事の栄養不足によるものであると結論付けていた。

この高木による脚気栄養不足説は、軍艦筑波における米飯と麦飯との対象実験によって明確に証明され、海軍は以後麦飯配膳となった（さらに高木はパンを主食とする洋食の給仕を主張して、認められていた。後に金曜日は海軍カレーとなったのも、洋食の一環であった。ここからカレーは日本の国民食へとなっていく）。一方、海軍の麦飯主義を聞いた陸軍軍医総監の石黒忠悳は、東大派閥の一人として、他の森鷗外や青山胤通、緒方正規らと共に、脚気細菌説を唱えたのである。そうした中で緒方正規は一八八五年に「脚気菌発見」の報を官報に発表し、また翌年には脚気菌発見の第二報を発表して、ヨーロッパでも評判になった（もちろん、脚気菌など存在しない。栄養不足に因る身体障害である）。

北里が、コッホ研究所の助手レフレルから慫慂されてようやく自分の細菌学の師でもあった緒方を批判したのは、まさにこの論文のことであった。

この脚気論争の後日談。コッホが来日した明治四十一年（一九〇八）の時も脚気調査会が活動をしており、コッホにも相談をしている。実は明治三十八年から、麦飯の効果を知った現場からの強い要求によって米と麦の混合食を兵隊に給するようになっていたが、明治四十年に陸軍軍医総監に就任した森林太郎は住居にこそ問題が在るとして、ついに脚気菌を主張しかつ米食は正しい食糧であると強弁したのである。

しかし、次第に高木の正しさが知られるようになり、以前の軍医総監だった石黒はついに高木の説を認めたが、森は死ぬまでその説を肯じなかった。

こうした陸軍ならびに東大派閥の、脚気細菌説、あるいは住居原因説は、日清、日露戦争で莫大な人的被害をもたらした。それは、次の表を見るだけで明らかであろう。

この脚気問題の深刻さは、すでに述べたように明治天皇をも苦しめていたが、天皇は海軍や漢方医の食事療法を希望したにもかかわらず、ドイツ医学を学んだ侍医団の反対に遭い、一時は西洋医学そのものへも不信感を募らせるに至ったのである。このことがあって、一時期天皇は侍医の診察を拒否するに至り、そのために天皇の糖尿病が悪化した際に侍医が有効な治療手段を取れなかったのではないかとも危惧されたのである。

近代戦争がいつも新兵器による殺傷だと思っている人は大変な勘違いをしている。むしろ長い間、戦傷死よりも戦病死の方が多かった。つまり、実際の戦場での傷が元で死ぬより、戦場で感染した病気や他の病気によって死ぬ方がはるかに多かったのである。

日本の戦争と脚気患者数

日清戦争（1894〜95年）	脚気患者数：41,000人 脚気死者数：3,944人 （戦死者数：293人）
日露戦争（1904〜05年）	脚気患者数：250,000人 脚気死者数：27,800人 （戦死者数：47,000人）

出典：山下政三『明治期における脚気の歴史』。

話は余談にわたるが、たとえば英国の看護制度を作り上げたナイチンゲール（Florence Nightingale, 1820-1910）が活躍したクリミア戦争（Crimean War, 1853-1856）では、二十五万人の英国軍で一万七千五百人の戦死者、戦病死者が出たが、その大部分は実際の戦闘による死者ではなく、腸チフスや発疹チフス（戦場キャンプ熱〔camp fever〕や監獄熱〔Gaol fever〕と呼ばれていた）、さらには悪い水を呑んでの赤痢による死者だった。また、アメリカの南北戦争（Civil War, 1861-1865）では、一般市民も含めて百万人もの犠牲者が出たが、実際の戦死を遂げたのは約二割の二〇万人くらいで、おおよそ五十六万人の兵士が戦病死、残りは一般市民の犠牲者だった。

つまり、戦争に行くと、戦闘による直接的負傷による死亡ではなく、むしろ戦場においての病気、伝染病による死亡がはるかに多かったことが分かる。

現代の戦争であっても、たとえば砂漠の戦いでは、十分な水の補給と灼熱からの遮蔽が必要であろう。ミサイル一本で戦いが集結するわけではない。武器にしても、砂漠の細かな砂が機器の隅々にまで入り込み、しばしば故障の原因となっているのである。いわば戦争は、疾病と気候との戦いであった。さらに、それは非戦闘員・市民・ゲリラとの終わり無き戦いでもある。

移動命令と北里

北里が、ドイツに来て二年目に入りいよいよ研究に精を出すようになってきた時、たまたま陸軍軍医総監・子爵石黒忠悳が明治二〇年(一八八七)第四回赤十字会議(カルルスルーエ)ならびに第六回万国衛生人口会議(ウィーン)に出席のため渡欧した。

コッホは、北里の能力と人物を高く評価していた。しかし、石黒は当初、北里はもう細菌学は十分学んだので三年目は衛生学をペッテンコーフェルの下で学ぶように命令を下した。ミュンヘンのペッテンコーフェルの下には同じ留学生の中浜東一郎がおり、石黒としては二人を交替させるつもりであった。すでに日本を出る時、長与ともその件に関しては合意に達していた。

この当時、日本からの留学生は三、四年の留学期間に数カ所の大学を回って学修するのが常であった。そこにはできるだけ短い期間にできるだけ多くの場所で多くのことを吸収して帰朝し、ただちに天下国家に役立つような有用な人士となるようにとの思いがあった。森も、同期留学生の中浜にもそのような慣習が適用されたのである。

この急な命令にかちんときた北里は、ここでミュンヘンに移っては、自分の研究も中浜の研究も中途半端になると考え、コッホの下での細菌学の研究続行を主張した。北里は、やむをえぬ場合は退官して自費でもドイツに残り研究を続行する堅い決意だった（『北里柴三郎伝』）。

当時、石黒は陸軍医務局と内務省衛生局の両方の人事権を握る重要人物だったので、彼の命に背くことは退官を意味していた。同行していた森は、色をなす石黒をとりあえず押しとどめて、別室に北里を誘い入れてその真意を問うた。森は、北里の不退転の決意を聞き、とりあえずは石黒の命を考慮するということでその場をうまく取り繕った。しかし石黒は、この森の取りなしもあったが、実際北里の師であったコッホにコレラ予防法などを聞くために面会してみるとコッホの北里に対する期待の高さを実感し、北里と中浜を交替させるという当初の計画を放棄し、北里をコッホの下に留める決心をするのである。コッホの北里に対する信頼はそこまで篤かったのである。

もともとは、公使館員バロン・フォン・シーボルトから石黒にコレラ予防の件でコッホ博士との面会の話があったのである。石黒は勇んでコッホの研究所へ出かけた。

「丁度北里柴三郎君がコッホ氏の助手をしていた時で、万事好都合でした。コッホ氏が指示された地図の日本のところには、我が国でコレラの流行した年々とその患者数がチャンと記入してあります。これはその時々に氏が一々買い入れたものらしく、その用意周到なのに驚きました。氏は各国の流行状況および予防施設の実際などをそれぞれ詳しく調べているとのことで、我が国の実状について詳細な質問があり、私の方からも種々尋ねましたが、そのうちに我が国の農業で糞便を肥料に供するがコレラ患者の糞便を消毒するに苦心する由を申したところ、コッホ氏は『それは容易のことで、石灰を糞便の消毒に使用することが一番よろしい。』と言われたので、私はこの簡便な消毒法をその夜直ちに内務省の長与衛生局長のところへ通知しました。」（石黒忠悳『懐旧九十年』）

この万国衛生会議に、北里は代表石黒、森、中浜らと参列した。これが北里が国際学会に参列した最初のことであった。

この直後に、ベルリンに北里を訪ねてきたのは、終生の友となった同じ内務省の後藤新平だった（後藤に続いて北里は内務省衛生局に入った。入省当初の二人の角逐（かくちく）を思い出していただきたい。第三章参照）。後藤は、コッホの許しを得て北里の研究室に入り、そこでおおよそ三カ月留まって、北里から細菌学の基本を学んだのみならず、社会衛生の研究と資料収集にあたった。

いささか横道に逸れるが、緒方正規、森林太郎の先生に当るこの衛生学の泰斗ペッテンコーフェルは、その学識にもかかわらず、コッホの細菌学的研究を信ぜず、コッホがコレラ菌を発見した際（一八八四年）にも、相変わらず古い瘴気（しょうき）説（miasmic / miasmatic / pythogenic theory）に固執し、地下から出る有毒なガスが原因であると述べたり、また地下水脈がその原因であると主張していた（特に地下水脈の水位が低い時に有害なガスが生じ易いという説を立てた）。さらにペッテンコーフェルはあろうことかコッホのいうところのコレラ菌のたっぷり入った試験管の水を飲み干し、水には何の危険も無いことを示そうとしたのである。この時、運良くペッテンコーフェルはコレラに感染もせず、また下痢もしなかったが、そのためにより一層強く自説を主張するようになった。細菌学は新参者の学問として、なかなか学問界全体から承認を受けるに至っていなかったのである。コッホの輝かしい業績は、ある意味でそうした世間の受け取り方に大きな影響を与えたと言える。医学の中の重要な一分野としての細菌学の確立である。

高弟北里の破傷風菌純粋培養

すでに北里のドイツ留学も三年を経過し、おおいなる業績を上げたのであった。そしてすでに北里はコッホの高弟に位置し、しかもその最上位の四人の一人になっていた。つまり、ブリーゲル、ガフキー（Georg Theodor August Gaffky, 1850-1918、結核菌研究に業績有り、患者の喀痰中の菌の多さを表す号数をガフキー数という）、レフレルと北里という四高弟の。コッホに勧められて北里は内務省にさらに二年間の留学延長を申し出て、特別に認められ、さらに研究の歩を進めることができた。

ここで北里が取り組んだのが破傷風菌の研究であった。

すでに一八八四年にイタリア人カルレ（Antonio Calre, 1854-1927）とラットネ（Giorgio Rattone, 1857-1919）によって伝染性疾患であることが証明されていた。また一八八五年には、ニコライエル（Arthur Nicolaier, 1862-1942）が土壌に存在する細菌を鼠および家兎に接種することで破傷風の症状を再現することが出来た。

このように細菌の存在はほぼ確認されたが、細菌の存在を確定するためには「コッホの三条件」を満たす必要があった。

それは、破傷風菌の純粋培養（純培養）を行い、それを試験動物に接種して破傷風の症状を再現する必要があった。

多くの学者、とりわけ細菌学者がこの純粋培養をするために、長い単調な実験を続けていたが、これまで単体で検出されたことがないために、破傷風菌を破傷風の原因であると特定することが出来なかったのである。すでにゲッチンゲン大学のフリュッゲが、「破傷風菌は単独では存在出来ない菌である」と結論付けていたために、誰もそれ以後この純粋培養に熱心に取り組んだり、実験法を改良しようとしていなかった。

北里は、単に実験の精密さに通暁していたのみならず、実験器具の創案においても独自の力を発揮した。そして、ついに一八八九年に破傷風菌の純粋培養に成功したのである（"Ueber den Tetanuserreger", *Dtsch. med. Wschr.*, 15; "Ueber den Tetanusbacillus", *A. Hyg.*, 7）。純粋培養に成功した後も、培養液から雑菌を完全に取り除くことができる「北里柴三郎式細菌濾過器（ろか）」を考案したのである。

ここに、北里は「培養し得る細菌で純粋培養できないものはない」という、細菌学上の一大原則を確立したのである。

そして、北里は破傷風菌から出された毒素が、破傷風の症状を起こすことを実証した。さらに北里は、その毒素を使って、破傷風を発症させ、「一度罹（かか）って治った病気に対して抵抗力がつき、二度目は罹患することを免れる」ということ、つまり免疫（immunity）の存在を証明してみせたのである。それは、破傷風免疫体（抗毒素）と今日呼ばれるもの（「抗体」）の発見であり、それが血液中に存在するというのが北里の予測で、この考え方こそが血清療法の基礎であった。

この免疫を使って治療に応用したのが「血清療法」(serum therapy) で、これが破傷風菌の純粋培養に続く北里の偉大な医学的貢献となった。

ツベルクリンと留学延長

北里の研究はいよいよ進み、世界の医学界を瞠目させていた。コッホも研究の持続を望み、北里自身も、その研究継続を願った。明治二十三年（一八九〇）八月にベルリンで第十回国際医学会が開催された。北里は大日本私立衛生会の代表として参加していた。

この医学会の会場で、コッホが世界に先駆けて結核治療薬を開発したと発表するや、世界中がその噂で持ちきりになった。それは、コッホが結核菌を発見してからずっと待ち望まれてきたニュースだった。コッホこそ、その発見に相応しい人物だった。それは「細菌学的研究」と題された、いかにも一般的な発表のようだったが、そこではツベルクリン（Tuberkulin）と名付けられた結核治療薬と目される薬の、いささか曖昧な創製方法とその効能が発表された。

世界中がその新しい結核治療薬の創製方法とその使用許可を求めてベルリンに殺到し、ベルリン行きの寝台車は結核患者でいっぱいになったということである。日本もその例外ではなかった。日本政府はただちに薬液研究のために、当時ドイツ留学中だった宇野朗（うのあきら）（明治九年東大卒）に加えて、東京医科大学教授佐々木政吉（明治十二年東大卒、東京神田杏雲堂病院院長佐々木東洋の息子）、助教授山極勝三郎（やまぎわかつさぶろう）（明治二十一年東大卒、一八六三～一九三〇）の計三名を派遣したのである。

いささか本論を外れるが、この山極は、後に大正四年（一九一五）世界に先駆けて人工癌の創成に成功し、日本人最初のノーベル賞かと騒がれたその人である（もっともすでに北里柴三郎がその第一回の候補者に名を連ねていたのだが）。山極が受賞対象者の選択肢に入った時、黄色人種にまだノーベル賞は早いという論議が堂々と成されたということであるから、別に北里がその業績によって第一回ノーベル賞に推奨されたとしても、その受賞にはなお多くの障碍があったと言わざるを得ない。興味深いことに、戦前の日本人でノーベル賞に補せられた人は誰一人受賞できなかった。その中には、三度推された野口英世、タカジアスターゼ創製の高峰譲吉（一八五四～一九二二）などがいる。

なお名誉という点では、「オリザニン」発見者の鈴木梅太郎（一九一〇年）が、まったく同じ物質を発見し、それに「ヴィタミン」（Vitamin B1）と名付けた（一九一二年）フンク（Casimir Funk, 1884-1967）にその座を奪われた。

とにかく派遣されて来た三人を見て、コッホは面会を謝絶した。それは自分の膝下に北里という類稀な弟子がいるのに、それを無視してはるか東洋からかくも多数の医師が派遣されてきたからでもあり、またかつての北里の留学期間延長申請に際しての文部省の冷ややかな反応に対する意趣返しでもあるように思われた。

実際、コッホからどうしてこんなに日本の文部省から人が派遣されて来るのかと問われた北里は、平然と「自分は文部省に信用がないのでしょう」と答えている。内務省と文部省の反目、覇権争いは、すでにこんな形であちこちで未来を予見させる動きと綻びを見せていたのである。

北里の東大での先輩でもありドイツ留学の先輩でもある森林太郎の勧めもあって、石黒は北里の研究の意義をよく理解し、北里のさらに一年の留学延長を図ったが、留学資金年額六百円の負担は内務省には重く、一方留学費を豊富に持っていた文部省は、北里への支払い要求を拒んだ。結局、内務省衛生局局長でありかつ大日本私立衛生会の副会頭であった長与専斎が動き、またドイツではコッホが駐独大使西園寺公望（さいおんじきんもち）に直訴して明治二十三年十二月特旨をもって天皇の御下賜金一千円を拝受するに至ったのである（なお、十年後の明治三十三年に文部省最初の留学生となった漱石夏目金之助の年額は千八百円だった。これの奨学金は月額百五十円になるが、あいにくケンブリッジ大学での研修のためには月額四百円相当が必要だったために、漱石はロンドンに留まり、ユニバーシティー・コレッジに属して、クレイグなどの個人教授を得ることになった。どちらにせよ二人の得た奨学金は当時は日本では大金だったが、ヨーロッパの現地通貨に換金すると不足することもあったということであろう）。

その時の宮内省からの御沙汰書は以下のようなものであった。

「在獨乙留学内務省技手医学士北里柴三郎儀同国に於て専ら肺癆治療法研究中の所、昨今留学期限満期に付尚継続講究せしめ度き旨を以て学資下賜の儀出頭の趣及上奏候処、特旨を以て金壱千円下賜相成候条厚き御趣旨を奉体して其の効果を得べき様示達可有之此段相達候也。

明治二十三年十二月十一日

宮内大臣　子爵　土方久元」

ここで「肺癆（はいろう）」と書かれているのは「結核」の古名で、他に「労咳（ろうがい）」「肺病（はいびょう）」という言い方もあった。しかし、コッホの結核菌発見の後も、これらの用語がごっちゃに用いられていたのである。

北里の姿

ここに唯一、生身の北里の存在が伝わってくる証言が残っている。それは、当時東京大学医学部教授佐々木政吉の助手を勤め、ドイツ・ヴュルツブルク大学に留学中だった、金杉英五郎（一八六五〜一九四二）の経験である。

明治二十三年（一九九〇）ベルリンで開催された第十回国際医学会に参加した金杉は、そこですでに留学四年目であった北里に邂逅（かいこう）している。北里の恩師コッホはこの会合でツベルクリンの創製を発表し、嵐のような称讃に包まれたのである（金杉の回想は『極到余音』）。

「当時北里さんは留学既に四年目にして、テタヌス菌の発見者として得意満々たる時代であり、加之恩師コッホは国際医学会場にて細菌学の進歩と題してツベルクリンを発表したること丶て、其気焔万丈当る可からざるものがあった、而かも其邦人懇親会場に於ける傲慢不遜の挙動は満座を呑み尽さずんば歇まざる勢を示し、宇野朗、岡玄卿、後藤新平の諸大家其一同何れも屏息して一言を発する者が無かった。生意気盛りにして而かも生来人に依るの意思寸毫も無いことを主義とするの拙者は黙認するに忍びず、奮然起って北里さんの無礼を咎め、先刻來君が本邦政府の非を鳴らし、本邦大学の無能を罵倒し、満座を無視して余す所無きは実に解するに苦しむ、右様の放言は自由の留学生たる余等に於て初めて為し得可きものにて、苟も官費留学生たる君の為すべきで無い、若し前言を反覆せんと欲せば須らく官費を辞して然る後為すべしと一言せしにこれ迄沈静なりし満場は一致大喝采を博して拙者の所見を賛せしかば、北里さんは満面朱を注ぎし如く大に憤怒して、拙者に大鋒を向けて罵倒したのであった。そこで拙者は唯一言細菌のような細い意思の所有者と相争う素と拙者の本旨に非ざれども、余りの暴慢にあきれて忠言を呈したるのみと申せしに、北里さんの憤怒は益々甚しくなったので、(中略) 其後拙者は他の邦人より硬骨漢だとか、巡査だとかおだてられて屢々御馳走になったようなわけであったが、一方北里さんは数週に渉って不機嫌を続けたのであった。そこで一夕後藤さんの斡旋にて三人鼎座会談三更に及びて互に能く理解し、進んで後来相結んで祖国の為めに尽さんとまで打解くるに至ったのであった。人間は何事も争って見なければ互に真の意思疎通は出来ぬものたることを初めて知ったのである。」

この金杉の証言からも分かるように、北里はベルリンで飛ぶ鳥も射落とすような勢いであったことが分かる。そして、自分の勤務先の内務省を含む日本政府を攻撃し、さらに自分の卒業した東京大学を罵倒(ばとう)していたのである。そうした狷介(けんかい)な態度は、もちろん脚気菌の誤った見方を攻撃した自分に逆襲してきた日本の学者と学界への批判であったのだろうが、それがひいては後年彼が帰朝後かこつことになる不遇を予感させた(北里の性格を狷介固陋(ころう)であると言っても過言ではないかも知れない)。

また北里、後藤は偶然当時の皇帝ヴィルヘルム二世に遭遇している。岡田国太郎の話に耳を傾けてみよう。

左より後藤，大谷，岡田，北里
（鶴見祐輔『後藤新平』）

「後藤さんと北里さんと私と、三人でポツダム宮殿のお庭を拝観している時でありました。彼所の森のあたりを歩いてゐますと、突然『お早う。』といふ日本語がしますので、驚いて振返って見ますと、吃驚りしたことには、かねてお写真で承知してゐる獨帝陛下でありました。北里さんはすでに破傷風の研究で名を成してゐられましたので、陛下もその名を御記憶になつてゐられ、その時は北里さんだけがお答え申し上げました。それにその当時、お答えできるほど獨逸語の話せるのは、北里さんだけだったのです。」

ドイツ留学が長かったことは、北里の学問的研究の成果のみならず、ドイツ語そのものでも大変な習熟度に達していたことが想像できる。その一例として、日本帰国後ずっと経ってから、弟子の高野六郎がふと伝染病研究所のお手洗にいると、北里がドイツ語で鼻唄を歌いながら入って来たことで、ひどく高野を感心させたことがあげられる。

また、ずっと後の明治四十一年（一九〇八）にこの師コッホが北里を訪ねてアメリカ経由で日本を訪問した際、日光金谷ホテルでの滞在中、折から梅雨の時期でもあり、つれづれなるままにかつてのドイツ時代を想起し、コッホは次のように語った。

「最初の研究室は今日のように宏壮な建物ではなくて衛生局内の一室であった。その狭い場所でレフレル、ガフキーの二人の助手が暗い窓下に顕微鏡その他の器具を並べて仕事をしていた。自分のもとに始めて北里が来た時は日本人にしては能くドイツ語を話すのに驚いた位に過ぎなかった。ある日北里は自分の部屋に来て破傷風菌の純培養を成し得たといって一本の試験管を示した。しかし破傷風菌の純培養は老練のフリュッゲらが数年間苦労したが遂に成功しなかった難問題であるから容易に信用できなかった。然るにその後間もなく北里は破傷風菌のゼラチン培養を持ち来って研究成績を告げた。自分はなお半信半疑であったが、北里の作った培養で動物試験をしてみた所疑いもなく破傷風固有の症状を発した。自分は直ちに北里の室に至って大成功を祝したがこの時の自分の喜びは非常なものであった。今日当時のことを追懐するだに愉快に堪えない。次いで北里が破傷風菌の純培養を得た方法と順序を聞くに及んで自分は彼の非凡な研究的頭脳と不屈の精神に驚いたのである。なお引き続き破傷風毒素の研究を励めたが彼は遂に免疫血清を作り上げた。その頃は未だ伝染病に対する原因療法は一つもなかったのであるが実に北里の研究によって血清療法が創始されたのである。当時自分のもとでベーリングがヂフテリアの免疫に就いて研究していたが、常に北里の破傷風の研究に導かれて漸次進捗した。今日有効な血清療法のあるは北里の破傷風研究に基づいている。これ破傷風の研究が近世の治療医学で一新紀元をなしたものと認められる所以である。爾来自分は北里と幾多の重要な研究をともにしたが彼の明晰な頭脳と不屈の忍耐とにいよいよ信頼の念を深くした。彼と東西袂を別って十五年今日日本に来たり、彼が日本において成し得たまた成しつつある事業を見て歓喜の情を禁じ得ない。」

これは、弟子の志賀潔が、コッホから直接聞いた談話を筆記しておいたものである（「コッホ来朝の憶い出」）。コッホの北里への深い信頼のほどが知れよう。また師弟の情の深さにも打たれるものがある。そして、学問的優先ということから言えば、ベーリングはまったく北里の導くままに研究をしたことについて言明している。この言に従い今日的判断をすれば、抗毒素抗体の発見とその応用である血清療法という科学的発見の名誉は北里の上にこそ輝くべきであったろう。

それは、明治二十三年（一八九〇）に発表されたベーリングとの共著「動物におけるジフテリア免疫と破傷風免疫の成立」（『衛生学雑誌』）という論文に示されており、ジフテリアはベーリング、破傷風は北里と別個に研究し、共に抗毒素抗体という免疫が成立することが示されている。

簡単に言えば、この抗毒素（抗体）という免疫は、血液中の毒素を無毒化し、この毒素中和作用は、免疫血清を他の動物に移しても持続するのである。ここに免疫血清を用いた血清治療法の可能性を見出したのである。

ドイツでの研究もいよいよ終わりを告げる時が来た。コッホは、弟子の輝かしい業績に報いるために、なんらかの勲章なりなんなりを得ようと考えたが、北里は学問で世に立つ身分であるから、それに相応しいものがよかろうということになって、ついにプロシアの「プロフェッサー」の称号が特別に出されることになったのである。外国人でこの称号を得た者はいまだかつて無かったので、異例の待遇であったことが分かる。もちろんのこと日本人で海外でこの称号を得た者もまた北里が最初であった。

名誉と報恩と帰国

ケンブリッジ大学の友人ヘンケン（E. H. Hankin、グロブリン発見者）から同大学に新設された細菌学研究所所長への勧誘も、コッホのもとでのさらに一年の結核療法研究に専念するためと固辞した。アメリカのペンシルバニア大学への破格の待遇による招聘（しょうへい）も国家への忠誠を楯に謝絶した。ボルチモア市およびブルックリン市のふたつの病院からの招請があったが、これも丁重に断った。

北里は、日本国への報恩という至上の課題があった。それはまた、最後の一年の留学資金を下賜金として押し戴いた天皇陛下への報恩でもあった。

またもうひとつ、結核療法の研究が自分にとって生涯の研究題目であるという自負があって、そのため精励すると決めていたのである。明治二十四年（一八九一）、ツベルクリンの研究は一段落をつけた。同時に、北里の帰国の日は迫っていた。

内務省からは、留学期の功績に対するものか、衛生事業視察に事寄せて、諸国巡視を許してきていた。

「休職内務技師北里柴三郎
留学年期満眼後其帰途仏、英、伊及米ノ四個国ヲ巡視シ旅行日数ヲ除キ通計二十日以内便宜滞在衛生事業ヲ取調つ可シ
明治二十四年十一月十八日　内務大臣品川弥二郎」

やっと研究室詰めの日々から解放されて、久しぶりに北里は旅に出た。英国ロンドンで開催される第四回万国衛生会議出席のためだった。その際に、寄り道をしてオランダのハーグに出向き、そこでかつて熊本の古城医学校（後の熊本医学校）で教えを乞うた恩師マンスフェルトに再会した。マンスフェルトの歓びようは、すでに述べた通りである。

北里は、ドイツで名声を博したので、いまだ科学後進国の母国に勤めるのが責務と感じ、また日本の学界が必ず彼を歓呼の声をもって迎えてくれるだろうという信念をもって帰国の途に就いたのであった。二、三の外国からの好条件を提示しての招聘をあえて断っての帰国であった。

北里は明治二十五年三月二十八日にベルリンを出て、フランスに行った。そこで一週間弱滞在し、パスツール研究所でパスツール、メチニコフ（Ilya Ilyich Mechinikov, 1845-1916, 1908 Nobel Prize）、ルー（Loux）等の細菌学者に会い、ロンドンに向かった。そこでも一週間強滞在した北里は、おそらくケンブリッジ大学のヘンキンと再会して、旧交を温めたものと思われる。ついでアメリカに向かっ

た。アメリカ、カナダには四月二十二日から五月十五日まで滞在し、その間に、ニューヨーク、ボルチモア、ワシントン、フィラデルフィア、モントリオール、バンクーバーの諸都市を訪ねた。ここでもまた、かつての友人達、ウエルチ（William Henry Welch, 1850-1934）やフレキシナー（Simon Flexner, 1863-1946）と再会したのであろう。五月十五日、バンクーバーから汽船「中華皇后号」で出帆し、十三日間の船旅の後、五月二十八日横浜に降り立った。北里を迎えたものは二百名にものぼったが、政府関係者は少なかった。それは帰国後の北里の不遇を十分予想させるものだった。七年の空白は大きかったし、意図の乖離も想像を絶するものがあった。

その様は、「一部民間人士の他は悉く反対して大学に入るゝ模様も無く、学界よりも医界よりも孤立せしめらるゝに至った」（金杉英五郎）状態だった。なによりも、北里は内務省にさえすぐさま復職していない。講演会や多くの知己と旧交を温めるためという意見もあるが、文字通り居場所が確定しなかったのである。

パスツール

なぜ世界に雄飛した北里は、かくのごとく日本政府、とりわけ文部省、東大から冷遇されたのだろうか。

その理由のひとつは、明らかにかつて熊本の古城医学所で同窓であり、後に東京大学の先輩、またさらには内務省勤務後は北里に細菌学（黴菌学）のイロハを教えた緒方正規の学問的誤謬を糺したことにあった、と考えてよいだろう。つまり師弟の関係をまったく顧みず、科学的根拠によってのみ学問的論戦を挑んだところに、非日本的態度が顕著に見られたのであろう、それが指弾されるに十分な根拠であった。今日の日本でもなお、自分の師の誤謬を糺すこと、学問的論争をすることはなかなか困難なことではある。

第五章　帰国と伝染病研究所創立へ

1　新たな活動へ

ドイツ留学から帰朝後すぐの北里を五月三十一日に、内務省東京衛生試験所長の中浜東一郎が訪れている。二人は留学仲間であった。中浜の日記に以下の記述がある。

模索と不遇と

「五月三十一日　午前北里を赤坂新坂の宅に訪ふ。」

「六月一日　北里、試験所に来る、大に已往将来の事を談す。彼れは昨日大学に緒方、隈川等に面会せりと云ふ。」

「六月二日　午後長與を其邸に訪ふ。北里来る、彼は余に先つて帰れり。北里の位置の件を談す。長與曰く不日後藤帰朝する筈なれは後藤の位置を替へ北里を内務省に入るを良とすと。余は後藤新平を衛生局長となすの意なるかを疑ふも敢て深く之を究めす。」

この記述に従えば、帰朝後すぐに北里は大学に赴き、緒方正規を表敬訪問していることになる。この表敬訪問、旧交を温めるべき訪問が、どのように行われたかの記録はない。しかし、中浜としたように、二人はまた「大に已往将来の事を談」じたのであろう。

そこには、金杉英五郎が書いているように、

「北里さんは伯林滞在中、名声を世界に博したので某国より招聘の交渉を受けしことありしが、母国に勤むるの責務と、又母国の学界が必ず歓迎するならんとの自信を懐きて、他の招聘を拒絶して断然帰朝したのであった。然るに予想は全く相違し、一部民間人士の他は悉く反対して大学に入る丶模様も無く、学界よりも医界よりも孤立せしめらる丶に至った。」

またこの中浜の日記には、中浜があるいは自分が拝命するかも知れないと感じていた衛生局長の椅子を、どうやら長与専斎の懐刀（ふところがたな）と称されるようになっていた後藤新平が襲うことになりそうだと直感し、不快な気分にさせられている様が赤裸々に記述されている。なぜ不快かと言えば、それは後藤が東大卒業でないこと、つまり学士でないのに政府の要職を得ようとしていたからである。それはまた中浜が、最高学府東大に学び、ドイツ留学を果たしたという、誰にも後ろ指さされないほど隆々

とした身でありながら、自分の身の不遇をかこつことになる予兆であった。

確かに彼の危惧は適中し、後藤は二年の欧州留学期間の最後を北里の斡旋でコッホ研究所に三カ月滞在し、それから帰国の途に就いて、六月十日に横浜に到着していた。北里の帰国に遅れること十三日だった。しかし、その帰国当日の六月十日の官報にはもう内務技師後藤の神奈川県への出張が掲載されていた。そして、七月一日には早くも中浜は辞表を提出するに至るのである。そこには、彼の身体的不都合の問題もあった。中浜は結核に罹っていたのである。

中浜は、明治二十五年七月一日に内務省に辞表を提出した日の日記にこう記した。

「七月一日　本日左の辞表を出す。余は二年前より内務省衛生試験所一人にて衛生学術上の諸件を負担し（衛生局長の事務を除く）連日四方に奔走し又十分なる学術上の実験を為す余間なし。然るに後藤其他洋行中なれば辞するも得べからされは其儘に止めり。左れと今度後藤、北里等帰朝し北里は未た其位置定まらされとも内務省に入る事に決したる等、已に手代あれは断然辞す事に決し本日其書を上れり。」

こうして、東京衛生試験所長だった中浜は、内務大臣松方正義に宛てて辞表を提出したのである。

「七月三日（日曜日）曇、晴、後藤、北里の帰朝を祝する為衛生局及ひ試験所員一統両人を招き玉川に趣き鮎猟す。」

七月四日には、同時に中央衛生会幹事、医術開業試験委員長代理及び試験委員を辞している。翌五日には、長与専斎から慰留されているが、断然辞職する旨を主張して譲らなかった。

この中浜の苦い反感に満ちた気持ちは、三十九年後の北里の死に際しても如実に現れている。その昭和六年（一九三一）六月十三日の北里の逝去の報に接した中浜の反応が面白い。

「六月十四日（日曜日）晴

北里柴三郎急病（脳溢血？）歿。新聞に多数の死亡広告あり死後迄もすきな宣伝を為す、笑う可し。」

この短い、没後すぐの日記の記述にも、北里のことが嫌いだった中浜の心情がよく表れている。それは、はるか昔、陸軍から内務省に奉職し、いずれは官界のトップを狙おうと考えていた彼の立身出世の道に立ちはだかった同じドイツ帰りの北里、後藤への心情だった。

中浜東一郎は、東大医学部を卒業し、陸軍、内務省、中央衛生会、岡山医学校教授、明治生命保険会社、鎌倉病院創設、などに関わったが、同期の森林太郎や、後輩の北里柴三郎のように華々しい活躍をすることなく終わった。たとえば新しく京都帝国大学に設置されようとしていた京都医科大学学長としての慫慂を受けていたが、その内に沙汰やみになった。それは、長与専斎衛生局長が後藤を後任にすると知ったら一気に内務省を辞職するという中浜の潔い性格とも結びついていたのだろうが、また幸運に恵まれなかったということもあったのであろう。

考えてみれば、北里と中浜はいつも同列に位置していた。まず、共に東大医学部の卒業生である。学年は中浜が上であったが、県立金沢病院院長であった中浜と、内務省技師であった北里は、同時にドイツ留学を果たした。本当は、中浜だけの筈だったのが、横から強引に付け加えられたのが北里だった。しかし、ミュンヘンのペッテンコーフェルについた中浜は、森がそうであったように、次にベルリンのコッホに就学する筈であった。ところが、そこには交替する筈だった北里がいて、北里は頑強に交替を拒んだのである。ペッテンコーフェルは偉大な衛生学者であり、学問的影響も大きかったが、時代は新しい細菌学のコッホに取って代わられつつあった。中浜はその重大なチャンスを逃したのである。いわば世界の最先端の技術と知識と人物に接する機会を、北里の身勝手によって失ったのである。その結果、北里は世界のキタザトになり、中浜は日本の片隅に取り残されてしまった。不遇をかこつことになった理由は、あたかもすべて北里に起因するように思われた。北里の盟友後藤新平は、内務省衛生局長の椅子を、その可能性を、中浜から奪い去った。後藤は、帝国議会議員になり、内務大臣になり、男爵にもなった。中浜は、一市井人のまま終わったのである。その苦渋、その敗北感、その憤怒はいかばかりのものであったか、とうてい想像の及ぶところではない。

またもっと後の昭和八年（一九三三）三月に日本が当時の国際連盟から脱退を決めた時、アメリカ大統領ルーズベルト（Franklin D. Roosevelt, 1882-1945）は、ジョン万次郎のアメリカ時代の恩人を通じて中浜に親書を送り、両国の親善を説いた。その返礼として中浜はその地に日本刀を送っている。それは太平洋戦争、第二次世界大戦中もずっとかの地の図書館に保存されて展観されていたということである。

さて、そうこうする内に、北里の帰朝に合わせて中央衛生会の副会頭長与専斎の提案もあって、伝染病研究所設立の建議をすることとなった。

「七月五日　晴　長谷川泰の建議案なる伝染病研究所設立の委員会を午前九時より開く。余も亦其委員の一人たり。内務大臣に建議する事に決し且其費用（創立費、経常費合七万円余）をも議定せり」

中浜の日記にはさらに続けてこう書かれている。

「七月十六日　中央衛生局より建議したる伝染病研究所設置の件内務大臣の裁可する処となり予算を衛生局にて取調る事に定まれり。」

「七月十七日（日曜日）　長与氏宅に於て臨時に私立衛生会評議会を開く。後藤新平は評議員に非るも副会頭の許可を得て臨席、牛痘苗犢所（びょうどくしょ）の益金壱万五千円の中壱万円を以て北里の為めに伝染病研究所を設置せんとするの案なり。大沢、三宅、緒方、武、長谷川等会す。長谷川は賛成、三宅は之れを設置に使用するは牛痘苗犢所の残金を以てするは其主意に異なる、牛痘の代価を安ふする等に使用するこそ当然なり且苗犢所を引受くるの主意も亦然りと。大沢は一万円を使用するも維持するを得す、畢然政府の設置を待つに過きす、議会も四五ヶ月中に開けは其迄は待つを至当とす云々。武も亦之れを設置するに於ては帝国議会にて已に私しに維持すれは別に金を出すに及はすとて決て官立の妨けとならんと。余も亦殆んと同様の趣意にて反対し且目下苗犢所に於て改良すへき点少なしとせす本年初め私立衛生会にて世人を瞞着したる事（犢を殺すとて撲殺せさりし事）を述へぬ。長与の反対ありしか遂に否決。」

このように、苗犢所の代金が北里の伝染病研究所に使われようとしたが、内部の反対にあって、その資金の使用はなくなった。資金の出所という点でも、伝染病研究所の創設はなかなか難産であったことが分かる。

しかし、さらにそこにはお役所仕事という問題もあった。所属する内務省衛生局にしても、また大学を司っている文部省にせよ、北里がその業績と技量に相応しい国としての伝染病研究所を作るとすると、すべて帝国議会の審議あるいは承認を得なければならなかった。役所には予算年度があり、また議会には審議日程というものがあった。つまり、すべての事務的処理を経るには、時間が最低一年以上かかるということだった。その研究所の設立に関わる審議、承認を経た後では、他の役所における建物の設計、さらにはその予算計上、造営が必要だった。誰かが強烈な個性を発揮し、指導力を発揚し、何事かを一気に積み上げるということのないシステムが、日本の中で長年の伝統、習慣として完成していたのであろう。官僚的システムの、効率的と言えば効率的、硬直的と言えば硬直したシステムが、明治の政府の中でも継続され、かつ完成の域に達していたのである。新しい物事への反応の遅さと、その受容までにかかる経過時間の長さは、今日の日本とて大差があるわけではない。

内務省には資金がなかった。また、文部省には資金はあったが、内務省の伝染病研究所の設立申請に対して、文部省主管の帝国大学医学部こそこの伝染病研究所の受け皿として相応しいと主張していたので、政府内の見解をうまく統一することができなかった。

内務省復職

明治二十五年十一月十七日には、後藤は「任内務省衛生局長　内務技師正六位」の辞令を受けていた。翌日の十一月十八日に、帰国後ほとんど半年近くを経て、ようやく「任内務技師　医学博士　北里柴三郎」の辞令が出て、一等技手から昇任し、「七級俸」を発令されたのである（月給八十円）。これではまるで後藤の処遇が決まって、やっと北里の番が回ってきたようだった（衛生局長の年棒は二千五百円だった。月給二百円強）。

なぜこのような遅滞が生じたのかは、すでに述べているような東大との確執の問題もあったが、さらに師コッホの創案した結核特効薬ツベルクリンの研究に派遣された三人の東大教官がすげなく門前払いを喰らったために、日本でツベルクリン反対運動が起こっていたことも禍（わざわい）したと見るべきであろう（その後、昭和時代まで日本でツベルクリンが結核患者に多用されたことに鑑みると不思議な現象であった。もちろん、その後ツベルクリンは、結核診断のための薬液として新しい役目を得ることになったにもかかわらずである)。

北里は、その辺りを明確に説明している。

「抑も私が大学側と意気が合わなくなつたといふのは、私がコッホ先生の処へ行つて修業してゐた頃、内務省から貰った金が不足して宮内省から補助を乞ふころになり、猶ほ足らずに非常に困ってゐるといふ時に、文部省からはコッホがツベルクリンというふ薬液を発明したというふに就て其研究のために三人の留学生をドイツへ派遣したのであります。それが佐々木政吉、宇野朗、山極勝三郎で、此三人がコッホ先生の処へ参った時に、先生がいふには、日本政府は実にわからぬことをする、茲に北里が来てゐるではないか、其北里が学資が不足するとて困ってゐるといふのに、更に新しく物に慣れない者を三人まで派遣する位ならば、なぜ北里に補給しないのか、実にわからぬ処置であるといつてをりました、それがため此大学連中に対してコッホ先生は冷淡であったらしい。といふのは、北里がゐて研究してゐるんだから其他の人に骨折って教ふる必要がないといふ考えであつたと思ひます。それから私が帰朝しました時に、時の医科大学長の大澤謙二が私の処へ来て、大学へ出ないかと申しましたが、私は大学の連中などとは一緒になれますまいといふ返事をしたので、大澤が非常に憤激したことがありました。これらの事より私は大学側と意気が合はなくなつたので、私の仕事に就て邪魔をする、私も亦負けぬ気で対抗すると言ふ次第でありました。」

（高橋義雄稿「福澤先生事績探問録」）

つまり、いろんな意味で北里は大学が嫌いだったのであり、その意思をはっきり相手に伝えたので、ますます大学側もむきになって北里憎しの行動をとったのであろう。青山胤通とのこともあったし、またコッホの下で学んでいる時に、日本政府、大学批判を繰り返していた北里であってみれば、今更どんな面を下げて大学へ奉職することができるかという気持ちもあったであろう。

この北里を中心とした明治二十五年（一八九二）の伝染病研究所の創立は、官主導というにはほど遠く、完全に民間主導であった。その中心人物であった北里自身が、官職を得て、官によってドイツ留学に送り出された者であれば、当然官に報いなければならないと言う論調もあってしかるべきであった。すでに見たように、北里は官命を帯びて渡独しながら、二度三度と官命を翻し、かつ朝廷からの下賜金を得て留学を続行し、ついに細菌学で名を成して帰朝したのであった。そこに苦々しい官からの視線がなかったとどうして言えようか。

福沢諭吉の援助と伝染病研究所

北里の窮状を見るにみかねて長与専斎が、大日本私立衛生会による伝染病研究所の開設を審議したが、すでに述べたように費用の捻出の仕方について反対があり、実現しなかった。

北里の不遇を嘆いた長与専斎は、かつての大坂適塾（緒方洪庵塾長）の同窓生であった福沢諭吉（一八三四〜一九〇一）に相談を持ちかけた。福沢は「優れた学者を擁して無為に置くのは国辱である」とし、また「学者の後援は自分の道楽である」として、すぐに私財を投じて御成門脇の三十坪ばかりの土地に上下六室からなる研究所を造営し、さらに隣に四十坪の住宅をも新築して、北里を篤く迎え入れたのである。内部の研究器機については、福沢が企業家森村市左衛門（一八三九～一九一九）に依頼してたちどころに企業からの寄付を得た。

この森村は、企業家でもあり、今日の日本ガイシや、ノリタケ、TOTOは彼の事業の発展した形である。また日本銀行設立に際しては監事としてその運営に携わった。その大正八年の死に際しては、自分の遺体が学術的解剖に付されるように希望し、まさに彼の援助した伝染病研究所の後身である北里研究所で解剖に付され、その死因が胃癌であると同定された。

さらに長与が副会頭を務めていた大日本私立衛生会の招請に応じて北里が私立伝染病研究所を譲渡したのも、福沢の考えであった。どのような状況においても北里の研究が進むのならそれに反対しないという立場であった。

ここに大日本私立衛生会は、明治二十五年十一月十九日をもって、伝染病研究を北里に委託し、諸経費として年間三六〇〇円支出することと決した。

福沢諭吉

こうしてようやく開設の目処（めど）が立った。

十一月三十日には、伝染病研究所が開設され、十二月三日からは一般公開もされた。

中浜は、日記に「十二月三日　本日伝染病研究所へ案内受く、行かす」と記した。中浜は、後藤と北里が自分の出世の妨げとなることを知っていた。生き方も住む世界ももうすぐ異なってしまうのである。

この不遇だった年明治二十五年の年の瀬も押し詰まった十二月に伝染病研究所が完成し、また二十九日には北里は勲三等瑞宝章を授与され、ようやく一条の光が射したようであった。

福沢は、暇があれば北里を研究所に訪ね、細菌学のなんたるかを聞き、その研究の進展をおおいに喜んだ。文字通り明治の偉人二人の肝胆相照(かんたんあいて)らす交遊があったというべきであろう。

さて、それではなぜ福沢は、大して縁もなかった北里のために、一肌脱ぐことにしたのだろうか。それには、福沢が広く世界の新聞を読んでいたということがあった。「北里の名前は日本の新聞にはあまり出なかったが、アメリカの新聞雑誌では読んで知っている。そういう日本の宝ともいうべき学者がいるのならば、それは何とかしなければならない。ひとつ北里を寄こしてもらいたい」と、北里に面会したのである。さらには福沢の義侠心ということも大きく与(あずか)っていたのであろう。それには、戸川秋骨(とがわしゅうこつ)が語るエピソードにいささか耳を傾けてみる必要がある。それは『朝食前のレセプション』(第一書房、昭和十二年)に掲載された「ユウモアの福沢先生」に見られる。

「先生は立派な行為、人の模範となるべき事を行っても、それをつまらぬ事、若しくは自分一個の癖とか道楽と云つたやうなものに、簡単に方づけて居られる。」

福沢は、単なる思想を語る啓蒙家ではなく、資金を潤沢(じゅんたく)に持って、その資金で新しい試みや挑戦を援助する、そのような啓蒙家だった。文化のパトロンだったのである。また今風に言えば、文化メッセに参加する企業家とでも言えようか。

さらに、もうひとつの因縁話を思い起こせば、この伝染病研究所の推進者である長与専斎が、かつて東京医学校校長であった時、乱暴者のひきも切らなかった塾生達を宥(なだ)めるために福沢に屈強な慶応出身者の応援を依頼した際に、それら寄宿舎の塾監たちが北里にすっかりやりこめられたことを、福沢が心のどこかに微かに記憶として残していたのかも知れない。

2　伝染病研究所の移転

伝染病研究所の発展

長与専斎は、明治二十五年に完成した伝染病研究所に満足していなかった。それは、ドイツのコッホ研究所やフランスのパスツール研究所と比肩できるような設備と組織を持っていなかったからである。芝公園内に開設された伝染病研究所は、当初から手狭であった。どうしても新しい伝染病研究所を建てる必要があった。

こうして大日本私立衛生会は、早くも翌年明治二十六年一月には、研究所の移転を計画し、あきらかに拡充を目指して、東京府知事の富田鉄之助（一八三五〜一九一六）に芝区愛宕町の内務省用地の貸し下げを願い出て、翌月には了承された。その内務省用地とは、東京医術開業試験所構内の空き地のことであった。

この東京府知事富田は、仙台藩士で、勝海舟の下で学び、アメリカに留学して、ニューヨーク副領事を務めた後、帰国して日本銀行第二代総裁に就任した人である。杉田玄白の曾孫杉田縫と婚姻を結んだが、その際の媒酌人が他ならぬ福沢諭吉であった。その意味では、福沢の息がかかっていたのだが、ここではその福沢の人脈の筋があまり効かなかったようである。なお富田はその後、貴族院議員を務め、また富士紡績創業などに活躍した人物である。

この内務省用地貸し下げと同時に、医学者としても功績のあった、当時衆議院議員の長谷川泰を中心に、島田三郎、高田早苗らが諮って、議員ら百七十五名の賛同を得、伝染病研究所補助費の建議案である「大日本私立衛生会設立伝染病研究所補助費ニ付建議案」が議会に提出された。

ここでややこしいのは、この大日本私立衛生会の動きとは別に、私立の伝染病研究所創立からわずか二カ月もしない内に文部省と東京大学医科大学が、新しい伝染病研究所と附属病室の建設を目論んでいたことである。

衆議院予算委員会の文部省予算主査であった長谷川泰は、北里に伝染病研究所の所轄などに関する質問状を送り、それに対して北里は次のような返事を送った。

「拝啓　御書面ノ趣敬承仕候。陳者獨立ノ傳染病研究所ヲ文部省ニ於テ設立セラルル云々ニ候得共、小生ハ右文部省所轄ノ傳染病研究所ニ入ル業務ヲ執ルコトハ到底出来不申、否小生ノ好マザル所ニ候。右ニ就テハ種々ノ関係アリ其辺ハ貴台ニ於テモ御熟知ノ事ト奉存候間今更喋々不申述、因ッテ如何ナル方法ニ相成候共、小生ハ文部省所轄ノ傳染病研究所ニ入リ研究スルコトハ断ジテ御断リ申上候。ヨシ右研究所ノ組織彼ノ地震研究所ノ如キ方法ニ相成候共、小生ハ断乎トシテ其所ニ入ルコト出来不申、文部省ニ関係ナキ独立ノ研究所ニアリテ他人ニ喙ヲ容レサセザル即チ小生ノ思フ如ク研究ノ出来得ル場所ニテ独立ニ業務ヲ執リ度所存ニ御座候。右小生ノ微意ノ在ル所ヲ御賢察被下候ハバ幸甚ノ至リニ御座候。

頓首敬具

北里柴三郎

明治二十六年一月十一日

長谷川先生　　玉案下」

（『北里柴三郎伝』など）

この手紙にも如実に示されているように、文部省から冷たい扱いを受けた北里にとって、また医科大学長の大沢謙二の勧誘を断り、そこと拮抗しながらやっていこうと決心していた北里には、その軍門に下ることは到底容認できることではなかった。医科大学付置の伝染病研究所は、つまり東京大学医学部の軍門に下ることを意味していたからである。また「独立」した機関としての伝染病研究所を意図しているが、それはなお大日本私立衛生会から内務省管轄へ移管された組織として、なんらかの管轄下にあったわけで、北里の意思の中には、あらゆる首枷、足枷から独立した機関を構想していたのかも知れない。後の大正三年（一九一四）に、ついに文部省と東大の念願が叶い、伝染病研究所が内務省から文部省に移管されるに至った時、北里がなんの迷いもなく研究所を辞し、私立の北里研究所を設立するに至ったのには、こうした長い潜伏期間、前後の事情、それに企図があったのである。

結局、長谷川泰の奔走により、大日本私立衛生会伝染病研究所への国庫補助建議案が、衆議院で二月二十三日に上程（上提）されて、満場一致で可決され、同時に文部省（東大）案を廃案とさせることができた。政府はこの決議案に即してただちに追加予算を計上し、貴族院、衆議院の両院を通過して、三月六日に公布された。

三月十三日には、内務大臣井上馨名で、九項目からなる命令書が手渡された。このことは、また内務省対文部省の対立という構図を将来にわたって残すことを意味しており、やがて大正三年の伝染病研究所文部省移管までの長い道のりの出発点となったのである。

研究所新築反対運動

まさに伝染病研究所の新造建築物施工に着手しようとしたところで大問題が発生した。それは、新しい伝染病研究所の建つ芝区民の間で反対運動が起こったことである。

明治時代にはよく見られたことだが、江戸以来、いやもっとそれ以前から迷信深い庶民が、はやり病、伝染病と聞いただけで震え上がり、黴菌（ばいきん）なるものをばら撒かれては土地が寂（さび）れるとの思いから、迷妄な反対運動を始めた（こうしたことは、昭和の時代になっても結核サナトリウムに対する反対運動として見られた。そして、現在もこうした反対は後を絶たない。汚染源となる、地価が下がるといった様々な理由による）。

その反対運動の先頭に立っていたのは衆議院議員末松謙澄（一八五五〜一九二〇）、評論家かつ小説家である末広鉄腸（一八四九〜九六）、東大初代総長渡辺洪基（一八四八〜一九〇一）、子爵林友幸（一八二三〜一九〇七）など多数であって、時には既設の研究所に投石する者も出る始末であった。

その憂慮の原因の主なるものは、以下の如きものであった。

一　伝染病研究所であるから、疾病伝染の可能性がある。

二　消毒が完全には行き届かない。

三　上下水道によって病毒、黴菌などを拡散する可能性がある。

四　住民の感情を損ない、また土地の繁栄を害する。

また、衛生会会頭の土方久元（一八三三〜一九一八）に対して、区民暴動の虞れがあること、また、福沢と北里には身辺に注意するようにと御丁寧にも脅迫状が届いた。

「福沢老爺及ヒ北里ノ二人、期ヲ刻シテ砲撃シ、手足ヲ異ニシ、我々不吝死輩ノ思ヲ果スニ由リ、如クト覚悟シ、宜シク告知セヨ。
不吝死野侍及ヒ連名之レヲ報ス」

（『後藤新平』）

こうした混乱の中、ついに福沢の反撃が始まった。彼は、次のような論説を『時事新報』に載せた（明治二十六年七月五、六、七日発行）。

「同区の人民は苦情を唱えて之に反対し、遂に研究所立退の事を其筋にて請願せしに、其願意聞届けられずして詮議に及び難しとの指令を得たるより、昨今更に運動中なりと云ふ。蓋し同区民が反対の苦情を聞くに、区内に是種の研究所を設けらるゝときは、伝染病の患者は陸続こゝに集まりて其危険恐る可きのみならず、之が為目に近傍の営業商売に容易ならざる影響を蒙るに至る可しと云ふに外ならず。或は伝染病の名を聞て、其性質の如何を究めず、又その消毒法の有効無効を問はずして、只管これを恐るゝは、畢竟無智無識の然らしむる所にして、教育に乏しき区民の情を察すれば、自から恕す可き似たれども、左ればとて今の文明世界に学理を明にして次第に其行はるゝ所の区域を広くするは経世第一の要用なれば、（以下略）」（七月五日）

「伝染病研究所は其の名の如く伝染病の研究を目的とする（中略）実際に危険の虞れある可らざるは万々明白なるに、然るに単に伝染病云々の名を耳にし、其実を究めずして忽ち之に反対し、家に居ては無害に安んじながら、戸外に出てゝ有害を喋々するとは、余り軽率にして辻褄の合はぬ談なりと云はざるを得ず。（中略）伝染病研究所を府内に設置するを以て府下なりとせんか（中略）一区内の問題に非ざるのみか、仮令ひ市会の議に上ることあるも、斯る大問題の決行は果して実際に出来得べき事なるや否や。」（七月六日）

「昨今更に聞く所に拠れば、区民云々と云へば同区の人民は一人残らず反対の意見なるが如くなれども、実際には然らずして最初より其運度に関係せざるものも多きのみか、区内上流の人々の中には一時は事の行違よりして反対の説を唱えたるものもありしかども、次第に其事情を詳にするに随ひ、全く釈然として今は却て反対の鎮撫に従事するの有様なるより、真実反対の運動を為すものは少数なる一部分の輩に過ぎず。」（七月七日）

このように三日間かけて福沢はじっくり反対の説に説得力がないことを諄々と説いたのである。その論はいささか自分に利あるように、相手をやわらかく罵倒しているようなところもあり、北里のために一肌脱いでいる福沢の気風がよく現れている。また福沢は実子捨次郎を伝染病建設予定地近くに住まわせ、どうして可愛い吾が子を危険な場所に置けようか、と問うたのである。

伝染病研究所（愛宕町）

伝染病研究所の開設者たる北里が表立ってその運動に異を唱える訳にもいかず、ただ黙々と研究と医療に尽くすしか手だてはなかった。この反対運動のために工事は遅延をきたし、北里はついに研究に集中することができなくなっていた。もしこのままおれば研究は進まず、ついに七月十七日に業を煮やして大日本私立衛生会に辞表を提出するに至り、おそらくはまだ有効であった海外からの招聘に応じて再び故国を出、海外に活躍の場を求めることを考慮するに至った。

この状況を知った大日本私立衛生会は驚愕し、北里がこの職務を全うしてくれることを切望して、事務担当者にかつての上司であり、また東北などを共に出張した内務省役人永井久一郎を充て、また福沢諭吉や、星亨、島田三郎などの慰撫もあって、ようやく北里を押し止めることができた。

当初計画を許可した東京府知事の富田までもが、大日本私立衛生会の建築願に対して、名称変更を示唆するまでになった。それは以下のようなものだった。

「伝染病室を人家稠密の地に設け候儀は本府に於て許可せざる様芝区民より出願の旨も有之、然るに本願の病室は虎列刺天然痘を除くと雖も伝染病の名称は公衆の感情を害ふに至らん。因りて伝染病の三字は避け名称更正の上更に申出づべし。」

また、この研究所新築に際して衛生局長の後藤は特段の働きをし、「往々言明し難き謀略を運らした」（金杉英五郎「牛庵野人雑言」）のである。それは、たとえば以下のようなことだった。

「伝染病研究所を芝に建てようと時に、非常な反対が各方面から起った。殊に芝の町民は、こんな危険なものを建てられては困るといふので、激烈に反対した。そうすると、衛生局長の後藤伯が、一日屬官にむかつて、

『あの伝染病研究所の敷地の前に建ててある看板に、今晩行って、墨をいっぱい塗って来い。』

と命じた。これを聞いた屬官は、非常に吃驚したが、何しろ長官の命令だから、夜陰に乗じて、

その通りにやって来た。

するとその翌日、町の人が起きて見て、大騒ぎになった。実に卑劣千万な事をする人間があるものだ。如何に伝染病研究所に反対すればとて、政府が建てた立看板に墨を塗るとは怪しからん、と町民の与論は反対の方に変わってしまった。そのお蔭で、今建っている所に、出来るようになったのである。」

善良なる研究所反対派の運動を、わずか墨一塗りで変えてしまった後藤の策略は、見事というか、人の裏を掻くというか、人心の把握に秀でていたとしか言い様がないのである。

また、芝区民の反対とは別に、帝国議会で伝染病研究所の費用補助の予算案が立てられ、政府公認となるに至って、ついに東京都知事も研究所および病室建築許可を出さざるを得ず、その造営は明治二十七年二月七日をもって完工するに至った。

そして、政府から大日本私立衛生会伝染病研究所への、創立補助費二万円、研究補助費として三年間毎年一万五千円の下付も決定した。

このように政府から六年間の補助費を得た後、研究業績をおおいに上げ、その功績が著しかったため、明治三十二年（一八九九）に国家の経営に移され、大日本私立衛生会はすべての設備を国に献納した。ここに伝染病研究所は内務省所管の国立研究機関となったのである。

結核専門病院

福沢は、伝染病研究所に引き続いて、さらに結核研究のためにより多くの患者を集めるという理由で、結核専門病院の設立を長与と共に進めていた。そのために再び自分で所有する土筆ヶ丘（つくしがおか）の土地を提供したのである。

それはコッホが結核菌発見（一八八二年）に引き続いて、いままさにその治療法を編み出したばかりの時だった（明治二十三年〔一八九〇〕）。結核療養所こそ福沢の発案であった。開院にあたって福沢はこの結核病院を「土筆ヶ丘養生園」と名付けた。

伝染病研究所の開所に当たって猛反対があったにもかかわらず、この養生園には北里の病院であるというので門前市をなした。その定員六十名がいつも一杯で、かつ空席待ちの人がひきも切らなかった。北里の令名は天下に鳴り響いていたのである。いや、そこには世界に先駆けてツベルクリンという結核治療薬を発見したコッホに就いて直接学び、帰朝したばかりの北里がいたからである。ツベルクリンをもっとも効果的に使える医者が日本にもいたという評判が評判を呼び、門前市を成したのである。

また、福沢は伝染病研究所の将来について深い洞察を持っていた。

今後にわたって国の補助を得ることはある意味で難しいかも知れない、それゆえいつでも経済的に自立できるように按配しておくことが大切だという意見であった。それには病院の収入をきっちり蓄財して万が一の場合に備えておくことだと説き、ただちにそのための人材を自分の慶應義塾から提供した。それが後々まで北里研究所の事務長を務めることになる田端重晟（しげあき）（一八六四〜一九四五）である。

この病院経営とそこでの蓄財こそ後に北里の苦渋と苦難をあっさり救う一大切り札となったのである。しかし、ここで北里の結核診療所に関する違った見方があったことを紹介しておく必要がある。それは細菌学研究家としての北里と、結核等の診療活動をする北里の日本での活躍の仕方に関する見方である。それは金杉英五郎の追想に見られる。

「其処で長与さんより福沢さんに紹介して森村さんとも相知るに至り、芝山内に私立の小研究所と広尾に養生園とを作るの運びと為ったのである。当時拙者も後藤さんも北里さんの孤立に同情したのであるが、研究所を設立して細菌学研鑽を専らとすべく、今更ステトスコープを使用するの業に転ずるが如きことは、斯学上の大損失なることを力説したのであつたが、福沢さんが既に頻回時事新報紙上にツベルクリンの効力を宣伝したる為めに、結核患者は雲の如く群集するに至つたので、北里さんをして十余年間手に触れざりしステトスコープを復び振廻はすの止を得ざるに至らしめたのであつた。此事は物質上よりは幸福であつたかも知れぬが、学術上には大なる損害であつたかも知れぬ、拙者も後藤さんも伝染病研究所に関することは、聊か微力を致したが患者診察丈けは同意し無かつたのだ、其事は北里さんも終始面白からず居られたようであつたが、意見の相違は是非なきことゝ思つて居た、一方より申せば其精力の絶倫なるに驚嘆せざるを得無かった、何となれば北里さんは四十年一日の如し毎朝六時に養生園に出勤したが、其上何れの時代にても研究所の仕事の人一人前以上は為しつゝあつたのである、唯忌憚無く評すれば其仕事は伯林滞留中に比して漸次幾分か疎漏に為つたことは、一般に認むる所にして臨床と基礎とを兼ねつつありたること、並に手下に共働者が沢山出来たこととて已むを得ざることであろう、尤も養生園経営はツベルクリン研究の延長であると観れば、反対派の言うように深く咎むる程の問題では無いと思われぬでも無い、又北里さんとしても其意思であったものと推察すべきである。」

（金杉英五郎『極到余音』）

しかし、北里の土筆ヶ丘養生園が賑わいを見せる一方で、奇妙なことに天下の東大はこと結核に関してはあたかも無関心を装っているようだった。確かにコッホのツベルクリン発見の報に接してただちに日本政府は東大の三人の学者をベルリンに派遣したが、コッホからにべもなく断られ、その理由が膝下に北里という高弟がいるからということだった。この後、青山胤通が日本最初の肺病内科を東大病院に設けるのであるが（肺患に倒れることになる石川啄木も正直太夫こと斎藤緑雨も、森鷗外に紹介された樋口一葉も青山の世話になった）、専門の研究コースは設置されなかった。むしろ、「結核のことは北里に聞け」という態度だった。そこに、官学の結核蔑視があった。当時死亡原因第一位として最大の死亡率を誇っていた国民病とも言うべき疾病であったのに、あたかも研究に値しない題目であるかのように東大は振る舞ったのである。

それゆえ、後に結核病学会が設立されることになった時、東大はその設立に熱心でなく、大日本私立衛生会と共に北里がその精力を傾けなければならないことになった。そこには、後の昭和三十一年（一九五六）に九州の熊本水俣にいわゆる水俣病とよばれる水銀中毒問題が生じた時、熊本大学がその同定に尽力し、その科学的結果を公表した時、東大がそれを強く否定したような事大主義、権威主義、政府の御用学者的姿勢が見られる。また、東京工業大学、東邦大学の研究者も、水俣病別原因説を提出した。

対立の構図　以下に医学雑誌『衛生療病志』の「傍観機関」欄に、「観潮楼主人」の署名で発表された、「岡目集（俳句七句）」を見てみよう（明治二十六年八月九日第四十四号掲載）。ここで観潮楼主人とは、よく知られているように軍医森林太郎、鷗外のことである。

反動機関のいはく伝染病研究所建設地問題は何故に中央衛生会に諮詢せざる
助言をかしあつさに碁の手のゆるむ時
　北里柴三郎が辞表
濁されたあともしみづは清水かな
　反動機関は今さらに芝区某等が上を云云す

ここには、かつてドイツにあって北里と親しみ、時には北里のために忠言を行い、また内務省、陸軍省医務局長を兼ねていた石黒忠悳の命をもあえて翻させるために献身的努力をした森が、官の立場から民に下ろうとする北里を揶揄している様はいかにも苦々しい。

また、中浜東一郎と北里柴三郎の関係は、いかにもうまくいかなかったようである。それは、中浜が東大閥の森林太郎、賀古鶴所らと仲間であったこととも無関係ではない。

もうひとつは別の箇所でも述べたように（第五章参照）中浜が宿痾に悩んでいたこととも無関係ではない。その宿痾（結核）は、長男幸をも奪うものであった。

「明治二十七年四月十三日雨、本日午後頃軍医学校に於て森と会合する筈なりしが森に都合あり十一時過三河町の西洋料理店にて会せさんと申し来る。（中略）森は先つてあり秘密事件を告く。曰く昨年衛生局長後藤新平非職となるや都築聲六は森林太郎を内務省に招き密に参事官室に勤務する事を勧めたり、森は二回程内務省に趣き相談する処あり、後衛生局長に転せんとするの相談あり。然るに兼務にあらず局長専務となるへき筈なりと陸軍次官の話なれは石黒忠悳等の大に斡旋する所あるにも係はらず遂に立消となれりと。又曰く北里柴三郎近頃森に対して曰く、中浜は宿痾あれは大に摂生を要す故に医術開業試験委員長の如き閑散の地位に転ぜしむるべき話ありと。呵々、彼等は余か剛骨なると正直なるとを憚り遠けんとするの意なるべし。長与、石黒等は互いに呉越の如きも己等の利益の為めに北里を近け我を退けんとす、可悪哉。聞く青山に新築したる病院は福沢、長与、北里三人か利益の為に造る所にして賄の利は福沢、席料は長与、患者より得る薬料等は北里の利益なりと、呵々。」

（『中浜東一郎日記』）

ここに、中浜の思惑は別にして、森、北里、青山、福沢、長与が互いに密接に連絡を取り合いながら、徐々に中浜を医療の舞台から遠ざけるようにして働いている姿がほの見える。そこに、積年の中浜の恨みもあり、それがひいては昭和六年の北里の逝去に伴う切実な中浜の感想となったのであろう。しかし、こと中浜の健康に関しては、肺結核の疑いが濃く、実際、ベルツと青山の診察を受けているのである。

「明治二十五年十一月二十九日　青山博士の診断を受く、右前上部に『ラッセル』あり又左下前後に半濁音部ありと云ふ。今夜転地療養する事に略決す。」

「明治二十六年二月十八日　青山博士の診断を受く。彼曰く左側下部に濁音あり左肺尖は kurz なり但し水泡音なしと。」

また、それとは別に、明治二十六年二月一日の中浜の日記にあるように、北里は試験所が行ったツベルクリンの試験法を批判する文章を一月十八日の中央衛生会の会議で述べていたのである。次に中浜は北里に直談判に出かけている。

「明治二十六年二月二十日　内務省に趣く。北里に面会、過般中央衛生会に於て余か『ツベルクリン』試験を誹難し、動物試験にては精密なる試験を為すを得す人身に験するを要す、試験所には此の如き試験を為さす故に廃すべしと云々。余は『ツベルクリン』の真贋は動物試験にて十分に判別するを得るか故に廃止するの要はなく人身に毒物を試験するは到底為し能はすと。彼曰く前説を取消すへし、只に真贋の検査には試験所の検査にて十分なりと。」

「二月二十三日　衛生局に於て後藤に中央会にて決したる省令（ツベルクリンに関する）取消並に同薬試験法の調査を報告するを希望する旨を述、彼曰く調査必要を見すと。」

「三月十五日　中央衛生会を聞き港規則を議し終りて余は『ツベルクリン』に関し石黒、北里等の説（前々会余転地中）を弁駁す。」

明らかに、中浜は北里のツベルクリン有効説に疑問を唱え、その説に同調する中央衛生会そのもの、およびその幹部をも批判の対象にしていたのである。

研究所の人事　伝染病研究所の人事は滞りなく行われ、研究、事務方両方に北里の威令は行き渡ったようだった。

研究においては、北島多一が、事務においては田端重晟（しげあき）が取り仕切った。伝染病研究所において、北里の采配を事務的に見事に具現して見せたのは、福沢諭吉が送り込んだ慶応出身の支配人の田端である。

ここで、田端の就任までの秘話を繙いておこう。

田端は、おだやかでない言葉だが、「福沢先生に騙されてこんな所に来た」と言っている。それは、福沢が北里に田端を売り込む言葉として、「おまえは学者だから、金の貯めようを知らないだろうから、金の貯め方のうまい奴をつけてやる」と言い、一方、当の田端には、「細菌学というのは大したもんで、これから酒でも味噌でもみんな細菌でできるようになる。おまえ、うんと金もうけできるようになるから、おまえ行け」と言って、無理矢理押し込んでいる。友人は、皆会社の社長か重役になっているから、田端としては、最初小さな研究所の事務長クラスで燻（くすぶ）っていたので、詐欺にあったような気分だったのだろう。

しかし、福沢が見込んだだけあって、田端は実に見事に事務を取り仕切った。研究所の運営も、また併設した土筆ヶ丘養生園の運営も、軌道に乗り、余剰金を産んだ。この余剰金は、裕福な北里の生活を支えもしたが、また利益は大切に保管され、それが三十余万円にもなって、やがて北里の危機を救う元手となったのである。それが後に述べる大正三年に起こった、世に言う「伝研移管問題」であり、その時に伝染病研究所を辞した北里は、この三十余万円の資金でもって新たに北里研究所を創設することが出来たのである。

この不思議な人物田端重晟は、日記や記録を残さなかった北里の代わりに、日録や備忘録を残してくれている。しかし、事務長に田端重晟がついたところにも福沢諭吉の影がある。つまり彼は、慶応の学生であり、また福沢の婿養子桃介の親友でもあった。

田端重晟は元治元年（一八六四）に埼玉県で生まれ、上京して福沢諭吉の塾生として学び、明治二十一年（一八八八）慶応義塾別科卒業と同時に北海道炭鉱鉄道会社に就職していた。しかし、明治二十五年北里が福沢に慫慂されて養生園を創立するにあたり、事務一切を取り仕切るために、わざわざ福沢が北海道から呼び寄せたのであった（この設立理由は、すでに述べたように、安定した伝染病研究所経営のためであり、また福沢が、研究所の将来の必ずしも明確でないことを慮った、資産の蓄積による先行投資でもあった。それは、やがて伝染病研究所移管に際して大きな力を発揮することになる）。

この田端重晟は、明治二十一年から昭和七年までの二十九冊の日記を残しており、北里および北里研究所を知るのにもっとも好都合な資料だが、現在まで活字化されておらず、その一部が『北里研究所五十年誌』などに部分的に使用されているだけで、そこから垣間見るしかない。

この田端の、面白いもう一面に触れておくならば、なかなか筆が立ち、と言っても文章がうまいというよりは、実際に揮毫（きごう）することも得意だったということで、どうやら世に出回っている福沢の書、さらには手紙の一部はこの田端の手によるらしい。その上、北里の書の一部も田端の手による疑いがあると弟子が漏らしている。黒衣（くろご）に徹したその生き方が、二人の巨人の間をうまく取り持っていたのであろう。福沢、北里の二人を活かしたという点で、田端もまた一角の人物であったと言わなければならない。

少し横道をすれば、この田端の親友福沢桃介（とうすけ）（一八六八～一九三八）は、川越の提灯屋岩崎紀一の次男坊だった。

彼の家は貧しかったが、神童といわれるほど勉学に秀でていた。丁稚奉公にやらされる状況だったが、桃介の才能をおしみ、近隣の裕福な家が学費を支弁してくれ、そのまま進学することができた。また学校は福沢諭吉の慶応義塾がよいとすすめられ、桃介は慶応に学ぶことになった。明治十六年夏、数え年十六歳の岩崎桃介は東京に着いた。

慶応では、彼よりも一年おくれの藤山雷太（一八六三〜一九三八、政治家、息子の藤山愛一郎も政治家）などといっしょに独立同盟会という結社をつくり、演説討論に現をぬかしつつ、他方かなりの悪戯、わるさもやった。他の学生たちが勉強を邪魔したり、二階から小便をして福沢諭吉に叱責され、非常に立腹した福沢は、桃介に退校を命じるが、田端重晟、石井甲子五郎などの友人が謝って、ようやく事なきを得た。

桃介は福沢諭吉の次女房の婿養子となり、翌明治二十四年一月、房は無事長男（駒吉）を出産した。桃介は北海道炭礦汽船の東京支社で「買炭係支配人」となり、慶応義塾の大先輩井上角五郎専務の参謀となって、石炭の販売から海外輸出を一手に指揮し奮闘して、会社の業績を飛躍させた。

明治二十七年七月、日清戦争が勃発、イギリス籍の貨物船を購入した。八月初旬、桃介は船の受け渡し式に出るため、横浜の埠頭に停泊している船の甲板で喀血。二十七歳のことだった。かなり進行している肺結核と診断され、仕事への責任感から病状が悪化していた。療養に専念して、土筆ヶ丘養生園での入院生活はおよそ八カ月、その後大磯海岸に転地療養した。

桃介の病は、およそ三年の療養生活で完治した。桃介は北海道炭礦汽船を休職の後、退職し、王子製紙の取締役となったが二年ほどで辞任。その後、「丸三商会」を松永安左エ衛門（一八七五〜一九七一）とともに開業し順調に業績を伸ばしていった。その後、丸三商会を破産に追い込まれ、この事の心労と過労が重なり、肺結核を再発させてしまった。

一方、明治三十四年一月二十五日、岳父諭吉は脳溢血の再発で危篤に陥り、二月三日に永眠した。そこで、諭吉から解放された桃介は、冷静に自分自身を見つめ直して独立し、名古屋で電力王と崇められ、その後、妻子とも別れて、女優川上貞奴（かわかみさだやっこ）（一八七二〜一九四六）と結ばれ、死別するまで共に幸せに暮らした。

北里と北島

研究の方の責任者である北島多一は、一番で東大医学部に入り、授業料免除の特待生であった。明治二十七年に卒業試験が終わった時、医化学担当の隈川宗雄（北里の同級生）から、北里にドイツから帰還したばかりで目下伝染病研究所を建築中であるが、細菌学に興味を持っている人物を紹介してくれるように頼まれていると言われた。その当時、東大と北里の間が円満でないことを知悉していたが、北里の言動を見て、北島は北里に将来を託す決心をする。

そのことを知った医科大学長の青山胤通は、驚いて北島を招き、一番で卒業した北島なら東大にきっと残るだろうと思っていたこと、北里の招きを応ずれば東大との縁は切れること、残るならドイツ留学をさせてやりたいことなどをつらつらと述べた。

明治二十五年に伝染病研究所ができ、翌二十六年には、土筆ヶ丘養生園を開設、さらに二十七年には芝区愛宕町に伝染病研究所の新築建物を建てて移転。ジフテリア抗血清の製造と医療での使用を始めたばかりだった。養生園の繁昌ぶりも、新築研究所も、北里にとっては新たな研究と経営の展開を図るべき時期に来ていた。

そこで持ち上がったのが、中国雲南省でのペスト騒ぎだった。感染すると致死率九〇％にも達するペストは、やがて日本との交易の盛んな香港に飛び火していた。

第六章　香港でのペスト菌発見

1　ペスト調査隊

準備

北里が明治二十五年（一八九二）に伝染病研究所を設立してからわずか二年後の明治二十七年に、研究所の存在意義を示す絶好の機会が巡ってきた。中国雲南省の南部山岳地帯に常在していたペストが、三月には中国南西部の北海に拡がり、さらに広東（かんとん）へ拡がって、ついに四月には香港（ほんこん）にまで到達した。ペストの流行である。

当時、日本は香港経由で多くの労働者を受け入れており、外国から流れ込んだコレラの苦い経験から、香港駐在の領事館から、詳細な情報が外務省に伝えられていた。かつ、それからすぐの五月十二日、香港領事中川恒次郎から内務省衛生局長高田善一に、ペスト発生の報があった。外務省の年間百円の電報代のため報告は遅れていた。しかし、香港領事からの「ビューボニック・プレーグが流行つて毎日数百の人が死ぬ」という電報が外務省から内務省に廻り、判任官保健課長をしていた柳下士興(やなぎしたことおき)が、仲の悪い中浜東一郎には見せず、明治二十六年に鹿児島病院長をしていたのを罷めて北里柴三郎の弟子になった高木友枝（一八五八～一九四三、他の助手二人は、石神亨と浅川範彦）のもとに持参した。高木は図書館で調べ、その病気がペストであることに思い至った。高木はすぐさまヨーロッパ中世で厖大な死者を出したこの病の研究に、北里と言う細菌学者がいるのだから政府はよろしく調査委員を出すべきとの意見を具申した。柳下は、それを衛生局長に告げず、直接内務大臣に具申し、いきおい調査隊が実現することになったのである。

外務省が黒死病の日本への侵入の危険を通報し、五月二十五日には勅令第五六号を公布して、すでに明治十五年に布告されていたコレラ船舶検査規則を適用して船舶検疫を実施したのである（検疫の英語は［quarantine］で、それは、中東からの伝染病到来の多かったイタリアのヴェニス港外に外国船が四十日留め置かれたことに語源があるイタリア語「四十」［quarantina］に由来する）。

当時、北里はドイツからの帰国後間もなく、また官学からは招かれず、二月に芝愛宕下に新築落成したばかりの私営の伝染病研究所を運営していく上で、これは限りない名誉をもたらすものとして、逃がすべからざる好機であった。

時の政府はただちに伝研の北里と東大の青山胤通にペスト発生地の香港への派遣を命じ、二人はチームを組んでそのペスト対策、ペスト菌発見に邁進することとなった。

香港派遣ペスト調査隊は、北里、青山を含めて六名であった。他の四名は、伝染病研究所助手石神亨、大学病理解剖学教室助手宮本叔、学生木下正中、さらに庶務を司るために内務省技手の岡田義行が同行した。

出張の期間は一カ月で、フランス細菌学の泰斗パスツールの援助によって創設されたパスツール研究所がサイゴン（越南、今のベトナム）にあり、そこから研究員が派遣されて来て研究することは火を見るよりも明らかだった。

しかし、このペスト調査のための香港派遣は、単なる細菌学的調査というには大がかりなものだった。たとえば、六月三日に催された送別会なるものは、帝国ホテルに参会者三百余名を集め、発起人代表は山根銀次が務め、高田善一衛生局長、小金井良精医科大学長（一八五八～一九四四、喜美子夫人は鷗外の妹）らの演説があり、参会者には高木兼寛海軍軍医総監、伊東盛雄侍医（内科小児科）、浜尾新大学総長らがあった。

この歓送会の規模、人員から見て、これは単なる学術調査とは異なる、国家的威信と学術的名誉をかけた派遣であったことが窺い知れる。その様子を伝えた『東京日日新聞』はこう書いている。

「近来医師社会に於て稀なる盛宴なりし（中略）北里、青山両博士の香港行は恰も兵士が戦地に赴くが如く国家衆民の為めに一生を犠牲に供せんとするの覚悟を以て進むもの。」

（明治二十七年六月五日号）

なおこの記事の最後には、学生木下が自費をもってこの調査隊に参加していることが告げられている。またこの記事の載った同じ号の次のページには、医学士高田畊安編纂の『黒死病論』（医海時報社）の広告が掲載されている。

調査隊の一行は、六月五日午前八時五十分の列車で新橋を発ち、午後四時にアメリカ船リオデジャネイロ号に乗って横浜を出航した。

ペスト菌発見

六月七日には内務省で中央衛生会の会合がもたれ、黒死病予防方法について審議した。同日、香港から厦門（あもい）経由で長崎に入港したアメリカ郵便船ペリュー号では、乗組員の中国人が途中で死亡し、水葬に付した旨を検疫官に報告し、同船は消毒を施行された。

香港での伝染病の景況はどのようなものだったかと言えば、五月三十一日より六月七日の間に、ペストによる死亡者五百七十七人、治療中の患者二百三十人という有り様であった。また、中川領事の報告によれば、中国人の「不潔なること名状すべからずして汚穢物の堆積」している状態だったし、その「汚穢物を掃除移動したるにより滋ゝ病毒を発生散布」したとする説も囁かれていたのである。

六月十二日午前九時頃香港に到着した後、調査隊一行は中川領事とすぐさま善後策を講じた。さらに翌十三日、香港政庁の公立民事病院副院長のラウソン（James Alfred Lowson, 1866-1935）と打ち合わせして、その後香港を巡回して適当な研究場所を探した。結局、ケネディ・タウン病院の廊下兼物置をにわか造りの研究室にして、そこで棺桶の蓋を解剖台にして、剖検しかつ検査資料を採取することになった。

なぜこんな粗末な場所で、蠅にたかられながら解剖と検査をすることになったかと言えば、中国人が極度に解剖を嫌っていたという事情があった。それゆえに、病院で死亡した患者の遺体を、墓場に搬送する途中に消毒と称して、密かにこの仮の研究室へ引き入れ解剖していたのである。

もっとも病毒から身を守る解剖用ゴム手袋はなく、コロジュウム（collodium, ニトロセルロースとエタノール溶媒の液。溶媒を蒸発させると透明膜をつくる）を手に塗って手袋代わりとし、また昇汞水（しょうこうすい）に希硫酸を加えて消毒液とした。この昇汞とは、塩化第二水銀で、消毒に用いられ、別名「猛汞」とも称していたものである。なお、塩化第一水銀は甘汞（かんこう）と呼ばれ、下剤として医療に多用されたものである（十九世紀までの西洋医学は、その中心にギリシャ時代のヒポクラテスから発する液体病理学説を採っており、主な治療法とは、瀉血（しゃけつ）、放血、刺絡（しらく）、栄養療法、安静療法、下剤処方、軟膏（なんこう）〔しばしば辛子軟膏を胸に塗るというようなもの〕、運動療法くらいのものであった）。なお、この急造りの解剖室では、タールを用いて、汚物を始末し、悪臭対策としていた。

北里は、この調査のために日本から持参した小型コッホ釜、ガラス器具類、

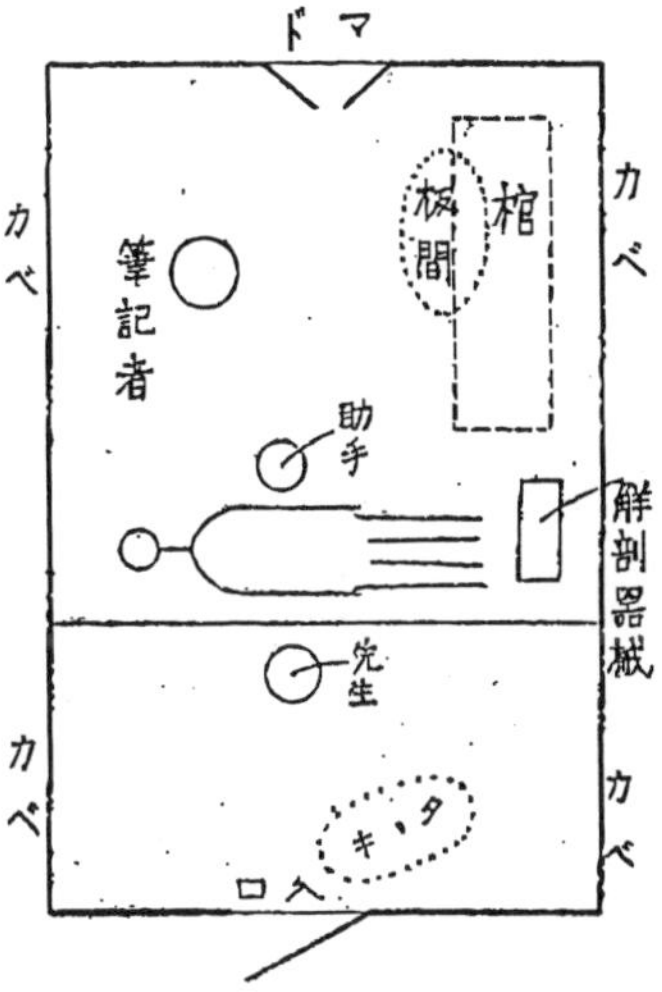

香港における青山胤通の解剖室見取り図
（『日本医事新報』臨時増刊号「近代名医一夕話」〔第一輯〕）

細菌培地など必要機材を研究室に持ち込み、細菌学的検査に備えていた。北里の頭の中には、今回のペスト調査の方法や装備、人員配置の問題が、周到に計画されていた。いわば香港に着く前に、否、日本を出る前に、勝負はついていた、と言えよう。

解剖は六月十四日から始まり、第一号のペスト患者の遺体が運び込まれた。

サイゴンのパスツール研究所研究員のフランス人イェルサン（Alexandre Émile John Yersin, 1863-1943）は、召使い一人だけを連れて六月十二日サイゴンを出、十五日に香港に到着。十八日から同じ病院で研究に着手した。

青山が解剖を担当し、北里が臓器の塗抹標本を作成し、アニリン系色素で染色して顕微鏡で検査（鏡検）し、さらに血清寒天と不通寒天培地において培養試験をして、それを動物にも接種した。

出発前から北里は、主に血液、脾臓、リンパ腺腫を調べると述べており、実際血液を入念に調べ、そこに多数のペスト菌を発見したのである。その検査の際には、すでにペスト菌の形態が鶏コレラ菌（Pasteurella avicida, 1879, later Pasteurella nultocida, 1939）や肺炎球菌に似ていると述べており、それらの菌の混入を排除できるように検査を厳重にしていた。北里は、ペスト菌の発見を確信したのである。

北里の最初の研究論文はこの鶏コレラ菌に関するものであり、また肺炎球菌は、北里がコッホ研究室に入門した年一八八六年に、同門のフレンケルが発見していたものである。つまり、北里は、ペスト菌周辺の紛らわしい細菌全体を良く知る立場にあったことになり、それらを取捨選択してペスト菌を発見しやすい状況にあったと言える。

北里は、香港到着の翌々日の六月十四日には、早くも助手の高木友枝にペスト菌発見の報を電報で通知している。この後、検体数（検査数）も増え、コッホの三条件は、もちろんすべて満たされるように実験が繰り返されたのである。幾多の辛苦を押して、十五日間に解剖十九体、診察四十五人を行った。

ここで、もう一度くどくどとこのコッホの三条件を述べておけば、次のようなものである。

一　病原菌が、その病気のすべての症例に見られること。
二　純粋培養したその病原菌を、動物に接種することにより、その動物を発症させかつ同じ症状を示すこと。
三　罹病した動物から病原体を再び分離し純粋培養でき、さらに繰り返し発病させることができること。

これらは、元々ヘンレの条件と呼ばれていたものを、コッホが細菌学的検査に不可欠なものとして確立した条件である。

こうして、北里は六月十八日にはペスト菌発見を公表するに至った。イェルサンは、彼の日記によれば六月二十日にペスト菌を確定し、同二十四日付けで母親にその旨を通知している。

六月十九日午前十時十分電文が北里によって発せられた。

「今回彼の黒死病の病源を発見せり」

『東京日日新聞』は六月二十日付（第六七一九八号）で「黒死病の発見」というタイトルで、北里と青山の快挙を伝えている。もちろんそれは「其詳細は未だ得ずと雖も吾曹は北里博士が黒死病の原因を発見したりとの一電を得て雀躍の至りに耐えず」という風に、確定したものでなかった。

なお、この時、北里を助け、また北里が最初のペスト報告をイギリスの医学雑誌『ランセット』（*Lancet*）に掲載するのに骨折ったラウソンとは、一八六六年にスコットランドのフォルファーで生まれ、エディンバラ大学医学部で教育を受けて、一八八八年の卒業後ただちに香港に向かった人物である。

ラウソンは、香港で英国人のクリケット・チームで活躍し、今日でもなお記憶されている人物である。また一八九二年の船舶事故で百数十人が溺死した時に助かった二十三人の一人だった。

北里が、ペスト菌の同定に急ぎ、そして完全にグラム陽性か陰性かを確かめずに、あるいは間違ったまま、ペスト菌発見の公表を急いだ理由は、国際的名誉ということであった。それを求めていたのは、新設なったばかりの伝染病研究所の国内外での評判を強固なものとするための政策もあっただろうし、また師コッホが長年細菌学で先陣争い、本家本元競争を繰り広げてきたフランスに、弟子として一矢報いたいという気持ちもあったのであろう。パスツールの弟子イェルサンが、数日をおいて香港に派遣されてきていたのである。そして、同じ建物の中で、同様の解剖と顕微鏡検査を始めていたのである。

伝染病研究所の所長として、広告塔として、これほど効果のある名誉と宣伝はなかったのである。その意味でも北里は、強いリーダーシップを持っていたし、また発揮もしていたのである。

ペスト罹患

このような発見の偉業の後に、予想外の事故が起こった。

六月二十八日夜、二週間余の研究と調査が無事完了したので、北里と青山がホストとなって、ペスト調査に関して便宜を図ってもらった香港政庁の要人、英国人医師ラウソンたち、日本国領事などを招き、香港ホテルで感謝と慰労の晩餐会を開催した。

会が終わる頃、青山が発熱。翌朝には石神も同様の発熱。当初は病名不詳であったが、やがてペストであることが確定した。そして二人を病院船ハイゲイア（Hygeia）に移した。

実はパーティー開会直前にすでに青山胤通は、左の腋の下のリンパ腺の腫れに気がついていた。自室にもどったとき、青山は三十九度三分の発熱があったので薬を飲んで床についた。石神亨は、衣服を着替えるときに腋の下のリンパ腺の腫れと痛みを感じ、翌朝高熱を発した。二人は、典型的な腺ペストの症状で死線をさまよった。ペストで亡くなった遺体を解剖した際に感染した可能性が高かった。

まだその情報の伝わっていなかった日本では、ペスト菌発見の御祝いもかねて、大日本私立衛生会を事務所として北里青山両博士歓迎会の準備が進められていた。その通知文は、「北里、青山両博士

ペスト調査団一行
（前列左から２人目が北里，前列右端が東大の青山胤通）

此程香港に於て流行のペスト病源を発見し全世界の名誉を荷ふて其帰朝を期も遠からざる由に付官民朝野の別なく大に歓迎の盛会を催」そうというものであった。

香港の北里は、内務省衛生局に電文を送った。

六月三十日午後五時五十二分発信。「青山石神黒死病に罹りたり其他は皆健康」

七月二日発信「青山、石神先つ同様二三日立ては分る」

しかし、七月三日の『郵便報知新聞』の一面トップには「世界の恩人青山博士の重患」という文字が躍った。

「忽ち悲報あり、青山博士石神大軍医黒死病に罹れりと、続いて又報ずるものあり、二氏の病状頗ふる危篤なりと」

同時に青山は、特旨をもって従六位の位から位階を一級進められ、正六位勲四等旭日小綬章を授けられた。休職中の石神大軍医にも正七位叙勲五等賜双光旭日章が与えられた。

青山、石神の罹患報道は詳細を極め、たとえば青山が香港で都合七人を解剖し、八人目の途中で罹患したこと、また北里の帰朝を井上内務大臣が命令したことになっていたが、無根であることが書かれ、さらに佐々木東洋博士の如きは、かかる危険の地に青山北里両博士を派遣することに不同意であったこと、さらに青山博士の解剖室は恒に石炭酸蒸気を充たしめていたことを報道した（これは英国のリスター〔Joseph Lister, 1827-1912, Baron of Lyme Regis〕が、石炭酸によって解剖などの際に腐敗、黴菌伝染がないように工夫したものをそのまま真似たものである。なおリスターは英国の外科医で、外科手術の際の消毒法を編み出した人物である）。

青山危篤の報を森林太郎陸軍軍医が青山夫人にいち早く伝えた。「主人は出発のとき、今度は生きて還れぬかも知れないが、研究だけは立派になし遂げなければならないと非常な決心で出かけましたから、私も、主人がペストに感染したと聞きまして、最早無き命と諦めています」と婦人は気丈にも覚悟のほどを示したという。青山は死を覚悟していたのである。

また石神亭も、死を覚悟し、ついに遺書を認めた。

熱は四十度、ひどい頭痛の中、苦しみながら四時間かけて鉛筆書き遺書を認めた。その遺書は、次のようなものだった。

「吾が最愛なる八重子よ。今卿（けい）にこの書を書き遺すの不幸に遭遇せしは、我が家族の一大不幸にして最も悲しむ。余は実に黒死病に罹れり。此の病に罹る者は十中八九必ず死を免れず。故に余亦死亡するものと覚悟せざる可らず。然れども命は神のものなり。如何に死を覚悟すればとて人の義務として充分なる加療を要す。余は罹病前に病を免がれんことを力め、罹病後は死を免がれんことを力めつつあるなり。若し不幸にして死なば御身及び最愛の両児如何に悲しみ、如何に嘆き、如何に生活すべきや。之を思えば涙淋々として垂る。

然れども余は信ずる。最も正直にして他愛心に富む卿なれば必ず両の愛児を愛育して完全なる人間とすることを得べし、願くば余の実子たる民、愛の両児を養育して父の子たらしめよ。

唯々気の毒なるは費用乏しきことなり。然れども貧富は常なし、又良機もありて養育費は得る道もあらんか。願わくば住を京都に移し、児を同志社にて教育せんことを望む。一人は看護婦となる良からんか。

海軍より受くる一ケ年百圓の金を元とし両児を養育するは実に重任なれども、余が精神は毎(つね)に熟慮するところ、願くば努力せよ。

頭痛甚しく目眩み、精神乱れて書く能はず、他は平日の事に由て推知あれ。死後の事は余は決して心配せず、余は必ず天国に登るを信ず、アーメン。六月二九日夜　ホンコン・ハイゼアに於て」

（ここで病院船の船名［Hygeia］はハイゲイアとすべきところをハイゼアと表記している。）

（田口文章のホームページより）

当時東京帝国大学医科大学を卒業すると地方の大病院の院長として迎えられ、月給は二百円ほどであった。北里柴三郎がドイツに派遣されたときの奨学金は年額六百円であった。それらを考えると、海軍から受けられるであろう年金年額百円はいかにも少額過ぎ、これで二人の子供を養育するのは容易ではなかったと思われる。

香港での危機を知った福沢諭吉は、ただちに内務省に馬で駆けつけ、「北里を殺してはならない、学問のために大切な男だ」と言って、帰国命令を内務省から七月二日の時点で電報で打たせた。だが、助手の高木は、今呼び返せば北里の命は助かるだろうが、名は死んでしまうと反対したという。しかし、北里は内務省の命に反して青山、石神の二人が快方に向かうまでの三週間、治療とその慰撫に努めた。

その間、七月八日に高木が、また七月十四日には学会を代表して医科大学助手の高田畊安が、それぞれ治療と看護要員として香港に向かった。

北里と岡田は、七月二十日香港発、三十日に帰京した。回復した石神は八月十二日帰京。またもう一人の回復者青山は、宮本、高木、高田と共に八月二十一日香港発、三十一日帰京して、香港派遣ペスト調査隊の任務は終了した。

調査隊は、当初の予定とは異なり、六月五日の横浜出発以来、実に三カ月になんなんとする長期の香港滞在となった。

対立の構図

あまり強調し過ぎることは避けねばならないが、この香港派遣ペスト調査団は様々な対立の構図を予めその内に秘めていたというべきであろう。

第一に、ドイツ（コッホ）対フランス（パスツール）の細菌学的発見の先陣争い。

第二に、東大（文部省）対伝染病研究所（内務省）の御本家争い。

第三に、陸軍（ドイツ、東大）対海軍（英国、私立大学）の争い。それは脚気対策に関わる原因、予防の対策の決定的差異にも見て取れる。

第四に、青山（東大、文部省）対北里（伝染病研究所、内務省）の組織的かつ個人的競争。

それは北里と青山の学生時代に遡るほど長く続いていた微妙な対立であったことはすでに見た。大学の解剖の時間に、嘲り笑った北里に対して、青山が肩胛骨を摑んでいまにも殴り掛かろうとしたことを想起してみるとよい。

こうした対立の構図の中で、とにもかくにも、拙速の誹（そし）りは免れないものの、北里は見事に、あるいは当初の予想通り、ペスト菌の確定に努め、かつペストに罹患した青山、石神の治療看護をして、無事日本に帰り立ったのである。

森林太郎が、ここでも登場する。彼が観潮楼主人の筆名で『衛生療病志』誌の明治二十七年七月十六日付第五十五号に寄稿した「百思土（ペスト）疫の探討者」という記事を見てみよう。

「青山と北里との香港に赴くや、（明治二十七年六月五日東京を発し、十二日香港に抵る）余儕はかの剖観上、徴候上の疑問は青山能くこれを決すべく、かの微生物の疫因をなせるものをば、北里能くこれを采獲するならんと思ひき。既にして北里が原因発見の電報は至りぬ（「黒死病の原因を発見せり。千八百九十四年六月十九日午前十時十分発、在香港北里内務技師」）。而して青山研究の結果は未だこれを報ずる及ばず。

是に於てや、医海時報は直に二博士を頌すと題する文を掲げて、疫因の発見は北里と青山と共に為したるものなるべく、その電報に北里技師と署したるは、北里が一行を代表したるならんといふ。（中略）北里は細菌学者（バクテリオロオグ）なり。青山は臨床医学者（クリニケル）なり。病因の微生物たるは、天下の共に期するところにして、その発見の功は北里に帰すべきことも、亦人々の預め知るべきところなり。何ぞ青山が事に与らんや。北里が微生物を獲るや、或は青山の剖観手続上の助をなしたることなきに非ざるべしと雖、強ひて青山を扯（ひ）いて共に発見したるものとなすは、実に奇怪の言なりとす。而して医海時報がこの奇怪の言をなすに至りしものは青山が検索の結果は初より電報に上るべき性質あるものに非ざるを知らずや。北里が微生物を探るは、譬へば盗を捕ふる如し。そのこれを獲るや、直に一綫の電音を飛してこれを報ずる、固より其所なるのみ。青山が屍変及病症を窮むるは、譬へば風土気候を観るが如し。その成績は徐々にこれを論著すべきものなり。誰かこれに責むる片々たる電報を以てせん。

余們は北里が細菌学上の技巧の甚だ精錬なるを知る。故にその百思土菌につきては、僅に杆状にして両々相連り、嚢中に存ずることフリイドレンデルの肺炎菌に似たりと云ひ（宮本叔与家兄書）、試獣上鶏痧菌に似たりと云ひ、血、脾、水脉腺の裏にありと云ひ、純養及試験の結果陽性なりと云ふを聞くのみなれども（石神亨与高木友枝書）、その特種の病原菌たるに於てはこれを疑ふことなし。百思土病因は洵似に千古の疑問に属す。ギルヒヨオのいはく。百思土疫の脾疽に似たることの甚しき、余をしてこの疫の因たる微生物を発見することのあるべきを信ずること深からしむ。然るにこれを発見せんと試みたるものは、殆未だ曾て有らず云々。

而してギルヒヨオがこの言をなし丶より十五年の後、北里は能くこの殆未曾有の事を為したり。余們は謂へらく。仮令東風の周郎が為に便なりしものなきに非ざるも、その功を成すことの容易なる、嚢を倒にして物を取るが如きは、全くその精錬なる技巧に由ると。豈歓んでその凱旋の行を迓（むか）へざることを得んや。」

「余們頗る青山が平生を忝すものなり。青山は性として猥瑣なる臨床実験を公にするを屑とせず。毎に云へらく。大丈夫當に大に為すところありて、而る後に言を立つべしと。」

「青山は石神と共に百思土疫に罹り、危篤なり（明治廿七年六月卅日午後五時五十二分発）」

ここで、なお詳細な青山胤通と石神亨の症状の変化を雑誌の報道に追いながら、ペスト菌発見の功績に関する森の論説は続いている。

「是時に當りて世人の唱ふるところは何如。日刊のふつう新聞は必ずしも論ぜず、諸種の医事雑誌は青山、石神の叙勲、青山の進位を伝ふると共に、強ひて百思土菌発見の功を以て青山の与るところとなし、復た吾人の以て青山に帰すべきところは何の処に在るを明にせず。夫がために百思土菌発見の功、独り北里に帰すべきは、猶亜墨利加（アメリカ）州発見の功、独り閣龍（コロンブス）に帰すべきがごとし。若し強ひて青山のがために疫因発見の功を分かたんとぜば、是れ青山死して累を負ふなり。余儕は一喜一憂の間、未だ審に青山が研究結果の発落を問ふに遑あらず。余儕は青山に随従したる宮本若くは木下が手中に剖観紀事其他の簿冊あるべきを思ふ。而れども余儕葉青山が病若し諱むべからざることあらば、此の如き片言零語青山が研究結果の一斑を伝ふるにだに足らずして、世の操觚家浮薄なる言論は、到底青山をして死して累を負はしむることを免れざらんを恐る。豈一大事に非ずや。余儕はこの文を草するに臨みて周章措を失ひ、遂に言語次序なきを致せるを愧づ。余儕は唯ゞ青山が猶或は九死を出でゝ一生を得んことを願ふのみ。嗚呼、余儕又何をか言はん。」

こうして読み進むと、森の青山胤通への思慕と賛意はいよいよ強く、肝心のペスト菌発見の細菌学上の功績を成したる北里柴三郎への言及が先細りであることは如実である。つまり、森は、青山あっての功績であるという論調を作り上げていると言わざるを得ない。

こうして北里がペスト菌を発見し、青山はそのペストに倒れて人事不省になった。その時、青山胤通夫人は、夫の危篤のニュースにまったく動じず、周囲の人々に感動を与えたが、一方、北里のペストに罹患するのを恐れた福沢諭吉は、国の宝が失われる危険性を避けるべく、自ら騎馬を駆って関係当局に出向いて掛け合い、ただちに博士が帰国できるように図ったのである。

こうした事の顚末の後に、因縁の緒方正規が、ペスト菌はネズミについた蚤の伝播によることを発見している。それは明治三〇年（一八九七）のことであった（『東京医学会雑誌』第十一巻・第九号）。

ペスト菌発見は従来、東大との確執もあって、なかなか北里の業績と認められなかったが、彼の発見の報から相当時日が経った今日、生物学的、疫学的に見ても、まず彼の発見に間違いはないようである。また、一九九四年の国際学会は、北里とイェルサンの二人に敬意を表して、二人の発見であることを正式に表明していたのである（土屋雅春『医者のみた福沢諭吉』）。

なお、ペスト派遣調査隊が帰国してからも、北里／青山の対立は、両者には無関係に続いていた。それは、帰国歓迎式典の経緯にも見て取れる。

青山の回復を待って行われることになった東大医科大学での帰国歓迎会は、開催委員が会の日取りや場所を定め、北里にも出席の交渉をした後で、教授の間に反対があるというので、委員が往生した。北里が来れば、教授は一人も出ないことになるという噂が流れて、慌てて緒方正規の許に委員が事情を伺いに出向くと、まったく誤解であるとの弁。他の教授も大概同意見で、どこからこのような意見が拡がったものか不明のままだった。

結局、当該委員は不在のまま委員を解任されたが、無事、向島の料亭八百松で開催され、青山、北里、宮本、木下が挨拶したが、丸茂文良が皮肉たっぷりな話をして、顰蹙を買ったくらいで、恙無く終了した。

一方、慶応義塾の息のかかった交詢社には「北里博士歓迎会事務所」の札がかかり、弱った高木友枝が、歓迎するのならば北里、青山両博士にしてほしいと依頼したが、青山など無関係だと突っ張られてしまった。窮した高木は、長与専斎に頼み、長与から福沢諭吉に頼んでもらってやっと「北里、青山歓迎事務所」と改めてもらったという経緯があった。

結局、ペスト調査隊のことを見ても、その後の伝染病研究所移管をみても、北里、青山は互いに仲もよく、さっぱりとした関係だったが、個人的感情とは無関係に、周囲の事情がそれを許さなくなってしまったのである。北里は「世の中のことは仕様がないものだ。意思に反する方向に行ってしまう」と言っていたということである。

ペスト菌の真贋論争

北里がペスト菌を発見したかどうかは、あるいは重要な問題ではないかも知れない。しかしとにかく香港で、フランスのイェルサンと北里がほぼ同時期に別個に発見したことは間違いない。しかし、世では、この件に疑いを差し挟むものが少なくなかった。実際、多くの国で百科事典においてペスト菌発見者として両名の名前が並列されているが、意外と祖国日本では冷遇され無視されてきた。あるいはそれは、北里が東大閥に反抗した、私立北里研究所の所長に過ぎなかったからかも知れない。官尊民卑の風潮は、今日でもなお続いているのだが、明治の世ではもっと烈しい差別があった。差別というよりは、階級化、階層化、あるいは系列化、順列化と言った方がよいかも知れない。

北里は、非常に正確にペスト菌を発見していたものと推定される。それは、以下のようなペスト菌の性質によるものであると言ってよい。少々しかめっつらしい医学的解説に目を通してみよう。

「病原体

ペスト菌（Yersinia pestisと一般に呼ばれる）は千五百〜二万年前にYersinia pseudotuberculosis serotype O：1bから進化した菌で、ゲノム内では多数の他の細菌やウイルス遺伝子の組み替えが頻繁に繰り返された痕跡や、不必要な腸病原菌生活時代の遺伝子（約百五十個）の不活化が示されたことなど、ゲノムの大規模な変動を経て、極めて毒性の強い菌に進化した。

ペスト菌は非運動性のグラム陰性の多形形態を示すが、組織内および培養菌などの新鮮な菌では、約一・五×〇・七マイクロメーター（μm、つまり百万分の一メートル。1 micron ＝0.001 mm）の両端の丸い楕円形の短桿菌で、単染色法では特徴ある明瞭な極小体が観察される。発育適温は摂氏二八〜三〇度（℃）で、一〜四五度で発育する。ペスト菌の特徴ある形態学的性質（莢膜抗原）の発現には三七度が適している。その発育は他の一般的な菌よりも遅く、血液寒天でさえ集落が明らかに認められるのは四八時間培養した後で、また溶血像は見られない。液体培養では沈殿発育する。」

ここで「グラム陰性」と書かれているのは、グラム（Hans Christian Jachim Gram, 1853-1938）によって一八八四年に発明された細菌染色法で、細菌分類の重要な手法である。この染色法によって紫色に染まるものが「陽性」で、紫色に染まらず赤く染まるものが「陰性」である。結核菌などはうまく染色できないので、「グラム不定」ということがある。これが、北里のペスト菌発見に関して、その真偽を述べる際に重要な働きをすることになる。

今日まで、多くの人が鬼の首を取ったように北里柴三郎がペスト菌を発見できなかったとする証拠の一つが、昭和二十六年に出た『細菌学雑誌』に緒方規雄が書いた随筆の中でも、北里自身がペスト菌の発見はできず、イェルサン菌が真のペスト菌であると認めたという点にもある。

コッホの影という点では、ほとんど同時にペスト菌を発見したスイス生まれのフランスの細菌学者イェルサンは、またパリで細菌学者エミール・ルー（Pierre Paul Emile Roux, 1853-1933）とベルリンでコッホについて細菌学を学んだのだった。

そこにフランスとドイツの長年に渡る科学闘争、あるいは先陣争いというものがあったという見方もあながち間違いとは言えない。

しかし、森鷗外は北里弾劾に走り出す。

脚気論争時に、森と意見を同じくした緒方正規の「脚気菌」を否定したのも、北里だった。ドイツ留学時代に、北里が緒方の弟子であったことから、「師匠の研究を否定した忘恩・不義の弟子」として北里を攻撃する。これには、北里が東大閥に属さず、偉大な業績を上げたことも絡んでいるのである。

神戸ペスト　今日なお北里がペスト菌を発見したのではないと言われている原因のもうひとつは、明治三十二年（一八九九）に神戸でペストが発生した際、その地に調査に赴いた中央衛生会から派遣の緒方正規と中浜東一郎と会した北里の言動にもよる。中浜東一郎の日記にそれを見てみよう。

「明治三十二年十一月十三日　晴　神戸市に数名の『ペスト』を発す、大に警戒を加ふ。」

なれり。」

「十一月十六日　晴　中央衛生会を開き『ペスト』に関する諸取締を議す。終りて予は衛生会員二人を視察として神戸へ派出せしむる事を建議す、各委員同意し予都緒方を二人出張せしむること、

「十一月十八日　晴　午前汽車米原に達したる頃緒方正規氏の二等汽車中にあるを認め、又他の二等汽車内に陸軍々医恩田国太郎氏あるを見る、緒方は助手医学士今村を携へ、顕微鏡は素より南京鼠百頭計、培養基等を具足したり。（中略）又緒方と両名にて兵庫県神戸滞在の北里柴三郎へ着の時間を報したり。（中略）夫の中北里も他より帰り来り面会。予か洗面の為席にあらざりし間に彼は緒方に対しエルザン菌を認めたる旨を述べたり。予復席したる頃は北里は席にあらず緒方のみなりき。緒方より此話を聞き居たる際北里又々来り、少しく赤面しながら予に対し、『ペスト』患者の水脈腺中にエルザン菌を認め殆と純粋培養なり、予か香港にて調査したるものは皆末期の患者にして敗血症を起したるもののみなれば血中に其菌を見たれども、今回初期より患者を視て其然らざるを認めたりと云ふ。」

「十一月二十一日　晴　午後内務大臣並長与中央衛生会長、其他賀古鶴所へ、

ペスト病毒ハエルザン菌ナル事ヲ確定シ北里氏モ同意シタリ

との電報を発したり。」

事情を深読みするのは無用だが、中浜が斯様（かよう）に勝ち誇った電文を打つのは、青山があまつさえペス

ト菌同定のために病理解剖に奔走し、挙げ句の果てにペスト菌に感染して生死の境をさまよったのに、北里が世界に先駆けてペスト菌を発見したことをあたかも独占したことが許せなかったのではないか。それがここにきて、内務省対文部省、伝染病研究所対東大、北里対青山という対立軸が、一気に後者に有利な方向で動いたと感じたからではなかったか。もちろん穿(うが)った見方をすれば、中浜はただ真理に対して北里が自らの非を認めたということをありのままに報告したかっただけであると考えられるのではあるが（それは、学問的真実のために、かつて北里が、同級生であり細菌学の恩師であった緒方正規の脚気菌発見の誤謬を糺したという態度に似ていなくもないが）。

さらにこの記述は続く。

「十二月七日　降雨　午後臨時中央衛生会を開く。会するもの三宅、三浦（謹之助）、山根、北里、青山、拙者、小池、長井、実吉、佐々木、緒方、窪田、高木、石黒忠悳、十四人（中略）次て緒方氏より神戸『ペスト』に関し報告あり曰く、実際見せしは生前只一人なるか、其他死亡したる三人の血液其他の標本あるを以て之を検したるにエルザン菌あるを認め、且四人中一人のみ血中にエルザン菌を認めたるに過ぎず、北里氏も今度は『エルザン』菌を以て『ペスト』菌の病毒と認むる旨を明言したれは、中浜と両名にて去月廿一日内務大臣、中央衛生会長及府下某氏に其旨意を電報したりと述べぬ。又次に拙者は毒菌伝来の経路不明なる理由を述べ、流行は種々なる原由あるに由れは大に公衆衛生上の注意を為し医師養成を改良するを要（中略）北里も立ちて本病診断の容易ならざる事を諭し、且『エルザン』菌を『ペスト』菌と認むる旨を述べ、且腺『ペスト』の末期に敗血症を起すことありて其際は自己の発見に掛る菌ありと述べ、頻に腺『ペスト』の語を用ひ、恰も尋常ペストの他に腺『ペスト』と称するものありて此種の『ペスト』の病毒は『エルザン』菌なりと云ふ如く、人をして異なる感覚を起さしめぬ。」

不幸なことに、まだペスト菌の形状が変化することが明確に理解されていなかったので、北里は一応イェルサン菌の正統性を首肯せざるを得なかったこと、またしかし、北里は香港で自分が発見した菌もその一種であることを疑いえず、また自らの発見した菌を別種のペスト菌であると主張して、その場に異様な雰囲気を催させたと、中浜は述べている。

さらにこのすぐ後の十二月十日の日記を見てみよう。

「十二月十日（日曜日）　晴　今日私立衛生会の発起にて九段階交［偕行］社に懇話会を開く。余は二時に行きしに緒方博士演説を初めてあり、凡十五分間を過ぎきたる処なりと云ふ。緒方は『エルザン』菌を以て本病の毒と確定し北里柴三郎も同意したる顚末を述べたり。（中略）其次は北里登壇し『エルザン』菌をペスト病原菌と認むる事に同意なりとの旨を述べ（以下略）」

このように、公衆の席でも遂に北里は、自分の菌の正統性よりも、イェルサンの正統性を認める発言をし始めたのである。

また北里自身がこの年の伝染病研究所の研究会で、次のように明解に述べている。

「『ペスト』菌に付ては予めお話致しました通り私が先年香港に於て分離した所の『ペスト』菌とエルザン氏の分離した『ペスト』菌とに就て議論があつて多くの人はエルザンの『ペスト』菌が正しいものであるとして居る（中略）日本でも緒方博士山際博士其他の人も台湾で調べた結果もエルザン菌を以て『ペスト』菌と称へて居る（中略）然るに今度神戸に『ペスト』患者が発したに付て良い時機と思ひまいしたから直ぐに其報知あるに従つて飛出して悉く新しい所の患者に就いて（中略）成程敗血症を起して居らぬ間はエルザンの分離したものがソックリ居つて殆んど純粋培養の観をなして居る、暫く経つて敗血症を起す時は血液の中にも腺の中にも私の言ふグラムの方に依て脱色しないものが沢山殖えて来る、それで今日では第一に腺を侵す所謂腺腫『ペスト』はエルザンの言ふ所の原因が正しいものと云ふことを躊躇せずして同意を表するものであります。」

（「演説『ペスト』に就て」〔伝染病研究所研究会第五十三回例会〕『細菌学雑誌』第四九号掲載）

このように北里菌とイェルサン菌との正統争いは、此の時点まで北里によって決着が付けられなかったのである。この神戸での調査でついに認めざるを得ない状況になったのである。

なお文中の「山際博士」は、世界で最初に人工癌創製に成功した、かつコッホが結核特効薬ツベルクリンを創製した際に、東大からドイツに派遣された三人の博士、佐々木、宇野、山極の山極勝三郎助教授のことであろう。

これに関しても、金杉英五郎の興味深い追想談がある。これにしても、またベルリンにおける北里の態度にしても、さらに後藤新平との関係、慶応大学辞職翻意の事情など、どの局面においても、実に裏面史を語るに相応しい人物であると考えられる。その回想、記憶のすべてにおいて真偽のほど、正確さは決め難いが、北里のある一面、ある評価の一面を捉えていることだけは確かである。

「北里さんと青山さんとがペスト研究の為めに香港に派遣せられたることは有名な話だが、当時両雄相競ふたる状態はスサマジキものであったに相違無い、青山さんは中途ペストに感染して所期の目的を充分に達し兼たが、北里さんは俄然ペスト発見を世界に発表して、雷名を轟かしたことは今尚世人の耳に新たである、然るに一部に北里さんのは真物に非ずして、エルサンのそれが真物であると云ふ説が出て丶大騒ぎと為り、結局北里さんに多少の早まり過ぎた点あることを知らる丶に至り、エルサン北里菌と称することに為ったことも周知の事実である、其処で大学派の某某某某等の諸大家が屢々会合して北里さんの帰朝して復命的報告せらる丶を待ちて、之を葬らんとの計画を為すものあることを、其中の一人より拙者に漏したものがあったので、拙者は北里さんの帰朝早々相会して復命の順序、行違の弁解等に就き赤裸々に為すべきを進言したのであった、然るに北里さんの華族会館に於ける右の報告演説は空前の謙遜振りであり、又行違の点も堂々と説明したので反対派を唖然たらしめ、何等事無きを得たのであった、これは拙者の進言に因るものでは無く、北里さんの機を見るに敏なる為めであったのだ。」

細菌同定の困難について

ペスト菌の発見、同定はそれほど困難だったのだろうか？　確かに、北里自身が菌の同定は難しいと述べている。それでは香港のペスト流行に同行し、病理学の観点からペストを調べた青山胤通はどうだったのか。その合間にあって、その一部始終を詳細に日記に記した中浜東一郎はどうだったのか。医学、細菌学、あるいは科学という大きな観点から、どうだったのか、興味深い点である。

なお、この神戸ペスト流行における北里の調査は、内務省衛生局報に『一八九九年十一月から一九〇〇年一月神戸および大阪におけるペスト流行についての報告』（S. Kitasato mit T. Takaki, K. Shiga u. G. Moriya, Bericht über die Pestepiemie in Kobe und Osaka von November 1899 bis Januar 1900, Veröffentlicht von der Sanitätsabteilung im Ministerium des Innern, Tokio. 1-104, Fig. 1-4, 1900.）に詳細に記されている。

ペストに関しては、北里も青山も共に香港で協力して、ペスト菌の同定にあたった。しかし、一方で北里はペスト菌発見の栄誉を担い、他方では青山と石神が共にペスト菌そのものに斃（たお）れて、瀕死の状態であったことは、ある意味で北里側にとってのみ有利に働く事態のように見えるが、実際にはそうではなかった。

もう一度確認しておくと、二人は別個にペスト菌発見の任務を負っていたのではなく、共同で作業にあたることであった。それは具体的に言えば、青山がペスト患者を病理解剖して細菌学用の顕微鏡資料を提供することであり、北里はそれを黙々と顕微鏡で検査し、試験することであった。どちらを欠いても、この致死の疾病の原因究明でおおいなる成果を上げることはできなかった筈である。

しかし、奇妙なことに、北里の伝記では青山のことが記されているが、他方、青山の記念文集では、香港での青山の活躍が当然のように記され、その死の淵からの生還が誇らしげに記されているのに、北里という名前はその周辺にただの一度も記述されていない。それは異常なほどの無視の仕方であり、また許しがたいほどの取り扱い方である。つまり、青山本人はさておき、青山内科の構成員たちはペスト発見の栄誉を北里に独占され、あろうことか自分達の主がペスト感染までして死線をさまよったことは恥辱以外の何ものでもなかったことがそこから推測できる。いわば最大の屈辱を味わったのである。

ここで哀しい一つの事実、細菌の同定の困難について触れておこう。それは、このペスト事情の顚末を記した中浜の長男幸の逝去である。その逝去は明治三十二年（一八九九）七月四日のことだった。すでに同年一月五日には東大の青山が来診し（東大最初の肺病診察科となった）、幸は粟粒（ぞくりゅう）結核（全身の細胞に粟のような病痕が見られる結核の症状のひとつで重篤の場合が多い）にはあらずと断言しているが、一月十九日にはベルツの診察を受け、腹膜炎の疑いを指摘され、さらに左肺に少々「ラッセル」音のあることを指摘されている。この後、幸の体温は三十八度六分などという高熱を続けているのである。

結核感染・発病は濃厚であろう。病気の診断は困難な時代であったが、死病であった結核はその診断にとりわけ困難を極めていたのである、当時日本最高の三人の医師である青山、ベルツ、中浜を並べてみても。また、すでにこの七年前の一八八二年にドイツの細菌学者コッホが、つまり北里の師が結核菌を発見していたにもかかわらず、なおまだ困難だったのである。さらにこの翌年には結核特効薬(と言われていた)ツベルクリンが創製されることになっていたが。

さしもの病状は好転するどころか、悪化する一方であった。牛肉スープとミルクを喫し、フナセチン剤を与えられ、さらにグリセリン浣腸(かんちょう)を施され、葡萄酒を与えられた。つまり栄養療法を施すか、あるいは浣腸を行うくらいしか医療の施しようがなかったのである。そこにサナトリウム療法が一気に注目される状況があったたし、またこれらの高い医療を受けることができない者達が、つい眼前の安易で安価な通俗療法(やもりや猿の肝療法など)に手を染めることも仕方のないことだった。

ついに中浜は、長男の死後十七日後の七月二十四日の日記は次のような記述を含んでいる。

「七月二十四日　霽　午後霖雨　数日前長男幸死亡当日の痰を検するに始めて僅微の結核菌を認めぬ。彼は実に肺結核並に結核性腹膜炎に罹りたるなり、呼々。」

つまり、ついに死ぬ日まで結核菌は確認することができなかったし、また診断も十分行われなかったのである。東大青山内科に初めて購入され設置されたというX線器機によるX線検査も行われた形跡がないし、ついに「結核」という診断を受けることなく長男幸は死んだことになる。これが、しかし、当時の医学の水準であり、現実であったのである（夏目漱石の小説『三四郎』にも「青山内科」として登場している）。

しかしよしんば正しい診断ができたとしても、この年に出て洛陽の紙価を高らしめた『不如帰（ほととぎす）』（徳冨盧花作）にも見られるように、その小説のヒロイン浪子のモデルであった陸軍元帥大山巌（いわお）の娘である信子が、三島弥太郎（後の日銀総裁）との結婚後、結核を発病した際に陸軍軍医総監橋本綱常が処方したようなクレオソートを与えられるのが精々のことだったかも知れない。クレオソートは、松本良順が胃薬として開発し、ちょうど日露戦争の最中であったこともあってロシア（露西亜）をやっつけるというほどの意味であった「征露丸」と命名された。いまでもこの薬剤は「正露丸」と名前を変えて、なお市場に広く売られている。なお、一九七八年に登録商標としての名前の効力はないという裁判所の判断が下されている。つまり「正露丸」という名前は、今日誰でもが胃腸薬に自由に用いることが出来る商標となったのである。明治は、確かに遠くなったのである。

鷗外の罵詈雑言

さて、こうした北里非難の声の中で、とりわけ大声を出していたのは、なんと森鷗外だった。森は北里に対しては新聞紙上等でいろいろ批判めいたことを言ったが、それは当然のことで、彼は北里を認める立場にない東大閥に属していたからである。

森は「忘恩の徒」だとか「菌が本物でないのに、北里はいろいろと褒章をうけている。嘘だとわかっているのだから返すべきだ」とか「もっと青山の貢献も認めるべきだ」とか、暴言の限りを尽している。

特に「北里の発見は遠く欧州でも嘘だと言われている」という発言については、当時の細菌学の権威であるコッホの「北里の菌とエルサンの菌は同じものだと断じて良い」という発言を否定し去る暴言であって、その言語の強さからまた森の深い怒り、対抗意識、不快感を読み取ることができるのである。

たとえば森の「北里と中浜」と題した、明治三十二年十二月二日の『読売新聞』「茶ばなし」欄に掲載された記事に読み取れる深い怒り、嫉妬というものを見てみよう。これは森という本名ではなく、「観奕生投」という筆名による署名記事であった。

「北里という男は意志の強い、どっしりした、少し小憎らしいところのある、頗る処世の才に長けた男だが、己は多少此男を好いて居る。中浜という男は才子らしい。（中略）己は又多少此男を好いて居る。そこで此度の病原菌争いには己が公平な判断を下すに最も適当して居るかと自ら信ずる。」

ここでまず森は、北里、中浜の両名が自分の知己であり、共に好きな人物なのでその病原菌論争に白黒をつけるに自分が適任である、と宣言しているのである。

「北里が香港から捕えて帰った菌が贋物で、仏蘭西のエルザンが見出した菌が本ものであったという事は、欧羅巴ではとっくに知れて居る。それがこっちでまだ問題になって居たのは、衛生局や何かゞ政府の威光を以て北里を掩護して居たのである。此度緒方や中浜が手近な所に材料を得て、北里に手づめの談判を遂げたのは、真理を愛するもの丶為めには実に愉快だ。」

ここで森が、北里の発見したペスト菌は贋物で、本物はフランスのイェルサンのものであると公言していることは、かつて森が『衛生療病誌』に掲載した「百思土疫の探討者」という記事の中の「ギルヒヨオのいはく。百思土疫の脾疽に似たることの甚しき、余をしてこの疫の因たる微生物を発見することのあるべきを信ずること深からしむ。然るにこれを発見せんと試みたるものは、殆未だ曾て有らずと云々。(中略) ギルヒヨオがかの言をなし丶より十五年の後、北里は能くこの殆未曾有の事を為したり」という文章と矛盾しないのか。不思議な自己撞着である(明治二十七年七月十六日第五十五号)。その後の経過から、ついには北里攻撃に転じたと言うことであろうか。森の論説は続く。

「ペストを診断するにはペスト病原菌を明知せねばならぬから、緒方中浜が北里のために不利益な事を公言したのは、公衆衛生上に至当な仕方だというには、誰も異議はあるまい。併し或は学友たり、殊に中浜に於いては旧同僚たる上から忍べるに近いとでも評するものがあろうか。若し有らばそれは誤って居る。北里はその未だ名を成さゞる時に当て、既に名を成して居た緒方の赤痢菌を贋物たるを欧州へまで吹聴して、些の仮借する所もなかったから、此度緒方に遠慮がなかったのは、西諺に所謂同じ貨幣で償ったに過ぎない。」

ここに森の言おうとしていることは明らかであろう。つまり名を成している者（緒方正規）を、まだ無名の者（ドイツ留学中の北里）が攻撃したことが癪の種であるというのである。

「北里には破傷風菌に関する業、免病問題に関する病など中々名高いものが有って、中浜には無い。」

「さて北里は帰朝した。帰朝して学術界に於いては緒方等大学の諸家と対立し、行政界に於いては中浜と対立した。大学と対立の結果は一箇の伝染病研究所となって顕れたが、流石は根抵の堅い大学の事だからびくともしない。中浜と対立の結果は、医界諸老の北里贔屓のために、中浜の辞職となった。（中略）北里は決して直接に中浜を陥しいれたのではない。唯々諸老が北里の学問上顧問を後楯として、中浜を郤くるに躕足厨しなかった時に、北里が中浜のために友誼上に尽すことのなかったのは事実らしい。勿論此間には後藤新平という大役者が居って、其他種々の事情がえい結して居るが、今は特に中浜北里二人を関係を抽象して観察するのだ。」

「北里は既に充分地歩を占めた。ただ然るのみならず、血清療法の名の下に、細菌学者から一転して臨床家となり済まし、富は巨万は累ねて、新橋とん子落籍の艶福は天下の耳目を聳動した。北里の全盛はこゝに極って、長与、後藤、長谷川等前後衛生行政の機関を運転した人には、一として北里を以て後楯とせぬものはない。」

「在欧中の功績が僥倖であって、今の不手際が真価であると云おうか、又北里は帰朝後腐敗したと云おうか。」

「然るに新聞を見れば、北里は下らぬ分疏（いいわけ）に汲々として居る。其一はエルザン菌はペストの病原で、主として腺に在るが、敗血症になれば、血にも菌が有ると云う一条だ。敗血症の血中の菌は何の菌だ。それが病原菌の品種の論と何の関係を持って居るか。其二は中浜は今回始めてペストを見たので、その言うところは取るに足らぬと云って居る。学問上の発明で始めて見たものが功を収める事もあり、屢々遇うたものが当面錯過する事もある。」


一旦北里が堂々と間違いを認めたということもあって、反対派も唖然とするほどであったのだが、ほとんどこれは北里憎しの大罵倒である。それどころか、友人中浜の擁護、援護で終始している。罵倒の仕方が、執念深くかつ遠回しで慇懃無礼（いんぎんぶれい）、かつ痛烈な打撃を相手に与えているという自負に満ちている。森鷗外にして、党派に与する小人であったことが寂しい。

森が北里を執念深く追及し、中浜に同情を寄せたのには他にも理由があった。それは、いみじくも森が書いているように、後藤のせいで中浜が衛生官僚としての栄達が阻害されたからである。つまり、陸軍の医務局長石黒忠悳の下で、一応小池正直、森林太郎の流れはできたが、明治二十五年、内務省の長与専斎衛生局長の後任は中浜ではなく福島の医学校を出て愛知医科大学学長を務め、後に北里と同じ内務省衛生局技師となっていた後藤新平に白羽の矢が立った。すると中浜は官界から身を退いて民間に活路を求めざるを得なかった。官僚制度はこういった点で非情であり、内務官僚としての出世の途を閉ざされた中浜は不幸であったと言わざるを得ない。そこに官吏としての出世にかけていた中浜の恨みがあり、また友人の森の執念深い攻撃ともなったのである。

ペスト菌発見後の日本医学界の騒然とした様はさておき、北里自身と彼の周囲の迷走ぶりが、その後の長いペスト菌発見論争とも呼ぶべき状況を生み出したことだけは確かである。今日、科学者が寄り集まってもこの論争の結論は出にくいだろう。

北里はペスト流行の渦中にあって、限りなくその原因としてのペスト菌に近かった。その細菌学の知識と熟練が、またその献身的な努力が、彼に「ペスト菌発見者」という栄誉をもたらしたが、もし彼がペスト菌の周辺に無数にいた他の雑菌とペスト菌を取り違えていたとしたら、それは冷厳な科学の真理という観点からして、北里は真実から遙かに遠かったと言わざるを得ない。

その後の発展　香港ペスト調査隊派遣のきっかけを作った高木友枝が、昭和十二年に『日本医事新報』（臨時増刊「近代名医一夕話」）に語ったところを聞くと、いろんな疑問が相当氷解する。

それは、北里の恩人の一人長与専斎に関する座談の中で、高木が「北里菌」として語っている部分である。

高木友枝　「北里さんが向ふで患者の腺から材料を調べて見たら二通りの細菌が出て来た。血液を検査すると所謂北里菌が出てくる。此の細菌を培養するには一寸細菌学の初心の者には出来ない。また血清培養基でなければ培養が出来ない。それで北里さんは之が本物だらうと考へ、培養して動物試験をした。青山さんはどうも北里の云ふのとは違ふ。もう一つのがペスト菌らしいと言ってゐました。私が香港へ行くと、北里さんは、どうも不思議なことがある。腺を調べると二通りの細菌が居るが、血液中には一種しか居らない。此の血液に入ってゐるものが本当のものだらうと思ふと話されました。

それから妙な事ですが、青山さんや石神さんが罹ったのは、所謂北里菌なのです。此菌は淋巴腺にも血液にも入るし、死体の脳を解剖して見ると毛細管には一ぱい塡充して居るのです。それで私が脳のプレパラートをこしらへて、北里さんからコッホの所へ送った。脳毛細管を一ぱいに塞いでゐるものが病原菌だと誰もが考へますが、コッホもこれが病原菌だといつたのです。処が其後東京(トンキン)からエルザンがやつて来たが、之がまた英語が出来ず、私も出来ない。英語の出来ない同志が英語で議論するわけです。エルザンは血液中の細菌を培養することが出来ないで、他の菌を培養したのです。エルザンは血清培養基を所持して居ませんでした。」

長与又郎（専斎の長男、東京帝国大学総長）「山極（勝三郎）先生が台湾でやられた研究報告に、其事をはつきり書いてありますね。みな北里々々といふけれどもエルザンの方が本当なのだ。ストレプトコツケンのゼプシスがある。――青山さんの罹ったのはそれですか。」

高木「二人ともそうです。培養すればデイプロコッケンが出て来ます。」
長与「北里さんは腕と準備がよ過ぎたのですね。」
高木「それで、ペスト菌としてはエルザンの方が本当だと考へてゐたのです。但し香港なりました日本へも支那(シナ)(中国の日本での旧称)の患者が時々来ましたが、之は混合感染です。横浜でも解剖したが、混合感染でした。而も北里菌が本物だと思って居ました。併しペスト菌はエルザンのいふのが本当だと思ひます。(中略)香港のも厦門(アモイ)のも、みな混合感染です。しかも死因は北里菌に依るものが多かつたと思ひます。前に申す通り青山、石神両君のは北里菌に依るものであつたのです。」

文中の「ストレプトコッケン」は、[Streptokokkenn]で[Streptokokkus]の複数形であり「連鎖状球菌」を意味し、他の二つの「ゼプシス」は[Sepsis]で「敗血症」、「デイプロコッケン」は[Diplokokkus]の複数形の[Diplokokken]であり「双状菌」である。

2　ペストと日本

黒死病と世界

なぜ世界がこのペスト菌発見に注目したかということについては、ペストの歴史的経緯を理解している必要がある。

ペスト菌は、これまでに人類に大打撃を与えるような全世界的流行（pandemic）を三回引き起こしている。六世紀から八世紀にかけての「ユスティニアヌスの疫病」、十四世紀から十八世紀にかけての二回目の流行で、有名な一三四七年から一三五一年までにヨーロッパの人口の三分の一が犠牲になった黒死病を含む。この十四世紀のペスト流行は、一説には死者二〇〇〇～二四〇〇万人を出し、それは当時のヨーロッパの人口の四分の一から三分の一に当るというのである。余談にわたるが、ペスト患者は、身体がチアノーゼ状態になり、黒くなる症状から「黒死病」（the Black death, die Schwarze Tod, la peste noire）と呼び習わされた病気は、またヨーロッパの中世の幕開けを告げ、同時に十四世紀の中世の幕引きに大きな役割を演じた強力な伝染病である。

確かにこの十四世紀のペストは、疫病の前にキリスト教の無力を示し、ひいてはそれが教会の権威の失墜を招いた。そのことが教会の枠組みを取り外し、自由な学問や芸術の発達に寄与したと言える。それがヨーロッパにおけるルネッサンス（ギリシャローマ古典文化の「再生」）であった。また、多くの農奴が死んだことで、中世封建的荘園領主の労働不足による権勢失墜と中央集権化の加速をもたらしたとされる。社会的、政治的のみならず、賃金支払いの開始や物々交換から貨幣支払いになるという貨幣経済の到来をもたらしたという点でも、経済的影響の極めて大きかった病である。

さらに、ダニエル・デフォー（Daniel Defoe, 1660-1731）が『疫病流行記』（*A Jounal of the Plague Year*）に書き残した一六六六年のロンドン大流行があった。ヨーロッパでは、一七七五年以来、ペストは途絶えていた。そして三回目は、十九世紀末に中国で始まり今日なお続いているもので、毎年約三〇〇〇例が世界保健機関（WHO）に報告され続けている。

この香港に飛び火したペストは、十九世紀末の満州で大流行し、そこで三〇万人から百万人の死者を出した筈である。

われわれの知る伝染病には、コレラや天然痘（smallpox）、マラリア（malaria，今日でも世界で毎年三百万人以上が死亡している最大の伝染病）、結核（tuberculosis，やはり年間三百万近くの死者が出ている）などがあるが、ペストほど死亡率が高くかつ治療の困難な病気もなかった。

日本のペスト

ペストに関する日本最初の報道は、明治二十七年（一八九四）五月二十五日付「香港、清国でペスト流行　日本各港で船舶の検疫実施」のタイトルの記事である。これ以後、アジア各地での流行を伝える記事、さらに北里柴三郎博士によるペスト菌発見などの報道が続く。ペストが日本に上陸し、国内で患者が発生したのは明治三十二年（一八九九）のことで、それを伝えた十一月八日付「広島で投宿者が急死　血液検査で黒死病とわかる」の記事以降、神戸、大阪など西日本各地での流行が報じられ、それが次第に横浜、東京と東日本に広がっていった。

ペストは、蚤（のみ）の病気で、それが蚤の付いた鼠（ねずみ）の間で流行し、それがさらに蚤に媒介されて人間に感染すると、今度は人間の間でも飛沫感染によって流行する病気となったのである。このため、ペスト防疫策としては鼠の駆除がもっとも有効とされ、明治期の日本でも、明治三十二年の発生直後から鼠駆除が叫ばれて、様々な対策が実行された（動物の病気が、それに近い人間に感染し、人間から人間への病気となると、爆発的感染を引き起こす。ペストしかり、インフルエンザしかり。近年の鳥インフルエンザは、それゆえに怖い。十四世紀の黒死病は二千万人以上の犠牲者が三年ほどの間に生じ、第一次世界大戦終了直後の一九一八年（大正七年）から翌年にかけての「スペイン風邪」は世界で二千八百万人が倒れ、現今の鳥インフルエンザ〔avian flu〕に至っては、今後の伝染の推移によっては概数四千万人の犠牲者が出ると推計されている）。

明治三十二年（一八九九）に、門司において日本に最初にペストが上陸したとされる経緯に次のようなことがあった。興味深いので北里の言説を引いておく。

「近江丸と云ふ船が門司に着いて門司から上つた所の一人の上許可鵜が怪しい病気だと云ふことが分つて其人のアトをつけて見ました所それは門司で検疫を受けた時分少し熱が出て居つて怪しかつたから船に止めて置いた所が風説に依れば船にさう云ふ者が居れば一週間の停船を蒙るから船から逃した方が宜いと云ふので船の者が其人を逐上げてしまつたと云ふ話でありますが其辺のことは判然したことは分かりませぬが兎に角其船の停船中から飛出て他の船に乗つて徳山へ行き徳山の宿屋に着いたが苦し紛れに直ぐに汽車に乗つて徳山から広島まで来て広島の宿屋でもう既に病んで居つたものですから遂ひに一日か二日の中に死んでしまつた、どうも怪しいと云ふので医者が行て見、検疫医になつて居る当所の研究生の黒川一郎氏が行つて調べて見た所が鼠蹊腺が腫れて居る、それの一部を切開して顕微鏡で見た所『ペスト』菌が居つたと云ふので夫から大騒ぎになつて愈々『ペスト』が内地に這入つたと云ふ騒ぎになつたそれが今度の抑も内地に這入つたと云ふ『ペスト』の初りである。」

（「演説『ペスト』に就て」（伝染病研究所研究会第五十三回例会、明示三十二年）『細菌学雑誌』第四十九号）

こういう次第でペスト患者は、船舶を抜け出しついに日本本土に上陸したのである。検疫の効果も、自分の船の都合を優先するあまり、ついにかかる事態を招いたのである。

日本では、明治三十二年（一八九九）にペストが初めて侵入してから二十七年間に大小の流行を繰り返し、ペスト患者二九〇五人（死者二四二〇人、死亡率八三・三％）が発生した。しかし、日本がペストの根絶に成功したのは、ペスト菌の発見者である北里柴三郎や、彼の指導下でダイナミックに動いた当時の日本政府のペスト防御対策（特に、ペストに感染し易い鼠の撲滅作戦）にある。お陰で、ペストが、家住性鼠から撲滅不可能な山野に棲む齧歯類（げっしるい）に伝播するのを阻止できた。その結果、大正十五年（一九二六）以降、日本では今日までペスト患者を一人も出していない。

なお、英国サンガー・センターの研究者らは、試薬を使って、ペスト菌の遺伝物質である一つの染色体と三つのプラスミド（染色体外の小さな環状ＤＮＡ）の四六五万塩基対に上る完全なＤＮＡ塩基配列を決定し、雑誌『自然』（*Nature*）の二〇〇一年十月四日号に報告した。

北里は実践に乗り出したら徹頭徹尾し遂げるまでは止めなかった。「終始一貫」という自身の揮毫もある。北里大学建学の精神の一項として「不撓不屈」を掲げた所以である。

実験開始に当たり事前の準備に万全を期したことは言うまでもない。北里の実験台や事務机の引出の中も器具器材や筆記用具はいつも整然と収納されていたという。実験用器具をより合理化し使い易くするように工夫を凝らした結果、「北里式」と称する細菌濾過器、亀の甲シャーレ嫌気性培養瓶、マウス注射用固定台、捕鼠器等が試作された。殺鼠亜砒酸団子も発明された。従来は肩胛骨間に注射していた免疫血清も、臀筋注射にした方が痛くないということも見出され、唱導された。

北里は、衛生観念の慫慂という観点から、防疫の普及実践には特に熱心で、どこにでも衛生の広報活動に出向いた。大阪では、家鼠は家の繁栄を象徴する「福の神」といって珍重する風習があったが、新聞に「我々の住居には人類だけが住むことにしたい。英国のグラスゴーではペストが流行しても博覧会が予定通り開催されましたが、我が国では万一ペストが流行すると博覧会は取り止め、つまり鼠と打ち死にせねばならぬという騒ぎを演じておって、まことに愚かなことでありませんか」と、ユーモアたっぷりの記事を載せて、大阪人の不衛生を窘（たしな）めたのである。

またずっと後の明治四十一年（一九〇八）に『細菌学雑誌』に掲載された北里の論文「日本ニ於ケル『ペスト』ノ蔓延及撲滅」が、ペストと日本の関係を簡略に説明してくれている。

それによれば、明治二十三年（一八九〇）に初めて商船が香港から日本へペストを招来して以来、明治四十一年まで実に三十六回国土へ接近を繰り返したが、港でただちにこれを上陸阻止したお蔭で、その後大事には至らなかったとしている。

その統計的数値はと言えば、次の表のようになる。

猫とペスト

ペストと北里の関係においても、師コッホとの関係は面白い形で具現化されている。

北里は明治二十七年（一八九四）に香港へ出掛けてペスト菌を発見しているが、実

日本へのペスト侵入の様相

年次	患者数	死亡者数	有菌鼠数	主要流行地
1899.11	231	208	262	神戸，大阪，長崎，
1901.4	0	0	0	静岡，浜松
1902	2	2	0	長崎
1902.4	71	57	284	横浜，東京，長崎，
1904.6	0	0	0	静岡県下
1904.12	808	627	7,376	神戸，大阪，東京，
1905	0	0	0	千葉，香川，広島，
1906	0	0	0	和歌山，下関，愛媛
1907.3	0	0	0	外49ケ所
計	1,112	894	7,922	

出典：北里柴三郎「日本ニ於ケル『ペスト』ノ蔓延及撲滅」。

際にペスト菌が日本に上陸するのは明治三十二年（一八九九）だが、猫との関わりで言えば、一九〇八年にコッホが来日した際に、鼠退治のために飼い猫を奨励している。北里は付きっきりでコッホを世話したことは言うまでもないが、同時に多くの衛生医学に関する忠告をコッホから、事細かに受けていた可能性がある。

日本では、なぜかペストが大流行した中国北部満州とは違って、あまりペストは流行しなかった。それはペストが恐怖をもって迎えられ、ペストを運ぶと考えられた鼠退治のために、あまつさえ鼠一匹に何銭と決めて、一般民衆から買い上げを実施したからである。

「ペスト予防　東京市会がネズミ二〇万匹買収費一万円を決議」（明治三十二年十二月三十一日）

「大日本私立衛生会では、ネズミ捕獲方法の懸賞募集中　審査員は三医学博士」

（明治三十三年二月二日）

つまり、東京市会の決定に従えば、鼠一匹に対して五銭を現金支払いすることに決まったのである。しかし、鼠の買い上げが実施されると、「派出所から盗んだ斃鼠（へいそ）を別の派出所に売りつける」（明治三十七年四月二十五日）、「奨励金目当て　安く買い集めたネズミ一〇〇匹、警察に届け出／東京・京橋」（明治三十八年十二月五日）などの不心得者が出てきた。また、「誤ってネズミ取りの団子を食べ死ぬ」（明治三十九年五月十五日）といった事故も起きた。

しかし、鼠買い上げは功を奏し、さらに懸賞付鼠捕獲法アイデア公募、最多数捕獲者への多額の賞金（千円）などもあって、鼠の捕獲は大変な数に達して、一九〇五年からの五年間だけで、実に二千二百七十三万匹もの鼠が買い上げられたのである。一匹五銭としても、この費用だけで百十三万六千五百円もかかったことになる。莫大な費用がかかったが、その効があったとせねばならない。しかし、もっとも効果があったのは、この大宣伝によって民衆の間にペストと鼠の関係が周知のこととなったことである。安呑と暮らしていた鼠はとんだとばっちりを受けたのである。

明治四十二年（一九〇九）二月九日付「一事が万事（飼猫の奨励に就て）」と題した読売新聞社説は、次のような書き出しで警視庁の「猫の手」作戦を紹介している。

「警視庁にては去る六日を以って一の告諭を発し、ペスト予防の為めに鼠（ねずみ）を捕ふることを奨励し、それには猫の飼養が肝要なりとして、管下各戸に猫を飼ふことを勧めたるが、尚近日を以って巡査を派し各戸に就きて一々猫を飼ふべきことを説き回らしむる筈なりと云へり。」

こうした鼠駆逐の要請のもとで登場したのが、「猫の手」作戦である。明治四十一年(一九〇八)八月二日付「猫飼養調査」の見出しの記事は、「過般コッホ博士がペスト病撲滅のために猫を利用すべしとの意見を発表し我医界に少なからざる反響を起こしたる」ことから、内務省がその利用法の研究に乗り出し、「有効と認めば大に猫の飼養を奨励する筈」と伝えた。これは、コッホが来日した際、「猫は鼠を捕るが、病気は媒介しない」として猫の飼養を勧めたことを受けたものである。

コッホがペスト対策に猫を使用するよう奨励したことによって、猫の人気は急上昇。八月十八日付新聞には「骨保(コッホ)博士の演説以来猫の値俄に暴騰」との記事がある。二〇日付には東京区部・郡部別の飼い猫の数の一覧を掲載し、東京全体で約六万八〇〇〇匹の猫が飼われていると報じた。翌年明治四十二年(一九〇九)一月二十八日「独逸より猫の輸入」の見出しの記事は、近く入港する船でドイツのハンブルクなどから約一万五千匹の猫を輸入する、と報じている。

さらに北里が肝煎りで始めた『細菌学雑誌』は、明治四十一年のコッホの来日に合わせて多くの特集を組み、かつ特集号まで出版しているが、その年度の最後の百五十七号には、「船舶と飼猫(門司公安部の調査)」という記事が見られる。

「コッホ氏が『ペスト』病予防の一策として提唱したる所の、飼猫を奨励して駆鼠に当らしむべしとのことは単も陸上家屋のみならず、船舶に対しても直に適応せらべきものなれば、随て亦たこれと猫飼との関係を知るの要あり。」

として、明治四十一年八月下旬から九月いっぱいまでの門司港での調査を次のように掲げている。

先の社説「一事が万事」はこうした状況について、「『猫が鼠を捕る』といふ平凡なる話も一度(ひとたび)世界の大医コッホ氏の口より出づれば、先人未踏の真理の如く崇拝せられて一国の政府が国民に訓諭を発する程の大事件となるも妙なり」と評した。

同年五月十八日付「横浜のペスト愈(いよい)よ猖獗(しょうけつ)」の見出しの記事は、神奈川県知事が船舶に対し、そのトン数に応じて猫を飼うよう求める「告諭」を発布すると報道。八月三十一日付は、警視庁が樺太庁に依頼していた「どんな逃げ足の早いネズミでも逃がさぬ」樺太産猫の到着を、「捕鼠の上手な猫来る」の見出しで伝えている。

とりわけペストの流行が深刻化していた横浜では、この年の夏から猫を飼う家に「飼育手当」を支給し始めた。十一月六日付記事は、この手当を交付された猫が三〇〇〇匹に達し、横浜では平均して五戸に一戸が猫を飼うようになったと報じている。

しかし、時は変わって二十一世紀、昨今事情が変わり、海外との交流が盛んになるにつれ、開拓が進んだペスト菌常在地域を訪れる日本人観光客、商社マンなどが年々増えている。また同時に、日本

門司港における猫に関わる船舶調査（明治41年８～９月）

国名	調査船舶数	飼猫する船舶数	船舶総屯数	飼猫数
日本	115	66	151,025	124
英国	36	27	95,104	76
獨国	6	6	27,545	24
仏国	1	1	3,127	1
露国	1	1	4,248	2
諾国	4	1	1,477	2
和蘭	1	1	3,478	1
清国	3	1	960	1
韓国	1	—	—	—
丁抹	1	—	—	—
合計	169	104	286,964	231

出典：『細菌学雑誌』第157号。

市場の自由化に伴い、ペスト菌常在地域からの資材や食物だけでなく、ペットの輸入も顕著に増加している。アメリカの疾病センター（ＣＤＣ）は、輸出予定のプレリードッグがペストに感染して多量に死亡した事実から危険性を察知して、プレリードッグの輸出入および売買を禁止するよう指導しているが、日本にも多くのアメリカ産プレリードッグが輸入されていることが明らかになった。過去には年間三～五万頭との推定もある。厚生労働省はただちに研究班を作り、実態調査を行った。幸いにして、検査した結果はすべて陰性であったが、注意を怠らないようにする必要がある。

さて、ペストの恐怖に直面した北里は、近代国家のとるべき衛生対策を考え、それを練り上げて内務省衛生局長後藤新平と法律化することを目論んだ。それは、不平等条約によって長い間阻まれていた外国船検疫ならびに乗員、乗客全員の検疫であった。

その思いと計画が結実したのが明治三〇年（一八九七）五月一日に成立した伝染病予防法である。これは平成十一年（一九九九）に伝染病予防法改正が行われるまで、実に原文のまま九十八年間存続した画期的な法令であった。

結局、北里によるペスト菌発見のことは世界的な認知をもってしか東大の意見を抑制することはできなかった。それは一九九四年に香港で開かれた第二十回国際生理学会および第十一回学問的および環境生理学学会において、ペスト菌パネルでは北里の写真の方が大きかったことでも、その貢献の度合いが知れるというものである。

ノーベル賞騒動

今日から見れば、なかなか大変だったのは、北里が一九〇一年の第一回ノーベル生理学、医学賞への推奨を受けていたことである。その推薦理由は、破傷風の研究と、ペスト菌発見とその研究に貢献に対して行われるというものだった。推薦人は、ブタペスト大学薬学部教授であったボケイ（Árpád de Bokay, 1856–1919）だった。これは第一回のノーベル賞ではあったが、日本人として初めて推薦される栄誉を担ったのである。この時は、ボケイは、北里の共同研究者ベーリングを併せて委員会に推薦しており、さらにベーリングにはもう四名の推薦者がいた。残念ながら北里にはボケイがいるだけだった。

すでに見たように、日本ではイェルサンのグラム陰性、北里のグラム陽性の違いからフランスのイェルサン菌のみがペスト原菌であるという考えが広まっていた。

岡本拓司の説によれば、ジフテリアは小児に広く見られた病気で、この時期しばしば流行していたため、散発的であった破傷風よりも広く関心を集めていたという。結局、当初その効能が喧伝されていた血清療法が、真に役立ったのはほぼジフテリアと破傷風であった。

一九〇一年のノーベル賞候補として、委員会がカロリンスカ研究所の教授会に推薦したのは、ロス（Ronald Ross, 1857–1932）とフィンゼン（Niels Ryberg Finsen, 1860–1904）だった。他にパブロフ（Ivan Petrovich Pavlov, 1849–1936）を推す者もあった。しかし、委員会は、すでに業績が認知され、疑問点のない研究に与えられることになった。それがベーリングに有利に働いた。それに、業績判断はすべて欧文の論文に限られていたので、その意味でも北里は不利だった。また、北里は、母国日本からまったく推薦を受けていなかった。それは、北里と東大との確執によるものであると考えてもよかった。

これ以降、ノーベル賞の候補に北里の名前は出てこない。少なくともノーベル生理学医学賞に関する限り、その報告書に名前を連ねたのは、次頁の諸氏だった。

北里が最初の候補者名簿にその名前がありながら、最終選考でその選に漏れ、さらに候補者名簿に無かったベーリングが受賞したという噂が流されたが、その根拠はどこにもない。

北里がその後のノーベル賞に推薦を受けなかった理由のひとつは、すでに破傷風菌の純粋培養にせよ、またペスト菌の発見にせよ、古い業績と見なされたことがある。さらに、日本の医学機関の中心的存在であった東京大学医学部との関係のぎくしゃくしていたことが、その後の推薦に大きな影響を与えたことであると考えられる。それは、一九一四年に、野口英世をノーベル賞に推挽した京都大学

ノーベル賞候補者名

年	候補者名	二次候補者名
1901	北里柴三郎	
1914	野口英世	
1915	野口英世	
1925	野口英世	
1926	山極勝三郎	山極勝三郎
	L. Michaelis	
1928	加藤元一	
1931	呉　建	
1933		呉　建
1935	佐々木隆興	加藤元一
1936	市川厚一	
	佐々木隆興	
	山極勝三郎	
	久野　寧	
1938	挟間文一	
	久野　寧	
1939	石原　誠	
	鳥潟隆三	

出典：Nobelarkiv, Karolinska Institutet, Stockholm, 岡田拓司論文より。

の三人の教官が共同推薦していることを見ても、機関を挙げて推薦するという事例があり、北里には不利に働いたと見るべきであろう。

それはすでに見たように、かつての熊本古城医学校の同級生であり後の東京衛生試験所における細菌学の教師でもあった緒方正規の脚気菌発見を、科学的学問的立場から批判したことに発する、東京大学派との確執の問題をも孕んでいた。

また、破傷風菌の純粋培養から血清療法の研究に順調に進んでいた北里が、徐々にドイツを訪れた日本人の同僚に対して、傲岸（ごうがん）とも言える態度で接するようになったことも、印象を悪くしたかも知れない。さらに、一八九〇年の師コッホによる結核特効薬ツベルクリン創製に際し、日本政府から派遣された三名の東大教官（宇野朗、佐々木政吉、山極勝三郎）に対するコッホの冷たいあしらいが、コッホの下にあった高弟北里の存在のためであってみれば、さらに東大、文部省の北里に対する印象は悪化したであろうことは想像に難くない。

この件に関してコッホが北里に事情を問うた時に、先にもふれたが、北里が「自分は文部省に信用がないからでしょう」と答えたところにも、文部省から睨(にら)まれていた状況が窺い知れる。

第七章　北里の私生活

1　家庭人としての生活

雷親爺

北里は、医学研究に、研究所経営に、また病院経営に多忙だった。さらに公的仕事が目白押しだった。しかし、そんな彼にも、父母があり、妻子があった。

すでに見たように、父母は北里が幼少の頃からその学問的素養に気を遣い、常に彼を学問ある場所に送って、その修得に努めさせた。また、そのために故郷に錦を飾るまでは帰って来てはならないとまで厳命していた。特に、熊本から上京して東京大学で学ぶ時は、その命が厳しかった。

無事に学問を修得し、さらに研究に深入りするにつれ、北里はますます多忙になった。しかし、東大を卒業し内務省に就職する前に婚姻を結んだ松尾乕を北里は大切にした。自分自身四男二女の六人の兄弟であったが、その長男として、家名を上げた。もっとも、次男、三男、長女の三人は夭折(ようせつ)している。あるいはそれは安政のコレラによるものだったかも知れない、あるいは自家中毒のようなことだったのかも知れない。まだまだ乳幼児死亡率の高い時代だった。つい五〇年前まで、日本は生まれた子供の半数が五歳の誕生日を待たずに死んでいたのである。

幸い、北里も四男三女に恵まれ、その内、三男の壮三郎だけが乳幼児の内に死んだが、残りはみな成年に達し、おのおの家庭を得て、幸せに生きた。

そんな北里は、子供に優しかったが、厳しくもあり、怖れられてもいた。

それは北里が「雷親爺（かみなりおやじ）」（ドイツ語で「ドンネル」Donner、英語では「サンダーパパ」Thunder Papa）と呼ばれていただけに、すぐ激怒して怒鳴りまくる癖があったからである。それは職場でも家庭でも同じで、北里の厳格さは並々ならぬものがあったらしく、たとえば朝早く病院に出て来て、何気なく窓の桟を触ってほこりが付いていようものなら、たちまち雷を落としたらしい。また、机や書棚などで物が曲がって置かれていることがあると堪えられないらしく、非常に几帳面（きちょうめん）であった性格が窺い知れる。

子供を叱る時も、しばしば激して大声で怒鳴ったらしい。その雷に恐れをなして子供が萎縮していると、こっそり後で妻の乕のところへ行って、「どうだ彼等はよほど恐縮しているか」という風に尋ねていたらしい。これを知ると、子供は「お父さん、悪うございました」と父親の胸に飛び込んで謝りたくなったものだというから、可愛らしい。北里の、子供への愛は無上であったと言える。

たとえば、長男の俊太郎と次男の善次郎が、逗子に行く時、新橋駅で父と待ち合わせの約束をして、三〇分ほど前に駅に着いてみると、列車の中から難しい顔をした北里が辺りをしきりにきょろきょろ見回しているのが見える。二人の子供が近づくと、北里は急に顔をほころばせ、「父ちゃん、こっちだ」と手招きしたのである。待てどくらせど二人の子供が来ないので心配していた様子だったが、また同時に、列車の出発のよほど前から来ていないと不安な北里の性格をも表していた。

きれい好きで、清潔好きで、時間にうるさく、またすぐ激してしまうのだった。

趣味の世界

北里の趣味は、まず鳥であった。庭一面、鳥かごと言ってもいいほど、様々な鳥を集め、それらの音色、囀（さえず）りを鑑賞していたのである。七面鳥、鶴、孔雀、きんけい、白鳥、黒鳥、鴨等々。

それらが、春になると一斉に愛を求め、また地震にたいして等しく敏感な習性を北里は見ていた。北里は、朝は五時半に床を離れ、日課の読書と新聞に目を通すと、七時にはもう庭に出て、鳥たちの諸相を味わい、そればかりか事細かにそれらの鳥の動静、習性を観察するのである。次男の善次郎が感心したのは、北里が、それらの鳥が、おのおの種類毎に、敵に対する防御方法に差異があること、雌雄の愛情状態、体調の変化、発育、老化の推移を、あたかも自然観察学者のように冷静に観察し、メモを取っていることであった。

さらに、鳥で死んだものがあると、剝製（はくせい）にする前に必ずその死因を探るのであった。そのために、家の二階の一室が実験室のように設えてあった。

ある日、親類の子供が集まって、この鳥のための実験室で簡単な実験をしていると、大きな爆発音がした。すかさず階下から上へ向かって北里が、「大丈夫か、怪我はないか、水素ガスが爆発したのか」と尋ねた。

大丈夫と二階から答えると、ゆっくりと二階に上がって来た北里は、「ドイツで破傷風菌の研究中、水素ガスに引火して怪我をした時と同じような音がしたので」と言い、辺り一面に散乱し突き刺さったガラス片を見ながら、「君たちは幸運だ、この失敗の原因が一つの貴重な経験であるから、これを生かして実験を続けたまえ」と言い放ち、さっさと階下へ降りていったというのである。この時の反応も、実ははるか以前にドイツ留学中の北里の経験と似ていなくもない。それは、北里が破傷風菌の培養を繰り返し実験している時に、嫌気性培養を考え出す際に起こったことだった。水素で空気を排除する際、キップの水素発生器を使用し、空気が残留していないかどうかを調べるために火を点じる。もし空気が残っていると爆発するのだが、北里も実験中にこの失敗を犯したのである。その際、コルベン（フラスコ）が破裂して破片が散乱し、同室で研究していたデーニッツが頭を抱えて「ひゃー、雷だ！」と叫び、隣室からコッホが入って来た。どうしたのかと問われて、北里が爆発のことを説明すると、コッホは「それはこの間から君に注意しようと思っていた」とだけ言って、デーニッツの方には見向きもせずに、去っていったということである。コッホの北里に対する信頼の篤いのを見て、ただただデーニッツは怒り狂っていたらしい。

その鷹揚な態度といい、肝心の注意だけしてあとは研究を続行するように暗に促す態度といい、実に師を見習っていることが分かる。

破傷風菌の純粋培養で、一大業績を打ち立てた北里だったが、その実験過程で、失敗をし、怪我をさえ負っていたことを示しているのみならず、その失敗を活かすことを子供達に伝えて、決して雷を落とさなかったことは、殊勝である。こんな時、世間の親はたいてい恐れ戦き、すぐさま実験道具を片付けさせてしまうのがおちである。

趣味は、まだまだある。湘南の海を散策中に、投網をしている青年をみかけ、それから熱中して投網をした。

またある冬の朝には、葛飾の鴨場で、鴨猟をした。鴨を音で池の端に呼び寄せ、網を被せるという方法である。これには、辟易としたのか、浮かぬ顔だったらしい。

また相撲では、出羽海部屋の常陸山が贔屓で、早朝練習に知人を誘ってよく出かけていたらしい。さらに、常陸山のハワイ巡業費用の一部を立て替えていたのだが、後年それもちゃらにして、常陸山を男泣きさせたということである。

美食

北里が、医学で名を成し、ついに研究所所長、慶応大学医学部部長、日本医師会会長などという名誉も実力も伴った地位に就いた後は、むしろ食の方に趣味を深めた。

幼少の頃、肥後熊本の山間僻地に生まれた分、川魚やスッポン、鰻などというものの自然のうまさを堪能したはずである。

研究以外は無趣味に近かったように思われている北里は、食におおいに気を遣った。

しかし、食事と言っても、職員や知人と食べる時以外は、たいがい、応接間の隣の食堂で一人で食べた。ご飯を小さなお櫃(ひつ)に入れてもらって、家族とは食べなかったのである。

友人が来るとその人と食べるという風で、家族との食事は無かった。あるいは、北里の父母もそのようにして食事をしていたのかも知れない。庄屋の食事とはそのようなものだったのかも知れない。あるいは封建時代の家長の務めのように思っていたのかも知れない。

すべてが真剣勝負のようであった北里にとって、食事もまたとても大切な人生の一部であった。彼は、財力にものを言わせ、今日言うところのグルメであった。

自宅での食事の他に、馴染みの有名店があって、そこに知己友人を招いて宴を張るのが趣味でもあった。また晩年は、自宅に有名料亭より食事を取り寄せて、それで客を遇するのを何よりの楽しみとしていた。洋食は神田の精養軒、中華料理は晩翠軒、和食は築地の錦水に頼んで準備をさせるという風だった。

その食の好みは、むしろ西洋や中華というよりは、日本食であった。北里は、大食家でもありまた美食家でもあった。金杉英五郎の証言に耳を傾けてみよう。

「北里さんの表面に現れたる道楽は食物であった、特に油濃いものを多量に摂取するのであった、壮年時には総て二三人分無ければ満足しなかった、拙者が至って小食であったので宴会に於て屢々隣席の光栄を荷ふた、それは食を分たしめんが為めであった、故近衛公も有名の大食家であって我等は往年屢々紅葉館を会食場としたものであったが、近衛さんと北里さんの間に座を占めたる場合には如何に小食の拙者でも両側よりの襲撃に抵抗せねばならなかったので、女中等の笑話となった程であった。」

そして、北里が魚で一番好きだったのは鮎で、普通の人は二、三尾でへこたれていたが、北里は七、八尾を平気で平らげたと弟子の宮島幹之介が回想している。食事ということでは、桜田倶楽部とは別に、東京在住の病院を持つ二十一人の同志が毎月二十一日に会食する「三七会」を何よりの楽しみとしていた。決まった料亭に夕刻五時に参集し、盃を傾けながら食事をするという会合である。食後、二、三組に分かれて、思い思いの遊びに興じるというものだが、延々と夜半近くまでお開きにならなかったのだそうである。

ここからが、北里らしいのだが、会の後帰宅すると、深酒の後には宴会にいそしんだ古代ローマ人よろしく、便所に水を持って入り、舌を手で押えて、余食物を吐き出し、また水を呑むということを繰り返していたらしい。

時に北里は面白い習慣を持っていたことが分かる。それはおそらくドイツ留学時代に身に付けたパン食の習慣であった。汽車旅行が大好きで、よく窓から首を出して外を眺めていたらしいが、汽車の中でもトーストも食べたらしい。その際、トーストの焦げ目が付いた部分が気に入らなかったらしく、窓の外に向かってナイフでせっせと焦げ目を削った。ずんぐりむっくりした大のおとなが、車窓から身体を丸めて乗り出し、トーストの焦げ目を必死で削り取る姿を、後年、次男の善次郎は恥ずかしく思い出している。しかしそれは、いかにも微笑ましい（医学的に見ても、発ガン物質という汚名を着せられている焦げた部分を削ぎ落としていたのは、正解だったのかもしれない）。

この美食の趣味が高じて明治三十六年頃、近衛公を中心に桜田倶楽部を起こし、同志が時々集会をして会食をしたり、時事を談じたりする会合を通じて付き合いが生じたのが、政治家木下謙次郎であった。木下が政界での多忙の合間を縫って書いた『美味求眞』の原稿が大正十三年に完成すると、北里は自ら求めてその序を書いた。

「大味に徹する著者は自ら味を知るばかりでなく、他をして味はしむる道を心得て居る。鼈を解くに天下一品の技量を有する著者は容易に世上の紛乱をも片づける手腕を蔵して居るであらうし、自ら小鮮を煮るに馴れた掌には天下の塩梅も六かしくない筈である。著書の中にも書いてある如く美味いものを喰べさせれば天下の人心も静穏に赴くに相違ない。時節柄天下民人をして著者の美味に厭かせたいものである。」

さらに北里は、木下が河豚の毒テドロトキシンが肝と卵巣にあるなどということだけでなく、古代生物学から最近のカロリーメーターや栄養学説まで詳しいことを挙げて、政界ではなく自然科学の方面で活躍が期待できたのにと惜しんでいる。

このように、なかなかの名文が届けられたが、それを実際に執筆したのは内務省衛生局長をも務めた高野六郎であった。前にもふれたが、時々筆のたつ田端重晟に揮毫を頼んでいたらしいように、時に文章も代筆ということもあったのである。多忙の北里にしてみれば、また自分の知らない領域に関しては、そういうこともあったのであろう。

しかし北里は、後年、身体にいろいろ不都合が生じるようになり、食事も自然と制限されるようになったが、食への癒し難い欲求はそれをも凌駕してしまったようである。金杉の思い出にもう一度耳を傾けよう。

「北里さんの喉頭の障害、呼吸息迫等が幾分脂肪過多に関係あるべきを諒り、脂肪質食物の減少を進言して承認せしめたことありしがそれも一ヶ月半にして其禁を破り制限されては生甲斐無しと言うのであった、兎に角万事節倹家であったにも拘らず食物丈けは贅沢であった、酒も二十五年前迄は多量に用い、明治廿七年の正月には山根文策さんと両人にて二日間に六升飲んだ程であったが、十一年前より殆んど全廃し、煙草はコッホさんが自ら止めたことを聞いて直に止めたのである。」

確かに生涯にわたって、師コッホの影響は絶大であったし、また北里にあっては忘恩などということは有り様もなかった。コッホから禁煙を勧められたその日に、北里は帰宅してすぐ灰皿を片付けさせ、以後生涯にわたって禁煙したのである。もっとも、来客が喫煙することはけっして邪魔しなかったが。

別荘の贅と町への貢献

北里は、大正二年（一九一三）に伊豆の伊東に大きな別荘を構えた。北里は、毎朝風呂場を自ら洗い、湯水を入れ替えるのであった。

また、町の発展のためにプールを造るように町長に勧めたが、そのような物は不要ですとの返事にかちんときた北里は、自宅に自慢の屋内プールを造り、それを近所の子供達に開放したのである。これは、あるいは日本最初の屋内温泉プールではないだろうか。この風呂は当初「千人風呂」と呼ばれていたが、後には「万人風呂」とされ、気宇壮大で面白い。

面白いのは、この伊東に静養に来るつもりだった北里が、この地に来て、すぐさまこの地に縁のある日蓮上人、源頼朝などの逸話、史実を、これほど調べるかというほど調べて、それを客人に語ってみせることであった。つまり、北里には一事たりとも疎かにできない性質があり、それこそが、彼の医学的実験を成功に導いたのであったろうし、また弟子達の研究にも目配りが出来たのである。鳥の収集といい、投網といい、またプールの効能を説く余り、ついに実物を造ってしまう行動力といい、北里は類い稀な性質を身につけていたと言わざるを得ない。

これはいささか義侠心（ぎきょうしん）の問題にわたるかもしれないのだが、町内を流れる音無川に架かった仮橋を、台風の最中、近隣の小学生が渡っているのを見て、北里はすぐさま町役場に通学用橋の建設を自らの費用ですることを申し込んだ。大正三年（一九一四）の十二月末に完成し、翌年元旦に盛大な開通式を行った。この北里が「通学橋」と命名した橋は大正九年（一九二〇）の大洪水で流され、再び北里の資金寄附を得て鉄筋コンクリート造りの橋が架けられた。橋は旧前の名をそのまま使用した。なお、この伊東にあった豪壮な別荘は後に講談社社長の野間清治が購入した。昭和二十三年に敷地内に野間幼稚園が建てられ、二〇〇二年からの建て替え計画で残念なことに別荘は取り壊された。設計は安藤忠雄であった。

2　男の生活

浮き名を流す

北里の私生活は意外と知られていない。その多方面の活動が華麗であった分、そちらに目が行き、普段着の北里は姿をくらませてしまった。一人の偉大な医学者の像ができあがってしまったのである。

しかし、北里柴三郎といえども人の子である。感情もあれば、人並みの欲望も願望もあった筈である。

いままでの伝記はことごとく北里の風流人としての生活については口を閉ざしてきた。あたかもそうしたことがない聖人君子のような扱いである。そこに世界に認められた北里を神格化し伝記上の人物にしようという働きかけが行われたことは疑いがない。またそこに日本の、否世界の伝記の伝統があったと見るべきであろう。聖人君子の創成である。神話化という言葉が相応しいかも知れない。

しかし、ここではあえて北里の女性問題について少しく触れておくことにしよう。なぜなら、この女性との関係においても、北里は抜かりなくまた徹底してその交遊に努めていた風が見えるからである。つまり断固一事を成し遂げる彼の人生観がここにも如実に表れている。

実験の対象の可能性を調べ尽くし、検証を限りなく固めた上で次の段階に進んだ、あの北里の態度が、女性との関係においても遺憾なく発揮されたと見るべきであろう。実験の結果に対する絶大な自信さえもがそこに見える。

もちろん、そこに若かりし頃に勉学や仕事に励んだ者が、四〇を越えて功なり名を遂げて遊びを知ると狂いがちになるということもあったのであろうが、北里は元々政治家志望でもあったし、明治以来、日本の政治家の典型のひとつは料亭政治家であり蓄妾（ちくしょう）の風習はその甲斐性を示すことでもあった。つい昨日の日本は、男性中心社会であり、世には昭和三十二年（一九五七）の売春禁止法の実施まで政府公認の売春が行われていたのである。

北里にも、かかる態度が垣間見られる。福沢がこの点で北里に危惧を抱いたのもあながち不思議ではない。その思いが高じて、長い書状を認め、北里に送らせることになったのである。

時に、福沢は北里の恩師であり、後見人であり、また小言居士（こごとこじ）でもあった。

たとえば、牛乳という観点から、二人の関係を見てみると面白い。三田天現寺に慶応幼稚舎が建てられ、北里の牧場がそこに牛乳を納入していたという事実がある。ある日、その北里の牧場から慶応義塾に配達された牛乳の瓶の口に毛がついていた。それを伝え聞いた福沢は、その旨を事務長の田端に小言として伝えた。これを伝え聞いた北里は、この件でただちに福沢のもとに参上、三時間の説教を受けて汗顔淋漓、平身低頭に努めた。福沢の意見とは、こうした不良品が私に見つかってよかったが、もしこれが他人だったら大騒動だ、というものであった。仔細にわたるまでの北里の監督不行き届きであるというわけである。

この頃、北里は新橋の芸妓と浮き名を流していた。福沢の耳にもそのおおよそは入っていて、一夫一妻を唱導し、畜妾を唾棄していた福沢の目にはいかにも苦々しく映ったことであろう。すでに福沢は、少しく北里の行動に異常を認めていたのであるが、差し障りのない小言で留めていた。少なくとも、指導者である者は、かかる事態を軽視してはいけない、むしろその監督の責任をさえ問われるべきだ、と。きかん気で猪突猛進の北里が神妙に聞き入っていたとは不思議な光景だが、こと福沢の言になると、北里はいつも尊敬の念を持って神妙に聞き入っていた。それどころか大部分そのまま受け入れ、実行に移していた。北里は、他人の言動に対しても厳しかったが、こと自分の非に関しても君子豹変すという言葉が相応しい。特に師と仰ぐべき人物への傾倒が激しい。

しかし、これで北里の遊びがやんだかというと、どうもそうではないらしい。それは今日の価値基準からすれば当然糾弾されるような種類の生活であるが、当時の社会状況、つまり階級差が財産の差でもあり、それゆえに女中奉公、女工哀史、あるいは公娼制度の厳然と存し、その苦界に身を沈める者の少なくなかった時代であれば、北里を一方的に責めることはできない。社会全体がそれを容認していたのである。

もとより福沢諭吉は、財界人ならびに政治家、高位高官の蓄妾の弊風には辟易していたのであろうし、また北里のその例に漏れないことをおおいに憤懣やるかたない気持ちで見ていたのであろう。それがある日の叱責の手紙となって爆発したとみてよい。

やがてこの手紙は福沢諭吉の人となりを知る上で格好のものとなり、これ以降北里研究所の宝として表装され、北里柴三郎の机の後ろに掛けられていた。

「秋風人に可なり、益々御清安拝賀奉り候。陳ば、兼て御手数煩し候ミルク、今朝到来の中の一ビン、人を以て返却致し候間御一覧下さる可く候。其の不潔なること何とも名状すべからず。斯る悪品の拙宅に来りしこそ幸なれ。若しも是れが喧しき患者の許に達したらば如何ん。何と攻撃せられても一言の弁解は出来申間敷、細菌学の淵叢、消毒云々とて、其注意の周蜜なるは自家も信じ、又世間をも信ぜしめたる養生園のミルクにして斯の如しとは何等の怪事ぞや。畢竟病院事業の盛なるに慣れて、百事を等閑に付し去る其結果の偶然に現われたるものと云う外なし。或は是れは小使共の不注意なりなど云わんか、決して恕すべからず。たゞの宿屋か何かにて、客に呈する食物に云々とあれば、一寸詫を云うて済むべきなれども、苟も学医の病院に於て、衆患者が生命を托する病院に於て、薬品同様のミルクが此ざまにては、仮令え実際に無害にても人のフィーリングを如何せん。事小なるに似て決して小ならず。一ビンのミルクは以て病院中の百般をトすべし。薬局の怠慢、料理場の等閑、医師診察の不親切等、実に恐るべき事に存候。左れば此罪はミルク消毒場に於ける下人のみに帰すべからず、第一に院長、医長、会計局員を始めとして其責に任せざるを得ず。

喉元通れば熱さを忘る、の諺に洩れず、今日僅かに養生園の盛なるを見て、皆々安心得意の情を催し、浮世の流風に俗して本来の本務大目的を忘れたるか、左りとは頼甲斐なき次第ならずや。例へばミルクの事にしても、ミルクは何処の牛屋より入る、か、其牛屋は色々に諸方を吟味して果して信ずべき者なるや否や。

牛屋信ずべしと仮定しても油断ならず、時々医師を派出して乳牛の性質を糺し、又其しぼりとりの法方、持込の途中をも窃に視察を要することなり。従前其辺の注意行届き居るや否や。

消毒場に到来の上、園員中何人の監督する所なるや。因襲の久しき、単に下人共に打任せ置くが如き怠慢なきや否や。

右の事情篤と承知致し度、凡そ大業に志す者は畢生の千辛万苦に成るものなり。細々百事に注意して辛じて目的の半に達するの常なり。此一段に至りては、長与氏も北里氏も共に責を免かるべからず、何卒御遠慮なく御話被下度、或は此手紙を御示し被下候ても不苦、老生は明々白々に心事を申述候義に御座候。何れ其中罷出苦情を語るべく存候。匆々頓首」

（明治二十九年十月十五日福沢諭吉から田端重晟宛の手紙）

この手紙の余白に、さらに福沢はこう書き付けた。

「追て此ビンは養生園の事業腐敗の記念として、口の処に何か毛の如き汚物ある其ま丶、ミルクのあるま、保存致し度、後日に至るまでも好き小言の種と存候。」

つまり、福沢は、門下生の田端に事寄せて、今後もかかる不祥事が続くようであれば、いつでも喜んで小言、忠言を申し上げますよ、と北里に告げているのである。福沢を訪れた北里がきつい小言を頂戴したことが、このじみじみと書き連ねられた手紙からも想像できよう。実に福沢は人の才能を見抜く才にも長けていたが、人の一旦疎かにするところあらばただちに叱責することただならぬところがあったのである。

情に篤く、知人弟子にとりわけ優しかった北里だが、同時に厳しい教師の顔を失わなかった。しかし、この大恩人の前では、さすがの北里も青菜に塩のように凹(へこ)たれ、平身低頭これ陳謝に努めるしかなかったのであろう。

しかし、北里の遊びは続いた。江戸時代を含めて封建時代には、家が大事であり、その家の家督を継ぐために、長子が優遇され、また男子を産ませるために側室制度がごく普通に行われていた。明治の新しい時代になっても、元勲たちの大部分は側室、妾を囲い、かつ芸者遊びに興じた。不遇の時代から一気に権力を得たものたちの間でもこの習慣が、上から下まで国を覆ったのである。

新橋芸者とん子を時の宰相伊藤博文と争った時も、悠々勝鬨(かちどき)の声を上げたのは、なんと市井(しせい)の北里だった。しかし、すでにその時には単なる医学者北里ではなく世界の北里だった。

妾の暴露

確かに今とは時代が違う。女性の権利や、社会進出が今日のように取り沙汰されることのなかった時代である。また、芸妓、芸者、娼妓が今日とは意味合いの違った時代で、幕末維新時に、勤王の志士を女中や芸妓が物心ともに支えた時期だった（長州藩の高杉晋作、坂本龍馬を想起すればよい）。そのせいかどうか、明治維新以降、明治の元勲や官吏が、芸妓を本妻として迎えることが決して珍しいことではなかった。もちろん本妻（正室）とは別に、妾宅（しょうたく）を構え、そこに芸者を落籍して置くというようなこともごく普通のこととして行われていたのである。こうしたことは、明治新政府の参議伊藤博文、桂小五郎（後の木戸孝允）、外務大臣陸奥宗光、後藤象二郎、山県有朋、原敬、大隈重信、桂太郎、犬養毅と枚挙に暇がない。

こうした妾を持つのが当然という風潮に目をつけ、社会浄化を唱えて一気にジャーナリズムに名を成したのが『萬朝報（よろずちょうほう）』の黒岩涙香（るいこう）（一八六二～一九二〇）である。

慶応義塾を中退した黒岩は、『日本たいむす』『都新聞』などの主筆を務めたあと、明治二十五年（一八九二）に自身の会社である朝報社を設立し、『萬朝報』を創刊した。この淡紅色の用紙を使ったために「赤新聞」と呼ばれた新聞は、第三面に煽情（せんじょう）的な社会記事を掲載して読者の心を掴み、明治三十二年には東京での発行部数第一位にまで伸し上がっていた（二〇万部を超えた）。

その急成長を示した理由のひとつが、明治三十一年七月七日から始まり、総勢四百九十名にも達した「名士の蓄妾の実例暴露」だった。こうしたあくどいとも言える暴露のために、黒岩は本名の周六にちなんで「マムシの周六」というあだ名がついたほどである。また、後藤新平が投獄されるに至った明治十七年から二十六年頃まで続いた「相馬事件」も詳細に報道して、世間の評判を取っていた。

北里の例は、七月一〇日に掲載された。

「勲三等医学博士北里柴三郎が、新橋の近江屋とん子こと、小川かつ（二十二）を大金に身請けしたるは、たしか一昨年春頃の事なるが、初めは飯倉四ツ辻に住まわせたれども、その後麻布二ノ橋東町二番地警視丹羽五郎の旧宅を三千円余にて購い、妾宅とし、かつとその叔母きく、としの両人及び下女石崎はつを住まわせ、近頃は川添いの庭園を手入れ中なり。」

黒岩の舌鋒鋭い追及に晒されたのは、北里だけではなかった。すでに述べた明治の元勲の外に勝海舟、榎本武揚、原敬、黒田清輝、古川市兵衛、森鷗外、大江卓と枚挙に暇がない。さらには西園寺公望、日本赤十字の創始者佐野常民、北海道開拓の祖岩村通俊、高嶋易断の祖高島嘉右衛門、早稲田大学二代目総長高田早苗、ベルツ博士と華やかである。近代史を、性を巡る言動から書き直してみると、料亭政治、妾政治がその記述において不可欠となることは間違いない。書かないことがマナーのように、日本の歴史学者やジャーナリストはうまく避けて通ってきた。明治の元勲は、あるいは西郷隆盛を除いて蓄妾の恩恵に与っていたし、妻妾同棲ということも、また妻と妾の地位が逆転したことも少なくなかった。戦後ずっと経った岸信介（のぶすけ）首相の時代も閣議はたいがい妾自慢から始まったと言われている。宇野宗祐（そうすけ）首相が、平成元年（一九八九）に愛人問題をアメリカのワシントンポスト紙に書かれて失脚してからまだそんなに日が経っていない。もちろん今日の日本では、「妾」という言葉は死語に等しいかも知れない（黒岩は、またシーメンス事件追究、大隈内閣実現に奔走し、別に多くの翻訳を日本に紹介した功績もある。その中には、少年少女に愛読された『鉄仮面』『巌窟王』『噫無情』などがある。なお、明治二十五年創刊の『萬朝報』は、一時東京で最高発行部数を誇った。しかし、日露戦争に際し、当初非戦論だったのが、世論を敏感に察して主戦論に転じ、社員の内村鑑三、幸徳秋水、堺利彦らの退社が相次いだ。黒岩の死後、徐々に退潮の憂き目にあって、最終的には昭和十五年に廃刊した）。

師匠弟子という関係では、師匠の北里柴三郎が浮き名を流していた時、また弟子の野口も豪快に、知人友人がアメリカ留学のためにカンパしてくれた大金を、横浜でのたった一晩の芸者遊びで浪費していた。そこには無頼で破天荒な野口の一面が垣間見えるが、それはまた豪快さにおいて人後に落ちない師匠北里柴三郎の薫陶のよろしきを得ていたのかも知れない。

しかし、野口は北里からジョンズ・ホプキンズ大学教授フレキシナー（Simon Flexner, 1863-1946）への紹介を受けて、その後彼を頼って渡米し、ペンシルヴァニア大学助手の口を、またフレキシナーがロックフェラー研究所に移ると、そこで研究員として採用された。

野口は、アメリカに渡るまで限りなく借金を繰り返し、酒と借財に苦しんだが、北里柴三郎はそうした後を濁すということはなかった。豪快に呑み、豪快に食べ、豪快に浮き名を流して、世間の耳目を集めたのである。

現代の目から見れば眉を顰めるような話であるが、芸妓の奪い合いというような生臭い話ばかりではなく、なかなか微笑ましいエピソードも残してくれている。それは、吉見蒲州（和子）の芸妓思い出の記とも言うべき書『紳士と藝者』（明治四十五年）に記されている話である。

新橋のさるお茶屋でお忍びの遊びをしていた河村鉄太郎伯爵が酔いつぶれ、恋しい女中を部屋で待っていると、緋縮緬の襦袢を着て、銀杏返しの芸妓を連れてきた北里が、厠への帰り道に間違えて潜んでいた河村伯の布団に手を差し入れてしまったそうだ。驚いた河村伯爵から北里は泥棒よばわりされて、茶屋全部が大騒動になったという。翌朝、別用で赴いた東京倶楽部の玄関先で再びばったり出会った二人は、いや昨夜は失礼とか言って、甚だ真面目に挨拶を交わしたらしい。おおらかな時代であった。

その北里が落籍したとん子も、それなりに浮き名を流し、その中には稀代の俳優川上音二郎もいた。川上は、堅物と思いきや、後年（明治四十三年三月『俳優鑑』）のアンケートに「娯楽——芸者買い」と返答するように、日本橋の小かね、新橋のとん子や清香など、現代で言うとアイドルであった花柳界の名妓と浮き名を流し、そのゴシップが新聞を賑すこととしきりであった。貞奴も気がかりであったろうが、藤沢浅二郎（音二郎の片腕）の回想によれば、「奴は世間の嘲笑の的となり、座敷へ出ても冷やかされる。可愛い男を一人前に仕上げなければ私の一分が立たないと力んで」、浮気については眼をつぶり、音二郎の男気を見込んで身代一切つぎこみ、この何に成るかわからぬ男の野心達成のために、縁の下の力持ちとなって協力することになる。この貞奴こそ、後に福沢諭吉の婿養子福沢桃介と懇意になり、彼はその妻子と別れて貞奴と結ばれて、二人で幸せな晩年を送るのである。

北里に直接満州で接した医師は、その緻密な仕事ぶりと豪快な遊びを目のあたりにして、ただただ「豪傑」と呼ぶしかなかったということである。

もしということを言い続けることは何の意味もないが、もし北里が政治家であったとしたら、相当の手腕を発揮したであろうことは、その生涯の様々な業績から容易に計り知れることである。北里が政治家を目指していたのは事実である。貴族院議員として国家に貢献したことは間違いないし、日本医師会の創立に貢献したことは、その後の日本における医療行政、医師組合としての実績を見れば、その政治的意味と共に首肯できることである。また、北里研究所の医学的貢献は大きい。そこで育てられた医者、医学者、保健婦、看護婦（看護士）、獣医師が全国に展開していったことは、また北里の宿願であった衛生に尽すという意図に合致していた。

弟子の一人が、政治家として歩んでおればやがて首相の印綬を帯びたであろうと感慨を洩らしているのはあながち身びいきや間違いとは言えないだろう。

昔日の東大医学部あるいはその前身の医学校における政治的弁舌からしてすでに十分その天稟を感じさせる。研究の進め方、研究所の束ね方、病院の経営、そのどれを取っても、北里の政治家としての才能の片鱗を感じさせる。

しかし、逆に、そうした政治家的動き、行動が、医学者として尊敬されていた北里のイメージを崩し、信用を失墜させたということも考えられる。ある意味で、北里は研究者ではなく、政治家になっていたのである。

第八章　北里人脈の形成——野口英世・志賀潔・秦佐八郎

1　弟子達の活躍

野口英世

政治家的英断は、その弟子の採用にも遺憾なく発揮された。たとえば野口清作（後の英世）は、高校さえ出ていなかった。もう一人は、秦佐八郎である。彼も帝大出身ではなかった。この二人こそ、しかし、後に世界に冠たる研究者に育つのである。もちろん、それを北里柴三郎の英断とか、人を見る目の確かさだけに帰してはならないだろう。むしろ、そこに帝大に対する強い反発、あるいは進取の気象の欠如を嘆く気持ちがあったであろうことを慮（おもんぱか）る必要がある。

型を破り、自らを救ってくれた人、あるいは掬ってくれた人に、誰でも強い恩義と忠誠心をもつものである。たとえ野口がそれを持たなかったとしても、彼はそれを自らの業績でもって世界に示したといってよい。

むしろ、派閥主義より能力主義に基づいた政治的判断の確かさ、さらには人間洞察力が学閥や血縁関係重視の社会の常識を破った、とでも言うべきか。

野口はアメリカに渡ってから、ロックフェラー研究所で不眠不休の研究を続けて、やがて師の名を高らしめたのである。その研究スタイルは、北里のドイツ留学中のものと見事に重なり合うものではないだろうか。

野口英世

ただ二人の違いと言えば、北里が帰国して日本のために働いたのに対して、野口は世界を相手に戦い、一九二八年に西アフリカで黄熱病研究の最中に倒れたのである。

北島多一

後々まで北里の女房役と目されていた北島多一の採用も、北里が同級生で東大教授だった隈川宗雄に頼んで実現したものだった。北島は金沢に生まれたが、軍人の父の転勤で東京に出て、そこで東京大学医学部に入った。それは明治二十三年のことで、一番で入りそのままずっと特待生だった。青山胤通学長に可愛がられ、そのまま大学に残るものと目されていたが、隈川から新しく開けた学問としての細菌学を北里の下でする気があるかと尋ねられ、北里の講演会、演説会に参加してその人となりを見ていた北島は北里に付いていく決心をしたのである。それが、北島が東大をやはり一番で卒業した明治二十七年のことだった。北島は、その当時の状況をよく理解していた。自伝の中から見てみよう。

「そのころ北里先生と東大というものは大変仲が悪かった。誰が見ても東大と北里というものは対立するような形になっておった。東大内へ伝染病研究所を立てる案が潰れて、北里の主宰する伝染病研究所が新築されつつあった。」

北島が北里の伝染病研究所に行くことを知った青山胤通は驚いた。ただちに北島を呼んで、その真意を糺した。北島は、面白そうだから行く決心をした旨を告げた。

「そうか、それは、君のために非常に不利益だ、なぜだというと、君も知っている通りに、東大の教授は今北里とはたいへん衝突しておって皆敵のように考えておる。僕は北里とはそんなに仲が悪くないが、世の中ではたいへん反対しておるようなことを言っている。考えても見給え、自分は香港に一緒に行ったじゃないか。日本をたって行ったときなどは、北里と自分は一緒に死ぬかもしれぬくらいに考えて香港にペストの研究に出かけたんだ。そういう間柄で、自分としてはそう仲は悪くないのだ。香港に行ってからも始終北里君の世話になっておる。研究の上においてもまた自分が病気になったときも北里君にはたいへん世話になっておる。だから個人としては何も考えていないが、世の中ではそうは思わない。たいへん仲が悪いように考えておる。そういうわけだから君にも言うが、君がもし北里のところへ行けば君と東大の間は縁が切れることになる。君は卒業したならば必ず東大に残る人間だと自分は思っておった。（中略）後で一二の人に話して見た所が其人らも君としてはそうかもしれぬが、それは青山先生の言われる通り、それはよくないと止めた人もあるので、なるほど世の中はそういうものかもしれぬ、これでは出発点から油断はできないぞ、自分は北里先生と生死を共にする意気込でかからないと自分の将来はうまく行かないかもしれぬと、前途の非常に多事だということにすぐ気がついた。」

北島は、父が陸軍会計監督をしていたこともあって、石黒忠悳軍医総監と小池正直医務局長が話し合って、北島と小池の娘を会わせる算段をしたのである。それが東大を卒業し伝染病研究所に入ってしばらくした明治二十九年のことだった。

その頃、『あざみ』という雑誌が出ていて、時事評論誌だったが、その時代の風潮に乗ってとかく北里柴三郎攻撃が主となっていた。北島は、最初東大の若い連中が出しているものだと思っていたが、実際には青山先生一派と陸軍の有名人、つまり小池や賀古鶴所、森鷗外という連中が組んでやっている雑誌だということが分かった。それで、北島は、自分の結婚はこれで破談になったと思ったのである。ところが小池の相談した青山の考え方は違った。

「ところが青山先生の返事が大変好意的な返事だったらしい。北里と今は喧嘩しているけれども、この喧嘩はそう長く続くべきものではない、自分の考えでは一年以内にやめなくてはならんだろう、こんな馬鹿な喧嘩みたいな非難のし合いっこをしておっては両方が損だ、だからこういうことは僕のつもりでは一年くらいたつと仲直りして決してそう長く続く喧嘩ではない。」

二月に結婚式を挙げ、四月には偕行社で園遊会形式の披露宴を行った。岳父となった小池は小池で、新しく息子になった北島をいろいろ教育しようとして盛んに手紙を寄越してきたらしい。さらに、人伝に京都大学の教授にしようという話を持ってきたりした。

しかし、北島の気持ちは、もうずっと北里に就いていくつもりだった。

「そのときから僕は北里先生にくっついてどこまでも行く、ほんとうに死生を共にする考えで行かなければならぬと思った。北里先生はずいぶん有名な怒りっぽい人だったが、僕は北里先生に怒られたことはない。ぷんぷん怒っているときに僕が北里先生のところに行くと、僕の顔を見ると妙に怒る言葉が出ない。僕が行って『先生』と言うと、『ああ、よう来たな』と言って怒れない。怒る言葉が出ない。僕もまた北里先生の前へ行くと僕は子弟という気にどうもなれない。いつも自分のおやじの前に行ったような気になってしまう。いつも自分の親に言うような態度をとるようになってしまう。だからあるときには恋女房みたいになってしまって、どっちがほれたんだか知らぬが、お互いにほれてしまったと見えて、これではどうにも始末がつかないと言って笑ったことがあるが、そんなようなことだった。」

志賀潔

また、弟子の中に輝かしい業績を上げた志賀潔（一八七一〜一九五五）がいる。志賀は明治三年十二月十八日（新暦では一八七一年一月二十四日）仙台に生まれた。明治二十五年東京大学医科大学に入学している。志賀は学生だった明治二十七年に、東大の生理学教室における北里の香港ペスト研究の報告演説会を聞いて、いたく感動している。羽織袴姿で、満堂を圧する風貌と歯切れのいい熊本弁に打たれたのである。

志賀は、守屋啓造と共に明治二十九年卒業後ただちに伝染病研究所に入所して北里の指導を仰いだ。できれば当時勃興して医学界を風靡していた細菌学の研究に一生を捧げたいという考えだった。

その当時の伝研は、芝の愛宕下にあり、五百坪あまりの敷地に研究室、図書室、事務室の本館と病室、解剖室、動物舎等の附属舎が配置されていた。大正三年に内務省から文部省へ配置換えになった時点で二万坪であったことを考えれば、当時はまだまだ弱小だったが、福沢諭吉と森村市左衛門の支援でなった最初の伝染病研究所が、御成門脇の三十坪であったことを斟酌すると、相当な発展を遂げていた時期だった。

志賀は最初の三カ月間、北里から細菌学、免疫学の講習を受け、それから臨床の方へ回されて、臨床部長であった高木友枝の下で、ジフテリア、結核患者の受け持ちとなった。大学での臨床経験もなく、また死体解剖も大学では見ていただけだったので、研究所で実際にメスを執って解剖するのはなかなか大変だったらしい。そんな時に東京で赤痢の大流行が起こり、それが機縁で、北里の指導の下に赤痢研究に没頭することとなったのである。

明治三〇年の赤痢流行は関東を中心に六月に始まり、十二月にようやく終息した。全国の患者は九万に近く、死亡率は二十五％、東京府下（東京は、昔、府だった。それが昭和十八年〔一九四三〕に東京都になったのである。明治二十一年〔一八八八〕から東京府東京市は中心部の十五区だった）のみで患者七千余名、死者も二千名を超えたのであった。伝染病研究所でも、附属病舎の一部を赤痢患者用に充て、この年の七月から十二月まで三十四名を収容し、八名の死者を出した。これらの患者から提供された素材を渡されて、北里の指導の下に研究を続け、その十一月には研究発表に漕ぎ着けたのだった。

しかし、それは言うほどたやすい研究ではなかった。なぜなら、人間の腸内には、健康時においても大腸菌をはじめ病原性を持たない細菌が常時繁殖しているからである。これらの雑菌の中から、「コッホの三条件」を満たすものを探し出さねばならなかった。特に、動物試験が困難を極めた。それは、赤痢菌に対して、人間同様の感受性を持ち、同じ症状を示す動物がほとんど見当たらないからであった。

志賀潔

この間、北里は志賀の仕事に異常なほどの関心を持ち続け、研究経過を見守り、指導し、ようやく研究に目鼻がつきそうになった頃から、北里は事務員に対して、研究に必要な動物は自分の許可は不要だから、志賀の要求通り自由に購入するように指示したのである。例のごとく、北里は、厳しい指導をしたが、細かなことはあまり干渉しなかった。それゆえ、志賀もまた北里の信望に応えるべく努力を惜しまなかった。

どうにか赤痢菌の存在に確信を抱くようになったので、明治三〇年、つまりこの年に創刊されたばかりの『日本細菌学雑誌』の第一号に赤痢菌の論文が掲載され、その後、翌年の欧文誌『*Zentralblatt für Bakteriologie*』に掲載された。これが、赤痢菌発見が、一八九七とも九八年とも言われる理由である。

志賀は、赤痢研究のテーマを与えられるとすぐに下宿を引き払って、研究室の片隅に自分用の寝床を作った。そこで志賀は酷熱の夏も頑張りつづけ、晩秋初冬に研究の最終段階に入った。志賀は興奮で眠れなかったが、北里は芝公園の紅葉館へ連れ出し、二人で祝杯をあげたのである。そして後年、志賀はその経緯をこのように記して、恩師への敬愛と感謝の念を示している。

「私のこの最初の赤痢研究は北里先生の懇切な指導の許に成されたものである。私は大学を出たばかりの若僧だったから、先生の協同研究者というより、むしろ研究助手というのが本当であった。然るに研究が予想以上の成果をあげて論文を発表するに当り、先生はただ前書きを書かれただけで、私一人の名前で書くようにいわれた。普通ならば当然連名で発表されるところである。赤痢菌発見のてがらを若僧の助手一人にゆずって恬然として居られた先生を、私はまことにありがたきものと思うのである」

(『赤痢菌発見前後』)

この志賀の言葉に従うならば、赤痢菌は北里／志賀の連名で発表されるべきものであった。しかし、部下を信頼し、その方向性だけを示して、またその周囲のサポートを構築だけして、北里は、赤痢菌発見のすべての栄誉を志賀に与えたのである。

つまり、北里にとっては、若輩者であろうが何であろうが、信頼を寄せ、指導した者の資質と性格を見抜き、その者が成した業績に対しては絶大な報賞をもよしとしたのである。そこにまた、北里が部下から信頼され、敬愛され崇拝される理由があったと言うべきであろう。

2　さらなる弟子たち

優秀な弟子達

さらに北里の弟子には秦佐八郎がいた。エーリッヒと共同研究で、ついに梅毒に効能のあるサルバルサンを考案した。これは、研究の第六〇六番目に発見された薬品で、その効能が著しかったので、「魔弾」(Magic Bullet) と呼ばれた。

北里は弟子に恵まれた。それは、単に華々しい業績を上げた野口英世や志賀潔、秦佐八郎だけではない。北島多一しかり、梅野信吉しかり、などなど。そこにもまた北里の面目躍如たるところがある。

つまり、マンスフェルトに教わった徹底的指導ということである。また自身がコッホに対して示した徹底的傾倒ということである。京都帝国大学医学部教授となった荒木寅三郎の話を聞くと、その辺りの秘密がほのかに見えてくる。ここで荒木博士に、北里は友人への飽くなき熱と誠意という言葉でその全体像を統括している。

「君、人に熱と誠があれば何事でも達成するよ。能く世の中が行き詰つたと云う人があるが、是は大なる誤解である。世の中は決して行き詰まらぬ。若し行詰つたものがあるならば、是は熱と誠がないからである。」

（『北里柴三郎伝』）

熱とは、熱意、愛情、敬愛といったことであろう。誠意は、文字通り相手を裏切らないということであろう。相手の気を逸らさず、相手の懐深く入って、その思うところを忖度(そんたく)し、その援助に惜しみなく自分の力、財力、人間関係を使う、ということであろう。そこに感情の人としての面目躍如たるものがあるが、また別に、気配り、記憶力、配慮の力というものもこれに与って限りない力を発揮したのであろう。そこには確信したことに全力で打ち込むという、北里独特のエネルギーがあった。またそのエネルギーを効果的に行使する智恵と戦略があった。もし政治家になっていたら一国の宰相の印を帯びたであろうという弟子の言葉は、さして驚くべき印象ではない。

そうした中で、浅川範彦（一八六五～一九〇七）は特異な存在であった。彼は、北里が芝公園に伝染病研究所を開設したばかりの頃にやってきて、弟子入りを申し込んだ。高知県生まれで、そこの県医学校で一年学んだあと、長谷川泰の済生学舎で医師免許を得て、しばらく高知と大津で臨床に携わっていた人物だった。北里は、最初は助手として採用する気がなかったが、岡田国太郎一等軍医正の紹介状があることゆえ、助手として採用し、浅川はその恩顧に応えて、血清製造、丹毒療法、腸チフス診断法を開発するなど抜群の働きを示し、特に破傷風毒素の研究で知られる。しかし、八年にわたる肺病のため夭折(ようせつ)してしまったのである。浅川は伝染病研究所の講習生のために『細菌学実習』三巻を著した。これは、日本人の日本語による日本で最初の細菌学の教科書でもあった。

この浅川範彦は中江兆民の従弟にあたる。学閥に属さず、三十六歳の若さで医学博士号を授与された。兆民の著書『一年有半』でもその授与を我がことのように喜ぶ様子が描かれている。不治の病の床にあった晩年の兆民にとっては、よき相談相手となっていた。

北里はこの愛弟子の夭折を悲しみ、その顕彰のために学会賞である「浅川賞」を浅川の死後一年後の明治四十一年（一九〇八）に制定し、それは昭和三十四年（一九五九）から日本細菌学会の最高の賞として受け継がれて、今日も北里研究所がその賞金を提供している。北里の思いは、こうして浅川の名と共に現在もなお息づいているのである。

そして、北里の弟子への信頼の念は人一倍強かった。それは、その標語にもよく表れている。北里は、研究所の自室に「任人勿疑、疑勿任人」（人に任じて疑うなかれ、（人を）疑いて任ずるなかれ）と書いた額を掛けていた。それは自戒の意味を込めていたし、また北里の人を用いる際の基本姿勢でもあった。

血清療法

破傷風菌の純粋培養の外に、北里の顕著な業績のひとつに、破傷風免疫体（抗毒素、抗体）の発見ということがある。

また、その業績のひとつは、ジフテリア血清の創始であろう。

ジフテリアは、小児急性伝染病で、効果のある治療法が無かったが、この血清療法、つまり細菌学的治療によって治癒率が覿面に上昇し、かつ予防的効果もあることが認められたものである。もともと、破傷風の毒素とその免疫の研究で得た成果を、先輩のフォン・ベーリングと共にジフテリアに応用して得たもので、治療に改革をもたらしたものである。

北里は、伝染病研究所でこのジフテリア毒素から免疫を得て血清とし、それをただちに患者に適応したのである。

ここでかねて獣医として雇っていた梅野信吉に命じて羊や馬を購入し、ジフテリアの免疫を得て血清を製造したのであるが、さらに北里はかねてより気がかりであった自分の身の上、つまり内務省衛生局技師のまま長い間私立伝染病研究所の主宰者であったことに鑑み、また、政府から、とりわけ内務省衛生局長だった友人の後藤からの、民間業者による粗製濫造を防ぎたい旨の強い要望があって、このジフテリア血清製造を官営の業務としたのである。もし伝染病研究所の専売となれば、それはおおいなる利益をこの研究所にもたらした筈であるが（当該初年度の売り上げは約十万円、純益は約三万円にも上ったという）、北里は後藤の慫慂に従って言下に官立血清薬院の設立に尽力したのである。

そこには、天皇陛下の御下賜金によってドイツでの研究が続行できたという恩義に対するお礼の意味もあったが、それ以上に国家天下主義者としての北里の面目躍如たるところがある。

相馬事件から現役に復帰した衛生局長後藤新平が画策した、衛生局拡張案、さらには衛生試験所の拡張、痘苗製造所の設立、血清薬院の設立の一環であった。

痘苗製造事業は、明治七年に時の長与衛生局長が設立した牛痘種継所がその濫觴（らんしょう）であったが、その後その事業は大日本私立衛生会に移された。やがて民間にも痘苗製造業者があらわれ、粗製濫造の弊害もあらわれるようになった。政府が種痘強制の法律を定めながら、痘苗製造を民間に委ねておくのはいかがなものかという議論が出ていたのである。

政府は明治二十九年血清薬院官制を公布し、伝染病研究所はただちに血清製造を中止し、製造用の動物、設備その他を血清薬院に献納し、また血清の技術を熟知した部下の高木友枝をその血清薬院院長として据えた。その後、顧問であった北里は、高木が台湾総督府技師に転任するに至り、自らが院長に就任することを要請され、その任に就いた。

この血清薬院は当初、「血清製造所」と命名されることになっていたが、明治天皇から「血清製造とはなにか」との御下問があった。明治の初年に徴兵制を敷いた時に、ある方面でこれを「血税」と唱えたために、あやうく百姓一揆の危険性があったことを天皇は記憶していて、このような御下問になったのだった。それで薬という語を付け加えることになって、結果「血清薬院」となったのである。

後藤と北里の連携によって実現したもうひとつ重要な事案は、私立伝染病研究所を、その設立から六年半後の明治三十二年四月より国営とするに決したことである。

ここで一点気に留めておきたいのは、北里が「今は動物の身体の内で抗毒素（抗体）を作らねばならないが、やがて体外で同様の物が入手可能となろう」と述べていることである。

それは、いわば医学における遺伝子操作を意味するもので、先見の明のある北里は、やがて遺伝子をうんぬんする前に簡便にできる遺伝子の操作、つまりバイオテクノロジーの時代が到来することを予言していたと考えられる。

結核研究への貢献

北里柴三郎の功績を箇条書きにしてみた序章をもう一度思い出していただきたい。そこで、破傷風菌、血清療法の創出、ペスト菌の発見、日本医師会の発会と並んで結核行政への貢献が認められることを書いた。もとより結核菌発見者のコッホの下で学んだということもあり、また師の創出せる結核治療薬ツベルクリンの効能試験を師より直々に依頼され、その試験に余念のなかった北里であるが、また結核病学会の立ち上げ、大正二年（一九一三）には結核予防協会創立への尽力もただならぬものがあった。同協会の目的は、結核研究、調査、書籍雑誌の刊行、講演などを通した結核予防運動の涵養（かんよう）を旨としており、時宜に適したものであった。

大正十二年（一九二三）に東京で開催された第一回日本結核病学会の会長を務めたのも北里である。しかし、師のツベルクリンであれ、また多くの医学者が創製した結核治療薬であれ、その効能はかならずしも満足のいくものではなかった。

サナトリウム療法は、イギリスのボディントン（George Boddington, 1799–1882）やドイツのブレーマー（Hermann Brehmer, 1826–1899）によって唱導されたものであったが、そこには様々な医薬品が無力であり、医師の厳重な監督、とりわけ医薬品と食事療法による治療のもと、新鮮で冷たい大気を浴びて肺を治癒するというサナトリウム療法が世間に喧伝（けんでん）されていたことは、同時にまた医学（医薬）の無力をも証明していたと言える。

北里の明治三十五年（一九〇二）大日本私立衛生会第二十年次総会（秋田）での演説「慢性伝染病に就て」に耳を傾けてみよう。

「慢性の伝染病の中でも我々の最も苦心をして戦はなければならぬ所の伝染病は医者の方で云ひまする所の肺結核、夫から癩病、梅毒、此三ツの者が我々が最も意を注いで今後之が予防撲滅の方法を講じなければならぬ所のものであります。」

「以前は単り日本のみならず欧羅巴各国でも此肺病と云不者は伝染病の内ではないと思って居った、極く昔即ち耶蘇紀元前には有名なるヒポクラテスとか或はイソクラテスとか云ふ有名なる医学者が希臘に出まして、さうして既に此肺病の伝染病であることを唱へたのである。」

「今を距ること二十年前に有名なる独逸のコッホ氏が此肺結核の原因なるものを発見されまして（中略）全世界の死亡数の六分の一乃至七分の一と云ふものは皆此肺病で死ぬるのであります。我邦でも先刻の明治三十三年度統計に有りました通りに呼吸器病の死亡者は十九万九千七百三十三人にして其内で肺病の死亡者七万八千百七十二人を現に出して居るのである。」

北里はさらに進んで、英国、ドイツ、ロシアの結核死亡率を語り、肺病患者の喀痰（かくたん）にとりわけ注意する必要があることを述べている。

北里柴三郎の結核関係の論文ならびに演説

年	論　題
1892	「ツベルクリンに就て」『東京医事新誌』第747号
1897	「結核ノ免疫試験ニ就テ」『細菌学雑誌』第41号
1902	演説「結核病ノ予防及撲滅」（第一回日本聯合医学会総会）
1904	演説「結核牛と日本牛との関係」（第七回九州沖縄医学会）
1908	「結核ノ免疫ニ関スル実験」『細菌学雑誌』第152号
1908	演説「結核の蔓延及び予防」（大日本私立衛生会第二十六年次総会）
1911	演説「肺結核ニ就テ」（伝染病研究所）
1912	演説「結核ノ「ツベルクリン」療法ニ就テ」（伝染病研究所同窓会）
1913	訳「結核ト教職」（『日本学校衛生』第１巻，第９号）
1913	演説「コッホ先生終世ノ事業トシテノ結核撲滅」（コッホ記念講演会）
1913	序文「最近之肺結核療法」（第十三版）
1915	演説「結核療法の進歩」（愛媛県医師会）
1915	演説「結核ノ蔓延及其予防」（山梨県結核予防協会）
1916	譚叢「深呼吸」（『大日本私立衛生会雑誌』）

出典：北里柴三郎『肺の健康法』参照。

北里には、上のような結核関連の論文・演説がある。

しかし、ここで注目すべきは、大正五年（一九一六）に『大日本私立衛生会雑誌』に発表された「深呼吸」という一文である。ここで、北里はまことに正しく結核が治療可能であること、遺伝性の病気でないことを述べている。さらに、有力な二大予防法とは、つまり、

「其一つは体育を奨励して、身体を強壮にする事と、他の一つは深呼吸を怠らず実行する事であります。」

さらにこの随筆で、北里は「深呼

吸で結核菌は自滅す」と看破して、転地療法の深呼吸の極意を述べている。医学は、転地療養と深呼吸以外に効果的治療法を提供しえなかったのである。

いわばこの線上で書かれたのが通俗結核療養書としての『通俗救肺病』という単行本である。もちろん、研究室に籠るだけの人生でなかった北里がこうした通俗医療書を頼まれて執筆していることには何の不思議もないが、問題はその内容であろう。

この書では、師コッホ創案のツベルクリンでも、また当時流行のサナトリウム療法でもなく、庶民がなんの煩いもなく処方できる灸と深呼吸療法が、仔細に説かれている。ここには、そうした医化学療法や医学的と考えられていたサナトリウム療法への不信と絶望さえが見て取れる。

よしんばそれが医師にもかかれず、病院へ行く金さえない人たちを標的にした通俗療法（いもりの黒焼きとか、猿の肝とか、呼吸療法など）の一つであったにしても、多くの庶民が北里の名前に惹かれてこの書を手にしたとしたら、そこに北里もすくなからぬ責任を負わなければならないだろう。

あるいは医学を信じ、猪突猛進して来た北里が、ふと医学の不毛、無力、無効を感じ、いわば一種のニヒリズムに陥っていたということはないのだろうか？　これは北里の気の迷いだったのだろうか？　あるいは、東洋の長い歴史に根ざした古くも新しい医学形態に北里が目覚めたということなのだろうか？

このように公的任務において多忙で順風満帆、伝染病研究所の運営に資金面でおおいに役立った土筆ヶ丘養生園の営業も順調だった。

しかし、そうした中で、北里は故郷熊本から東京に呼び寄せていた父母を相次いで亡くしている。まず母貞が明治三〇年（一八九七）に、続いて父惟信が明治三十五年（一九〇二）に亡くなった。すでに研究所も養生園も軌道に乗って、順調にその活動を拡げていたが、個人の生活となるとまだまだ不如意なこともあったらしい。金杉はその辺りをこう述べている。ここで両者とは、北里と後藤のことである。また、「北里さんの葬儀」とは、ずっと後の昭和六年、北里柴三郎自身が逝去した際の葬儀のことである。

「両者共拙者の知りたる当初三四年間は頗る貧乏であって、何れも細君の里方より補助を受けたらしい、北里さんの大人逝去の際拙者は其葬儀委員長を頼まれたが、当時の財政状態は頗る困難なりしもの丶の如く、又会葬なども至って寂寞たるものにて、北里さんの葬儀と比較して感慨無量であった。」

（『極到余音』）

第九章　コッホの来日

1　コッホ騒動の一部始終

明治四十一年（一九〇八）師のコッホの来日。北里は、森鷗外と意と贅を尽くして師匠の日本滞在を最大にもてなした。

来日

コッホは、その十五年前の一八九三年に、二十六年間連れ添った糟糠(そうこう)の妻エンミー（Emmy Fraatz）、まだ無名だったコッホに貧しい家計からやりくりして顕微鏡を買い与えたというのは美談に過ぎるが、それほど無名の頃より共に協力して築いてきた家庭の伴侶を離縁し、身近にいた三〇歳若い踊子のヘドヴィッヒ（Hedwig Freiburg）と再婚したばかりで、堅物とばかり思われてきたコッホは社会的にも相当批判され、宗教家からの攻撃にも晒されていた。コッホが、晩年しばしば熱帯地方に研究旅行にでかけたのには、こうした社会的批判を避けるということもあった。そういう風な状況で、二人は逃れるようにアメリカ経由で世界周遊の旅に出たのである。それは、また栄誉と祝福を受けるための旅でもあった。コッホは、アメリカで衛生施設を巡ったり、講演をしたりしたが、アンドリュー・カーネギー（Andrew Carnegie, 1835–1919）の支援が大きかったことはあまり知られていない。アメリカの鉄鋼王であり、あのカーネギー・ホールの産みの親となった大富豪である。

コッホは、五月九日にサイベリア号に乗ってサンフランシスコを発ち、ハワイで休憩の後、六月十二日に朝霧の立つ横浜の埠頭に、妻と高弟フレンケルと共に降り立った。実に十五年ぶりの師弟再会だった。

コッホの上陸の時には、漱石が日記に書いているように、横浜港の桟橋で花火が上がり、花環が撒かれ、また横浜市長が歓迎の辞を朗読するというものだった。

北里の肝煎りの雑誌『細菌学雑誌』はその様子をもう少し詳しく記している。

「横浜着。コッホ氏の搭乗せしサイベリヤ号は、予定の如く、十二日午前八時二十分横浜港に入りたり、北里、北島、志賀、柴山、宮島の博士等はランチ吾妻丸にてサイベリア号に出迎えたり、コッホ氏並に令夫人は甲板に於て北里博士より送られたる花束を受け、互ひに堅き握手をなせり、斯くて船は港内に入り、横浜醫会より贈れる花束を受け、出迎えの小蒸気に移乗す、此時横浜歓迎団体の用意せる数十発の煙火打あげらるる、博士夫妻は煙火を打ち仰ぎつゝ生来始めてかゝる美事なるものを観たりとて頗る喜ばれやがて桟橋に着し、同地の獨逸領事獨逸海軍病院長を始め、横浜医師会、私立衛生会、薬剤師会等の出迎を受けられたり。」

それからの七十四日間（七十三泊）、北里は一日もその傍らを離れることなく、日本案内にこれ務めた。また来日したコッホは、日本国と日本人から国賓級の扱いを受けたのである（これほどの耳目を集めた外国人の来日は、次は一九二三年のドイツの物理学者アインシュタイン（Albert Einstein, 1879-1955）のものであった。相対性原理を大部分理解していない朝野の人々の熱狂的歓迎は、ある意味で滑稽なものであったろうが、科学時代の到来を告げるには格好のものであった）。

北里の紹介でコッホの教えを乞うことができた鷗外森林太郎の日記が、その動静の一部をよく伝えている。鷗外は当時、陸軍軍医の中で最高官位を極めて、陸軍軍医総監（中将）で陸軍省医務局長の職にあった。

歓迎会　コッホの歓迎会は、総勢二十八の学会が主体となり、その会員が歓迎準備委員会を構成した。その会員に要求されているのは「會費ハ五圓」ということと、「但シ夫人同伴者ハ七圓」、さらに「本會参列者ハ『フロックコート』若ク、羽織袴」の服装だった。

歓迎会の式次は次のようなものだった。

「第一講演会　会場上野音楽学校講堂

コッホ博士紹介辞　歓迎ノ辞　講演、謝辞

第二宴会（立食）　会場上野精養軒
第三観劇会　歌舞伎座
　時代劇及歌舞」

歌舞伎座での演目は、次の通りであった。

第一に、狂言「義経千本桜」、第二に狂言「夜討曽我」、第三に狂言「二人道成寺」、第四に新橋芸妓手踊りがあった。演じたのは市川羽左衛門、尾上梅幸、尾上菊五郎、市川猿之助など当時の一流どころであった。かつその演目の間を縫って、西洋音楽が奏された。演奏したのは陸軍戸山音楽隊で、その演目は、ワグナーの「ワルキューレ」や、シュトラウスの「ドナウの精」などであった。それは実に奇妙な組合わせなのだが、西洋と東洋の出会い、合一ということをテーマにしていたことは疑いなく、そこに居合わせた日本人も西洋人もさして疑問を抱かなかったことであろう。それどころか、演目の多さにおおいに堪能したはずである。

ここで上野音楽学校とあるのは現在の東京芸術大学で、その講堂とは現在上野高遠に移築されている奏楽堂のことである。なお、現在の東京芸大にも同名の奏楽堂がある。

鷗外の日記は、その前後の動きを詳細に書き留めている。

「三月二十八日　夕に北里柴三郎余等を偕楽園に招きてRobert Kochを歓迎する方法を議す。

四月二十八日　Robert Koch を招宴する事を大臣に請いて允さる。
六月十二日　午前十一時半 Robert Koch 及夫人を新橋に迎う。
六月十三日　Koch 師を帝国客館に訪ふ。
六月十四日　午前大臣官房に在りて Koch 師の来訪を待つ、夜北里柴三郎の宴に往く。Koch 師主賓たり。
六月十六日　午後二時 Koch 師夫妻を上野音楽学校に迎接し師の講演を聴く。夕にまた二人を歌舞伎に延いて劇を観す。驟雨あり、雹を降らす。
六月十九日　夜獨逸大使の宴会に往く。
六月二十日　夕大臣官邸に Koch 師招かる。
六月二十一日　石川千代松と Baelz 師とを新橋に送る。獨逸大使館に刺を投ず。
六月二十二日　朝北里柴三郎、青山胤通と帝国客館に会して Koch 師を訪ひ脚気調査の方針を聞く。
八月二十四日　午時 Koch 師を送りて横浜に至る。」

この六月十二日、東京新橋駅頭に迎えた人々の中には、石黒忠悳男爵、高木兼寛男爵、森林太郎陸軍医務局長、大澤達吉、佐藤三吉博士らがおり、森は陸軍を代表して歓迎の意を述べた。そして、コッホはかねて用意されていた馬車に北里、長与専斎と同乗してそのまま帝国ホテルに入った。
六月十四日は、ドイツ大使館と陸軍省に寺内陸軍大臣を表敬訪問し、夜は華族会館で催された北里

コッホの宿一覧

日程	泊数	宿泊地
6月12～26日	15泊	帝国ホテル（東京）
6月27～30日	4泊	金谷ホテル（日光）
7月1～2日	2泊	帝国ホテル（東京）
7月3～26日	24泊	海浜院ホテル（鎌倉）
7月27～29日	3泊	富士屋ホテル（箱根）
7月30～31日	2泊	名古屋ホテル（名古屋）
8月1～2日	2泊	五二会ホテル（伊勢山田）
8月3日	1泊	菊水楼（奈良）
8月4日	1泊	京都ホテル（京都）
8月5～11日	5泊	都ホテル（京都）
8月12～13日	2泊	東亜ホテルで休憩，紅葉丸（船中泊）
8月14～18日	5泊	ミカドホテル（宮島）
8月19日	車中泊	
8月20～23日	4泊	オリエンタルホテル（横浜）

出典：兼松一郎（戸井田一郎）「コッホの宿――保存されていたサイン」。

博士主催の晩餐会に赴いている。

兼松一郎（結核研究所部長だった戸井田一郎の筆名）の研究および『細菌学雑誌』によると、コッホの日本での日程は上の如くであったらしい。

この表に従えば、すべて公共の宿に宿泊したことになるが、別の見方もある。たとえば、親しかった金杉英五郎の追想では、「コッホさん来朝時に一泊した葉山の別荘にまでも師臨閣なる名を附して拙者に揮毫を求めたほどであつた」とあるから、七月三日～二十六日の鎌倉海浜院ホテル宿泊中の一泊を、ホテルに止宿状態のまま外泊して北里の別荘にあったと見るべきであろう。

コッホが歓迎晩餐会会場で行った演説は、北里への寵愛をよく示している。

「日本政府は泰西の学術を日本に輸入するために多くの少壮有為の士を欧州に送った。その中の一人として北里博士はわがベルリンの研究所において細菌学を研究せんと留学されました。氏は満六年間研究所におられ、はじめは研究生として、後には助手として、また研究協同者として研究に従事されました。私のよく驚かされたのは、まさに氏が外国において遭遇するあらゆる困難をまさに日本的な熱心さと忍耐と、さらにこれに加うるに天性の才能とを駆使して打ち克たれたことです。氏が時間的にも、また学問的にも私の第一の日本の弟子であることは、氏の偉大な成功が示すところです。それゆえ長い離別の後で氏をその国に訪ねようと思い立ち、かくも美しい日本にやって来たのであるが、今氏が十五年間に本国で成し遂げたものを目のあたりに見て、自分のかねての予見の誤りでなかったことを知った。」

（『北里柴三郎伝』）

コッホの在日中は、北里ができる限り同行して、その観光、講演に付き添い、あるいは通訳として、あるいは旅行の案内人として活躍したのである。

滞在中のエピソード

その内のいくつかのエピソードはなかなか微笑ましいものである。

第一に、六月十六日に東京上野の音楽講堂で医学及び学会連合のコッホ歓迎会が催された時のことである。歓迎会委員長の石黒忠悳男爵が、歓迎会での学術講演を乞うと、コッホはそれを快諾した。あるいはその演題は、一般人の興味に沿って、結核、コレラ、あるいは腸チフスなどになるかと思われたが、コッホはツェツェ蝿による眠り病に関する講演と決めた。傍の夫人までもが、もう少し日本人に興味のある演題にしたらと勧めたが、頑として応じなかった。コッホには、現在の自分の学問的経過や結論を示してみたかったのである。

その夕方に催された歓迎宴の後、さらに観劇会があった。そこでは歌舞伎の「孤忠信」と「道成寺」の出し物があり、そのプログラムには鷗外による劇の梗概の他に、かつてベルリン医師会がコッホを頌して贈った句が、日本語と対訳の形で掲載されていた。

Aus den Welt in Kleinen　　　君は微小の世界より
schöpfest du deine Grosse　　君が偉大を成就し
Und erobertest den Erdkreis　もって全世界を略取したり
Der dankerfuellt dir den　　　全世界は充満せる感謝を以て
Unverweltlichen Kranz　　　　君に凋死する事なき
Der Unsterblichkeit reicht　　不死の緑葉環を呈す

十数日の東京滞在中、コッホは街々で見かけた「毒滅」という薬の広告に異義を唱えた。それは、ドイツ国民がこぞって尊敬しているビスマルクの似顔絵の看板一杯に「毒滅」の字が書かれた梅毒の売薬広告で、北里に向かって、両国の国交上からも好ましくない、何とか禁ずる方法はないものか、と問い掛けた。北里は、大変恐縮し、ただちに警視総監に電話して、何とかこの広告の取締はできないものかと問うと、ほんの二、三日でこの看板は市中から姿を消したということである。とにかく、コッホは新聞の社会面を賑わし、学術講演はもとより、一般市民を相手にした講演会も満員御礼の盛況ぶりだった。

食事も、日本食を愛し、朝のコーヒーに梅干しを欠かさないという風だった。また伊勢神宮にはとりわけ深い感銘を受けたようだった。

箱根から名古屋に移動するにしても、途中の沼津では当地の医師団が駅頭にて歓迎し、また静岡駅では、知事以下県と市の役職者が医師団体と共にプラットホームで歓迎し、握手を交わしている。浜松、名古屋駅でも同様で、市長が歓迎の意を駅頭で表している。

名古屋から岐阜に移動すると、またまた知事、市長の歓迎を受けたのみならず、長良川の鵜飼い観覧では、コッホのために特に皇太子行啓に備えて新調したまま使用されなかった御座船を進水させ、後にコッホの許可を得て「ローベルト丸」と命名したのである。

また、神戸から瀬戸内海の遊覧に出かける際、コッホは北里があまりに手篤くもてなすことに、少々気が咎めたらしい。その遊覧船紅葉丸が貸切だったので、ふと志賀にいくらくらいの費用かと尋ねたらしい。それで志賀が、おおよそ千円くらいのものでしょうといい加減に答えて、後から北里に大目玉を食らっている。しかし、巨万の富を得ていたとはいえ、北里の金払いの良さは驚くばかりである。

また森鷗外は六月十五日付の佐藤恒丸宛の手紙でこのように述べている。

コッホ歓迎会収支決算表

収入		支出	
会費	6,174円	式場費	462円29銭4厘
寄付	377円	余興費	4,035円57銭
合計	6,551円	記念章費	700円
		写真帳費	150円
		印刷費	527円70銭
		郵便費	205円90銭
		雑費	468円53銭6厘

出典：『細菌学雑誌』臨時増刊号（ローベルト・コッホ氏来日歓迎号）。

「脚気調査会委員両三日中に発表セラルベク存候目下来游中ノKoch先生研究ノ方針ニツキテ談話アリ大ニ力ヲ得タル心地イタシ候同先生ハ純然タルInfections Krankheit ト認メ居ラレ候◯Koch先生ノ為メ伝染病研究所諸家ノ奔走ハ非常ナルモノニテ北里氏ハ数千円ヲ支出スルラシク候昨晩ノ晩餐会ノミニテモ七百円位カヽリシナラント想像イタシ候」

（『鷗外全集』第三六巻）

ここでこの北里個人の数千円という支出は異常な数字であることを認識してもらわなければ困る。それは、コッホ氏歓迎会ひとつの収支決算会計報告書を見てみると分かる。すると、公式の費用が約六千五百円かかった上、かつ同程度の費用が北里の私費、あるいは伝染病研究所の経費から賄われたことになる。北里の無私ともいえる接待の努力が、朝野を挙げての歓迎ムード一色に色を添えることになったことは言うまでもない。

2　滞在後

コッホの周辺

実は、コッホは滞在期間の真ん中は、静かに茅ヶ崎の北里の別荘に近い鎌倉海浜院ホテルに入り、そこで二十四泊して静養に努めた。インドやアフリカへの細菌学的研究旅行で暑さと湿気に馴れてはいたものの、さすがに六十五歳になっていたコッホにとって、スケジュールの詰まった旅行は大変だった。それに、旅行の主目的が弟子の北里に会うことであったのであれば、無理して日本を右往左往する必要はなかった。

当初の予定では、北は仙台から南は長崎まで観光旅行をし、十月中旬まで滞在して中国にまで足を延ばすつもりであった。また日本の後、中国を経てヨーロッパに戻る予定であったが、ドイツ皇帝からの指令で、急遽アメリカで九月二十一日から十月二日にかけてワシントンで催されることになっていた万国結核会議へのドイツ公式代表として出席することとなり、逆コースを辿った。

本人はあくまで当初の予定に従って、日本で悠々自適の日々を送るはずであったが、アメリカ大統領ルーズベルトからドイツ皇帝に対して直接的働きかけがあり、皇帝の命とあってはさすがのコッホも却下しかねたのである。

コッホの帰国後にもいくつかのエピソードが残されている。まず最初に、記念碑。稲村ヶ崎にコッホの来日記念碑が建立されたその碑文はこんな風になっている。この顕彰碑は最初山の上にあったが、昭和五十八年に稲村ヶ崎にヘリコプターを使って移動され、そこに据え付けられた。

「コッホ博記念碑

GEDENKSTEIN FUR

ROBERT KOCH DESSEN LIEBLINGS

AUFENTHALTSORT HIER WAR

明治四十二年七月獨國大醫古弗先生偕北里博士遊鎌倉望富嶽而快之博士為設榻於靈仙山上先生昕夕縦目心甚喜之既西歸未幾而歿山之主村田君及某某等相謀立石以志遺躅山下即稲村埼為元弘役新田左中将投刃之地海濤翻空與嶽雪輝映今則為海外偉人留賞之所此亦可以傳也

大正元年九月　永坂　周　記幷書」

師コッホの滞日中、側にあってずっと夫妻の面倒を見たメイドの通称「花」、本名は村木清（きよ）は、求められてコッホ夫婦に付き従って渡独し、その後、コッホがバーデンバーデンで一九一〇年に死ぬまでなにくれとなく身の回りの世話をした。彼女は、コッホの死後帰国している。

なぜ、それではこのメイドの名前は本名の清ではなく「花」だったのか。そこには、フランスの彫刻家ロダンが見世物で見た日本の芸妓花に魅せられ、連作「花」を造ったことが彼の頭にあったのかも知れない。Hanaという名前は、魅力的な日本女性の代名詞にさえなっていたのである。

東大お傭い外国人教師ベルツの夫人の名もまた花であった。夫人は、夫に従ってドイツに移住し、そこで暮らした。

北里の私淑

コッホは、当時世界的細菌学者として飛ぶ鳥も落とす勢いであったが、この師コッホへの北里の私淑、傾倒のほどは、筆跡が驚くほど酷似していたなどの他に次のようなエピソードからも知ることができる。

コッホが明治四十一年（一九〇八）来日した際、その側を離れず、また講演などの通訳もこなしたのであるが、その姿を見て、再婚相手のヘドヴィッヒ夫人（Hedwig Freiburg, コッホは一八九三年に、幼なじみで二十六年間連れ添った妻エンミーと離婚して三〇歳年下の踊子上がりの新婦と同年中に再婚してドイツで大旋風を巻き起こしていたのは先にふれた）が、北里の一挙手一投足がコッホそのものであることを告げたことにも見られる。さらに、汽車などの旅行に際して、コッホも北里も眠るとすぐ高鼾（たかいびき）をかく癖があったということである。時に、北里が先んじて高鼾をかいて、あるいは尊師を凌駕したこともあったかも知れない。

とにかく、師コッホの誕生日の十二月十一日には、記念講演会で、科学知識の普及に努めた。また、コッホが一九一〇年に亡くなると、北里はかねてより入手していた遺髪を祀るコッホ神社を研究所内に建て、毎年コッホの命日五月二十七日には欠かさず例祭を行った。現在、北里研究所横にあるコッホ神社のさらにその横には、北里を祀った北里神社の祠があり、命日の六月十三日には例祭が催される（杜氏の藤木幸助は、アメリカで高峰譲吉とのウイスキー製造が挫折した後、日本に引き揚げた。高峰は彼に退職金も支払えなかった。後に高峰はタカジアスターゼの成功でゆとりができてから、藤木への償いとして、年金を送り続け、自分の会社の株券も贈ったという。藤木はその金で自宅に譲吉とアメリカで暮らした部屋と同じ作りの洋間を増築した。そして庭には、神体を高峰の写真とする「高峰神社」を建てて、毎日朝夕欠かすことなくこれに参拝し、高峰への感謝の念を示し続けた。コッホの遺髪については『植物学者モーリッシュの大正ニッポン観察記』参照のこと）。

また、北里の負けず嫌いは有名で、これもコッホに似ていたのかも知れない。

あるドイツの衛生技師が日本に来て、北里に敬意を表するために研究所を訪問したことがある。北里が彼を食事に招待したところ、その客人が言うことには、東京は至る所に樹木のある美しい街路がある、健康都市であると絶賛したあと、しかし町々の小さな堀が不潔でうす黒い水が溜まっている所が多く、臭気さえある、蓋をしては如何なものかと問うた。食事をしながら拝聴していた北里は、事もなげに、なにあれは日光に晒して消毒するためだと、言い放ったということである。こんな当意即妙の機知は、いかにも北里らしかった。

さらに、北里が男爵になって、宮中席次を持ち、宮中晩餐会などに招待されるようになったが、一度も参内（さんだい）した試しがない。志賀潔が、韓国京城（現在のソウル）から正月に帰国し、北里邸での新年宴会でこの件で尋ねると、北里の答えが篩（ふる）っている。「ご招待は受けたいのだが、君たちみたいな若僧らの後からのこのこついて行くのが厭なんだ」との仰せだった。つまり、当時の規則では現職の勅任官の方が男爵よりも宮中席次が上ったので、「何でもかんでも一番大将でないと、承知されない先生の気性が伺われて面白い話」（『或る細菌学者の回想』）なのである。

第十章　伝染病研究所移管と北里研究所創立

1　伝研移管への道程

北里は、人生でいくつかの重大な転機を経験しているが、それらは、熊本古城医学所入学、東大入学、結婚、内務省就職、ドイツ留学、破傷風菌純粋培養成功、伝染病研究所創立などであろう。

伝研移管の試み

それらの内でもとりわけ逆風が吹いたという点で、ドイツ帰国後の不遇時代と、その後設立され発展した伝染病研究所が、突然、内務省管轄から文部省管轄になったことが際立っている。それはいわば、文部省管轄下にある東大医学部の軍門に下ることを意味し、もとより北里には到底容認できるものではなかった。

現在もなお伝染病研究所移管問題を官立対私立、あるいは文部省対内務省のように考えている人が少なくない。しかし、逆に北里が東京帝大の耳鼻咽喉科学教室の行事にも参加し祝辞を述べているように大学との交流が盛んであって、学問的論争はそれぞれの学説に立って活発に行い、友情は友情というのが北里柴三郎であったという意見もある。孫の北里一郎は、「移管問題を後世の人がおもしろおかしく書いているが真実ではない」とさえ述べている。また、東大の和我君孝教授が「戦前最も偉大な卒業生は北里柴三郎であるが、ではどのような独創的な発見をしたのか」と問うているように、問題提起することこそ重要であるという考え方もある。

では実際に世間の耳目を集めたこの伝染病研究所移管問題とはどのような経緯を辿ったのであろうか。

まず、東大の傘下に置くという試みは、すでに一度別の形を取って行われていた。それはまだ伝染病研究所がようやく形を成し、ついで大日本私立衛生会の経営に移されたあとの小さな世帯だった時に行われた。明治二十六年に文部省は、東京医科大学に伝染病研究所ならびに附属病室の設営を計画し、それを予算計上して衆議院の予算委員会に提出した。設営費の規模は三万四千円あまりの厖大なものだった。

この議題を審議した衆議院の予算委員会の主査だった長谷川泰は、すでにコッホの下で優秀な研究を行い、かつ近年伝染病研究所で目覚ましい活躍を遂げている北里柴三郎を差し置いて、新たな伝染病研究所などあり得ないという主張を成した。予算委員会では、この長谷川の主張を全面的に認め、予算計上を白紙に戻したのである。

この時の長谷川宛の手紙は、北里の心情をよく吐露していて、その後の事態の推移、経過を理解する上でも非常に役に立つので、ここであえて引いておこう。

「独立の伝染病研究所を文部省に於て設立せらるる云々に候得共、小生は右文部省所轄の伝染病研究所に入り業務を執ることは到底出来不申、否小生の好まざる所に候。右に就いては種々の関係ありて、其辺は貴台に於ても御熟知の事と奉存候間今更喋々不申述、因て如何なる方法に相成候共、小生は文部省所轄の伝染病研究所に入り研究することは断じて御断り申上候。よし右研究所の組織夫の地震研究所の如き方法に相成り候共、小生は断乎として其研究所に入ることは出来不申、文部省に関係なき独立の研究所に在りて、他人に喙を容れされざる、即ち小生の思ふ如く研究の出来る場所に於て、独立に業務を執り度所存に御座候。」

(『北里柴三郎伝』)

次に、明治四十四年の第二次西園寺公望(一八四九～一九四〇)内閣のもとで、行政財政大整理を旨として、内務大臣原敬(はらたかし)(一八五六～一九二一)の指揮を受けて内務省衛生局ならびに伝染病研究所が整理縮小の憂き目に遭う気運であったが、北里の内務大臣原敬との直談判によって、ようやく食い止めることができたということがあった。

また、伝染病研究所が文部省移管になる三年ほど前、つまり明治四十四年あるいは明治四十五年(大正元年)に、金杉英五郎が一夕、西園寺公望、佐々木政吉、青山胤通、北里柴三郎等を、烏森の料亭浜の家に招待した時の興味深い話がある。

「拙者は此客の組合せは頗る物騒だとは思ふたが、果して佐々木さんが酒の廻るに随つて、北里君よ君はまだツベルクリンを振り廻して居るか、よい加減にせんかと云ふような話も出たので主人役たる拙者を困らしたこともあつた、時刻移って西園さんも佐々木さんも席を辞され、青山さんと北里さんと拙者が残り、世間話しに二時間程を費やした、其際青山さんが突然言出したことは北里さんに大学へ入って呉れないか、若し其意思があるならば、僕が責任を負ふて引受けると言ふのであったが、北里さんは黙々として何等の返答を為さなかった、憶ふに青山さんは当時既に伝染病研究所を大学に移管し、北里さんをも容る丶意見であつたことが推察せらるるが、北里さんは後藤さんの言はれた通り御山の大将で通したことが幸福であったのだらうと思ふ。」（『極到余音』）

つまり、青山胤通は北里の実力、人気を認め、それを大学内で用いたかった、別の表現をすれば、伝染病研究所を丸ごと帝国大学内に受容するために、北里自身を一本釣りする腹づもりであったことが分かる。

ではなぜ東大、あるいは文部省はこれほど伝染病研究所を自分達の支配下に置きたかったのか、という問題が残る。それは研究、教育はすべて文部省で行うという暗黙の了解があったことが大きい。

しかし、もう少し現実的な側面を見ると、次のような事実が浮かび上がってくる。第一に、伝染病研究所の急速な膨張とその権威の拡大である。特に、その芝区白金台の敷地は二万坪を超える巨大なもので（最初の私立伝染病研究所が三〇坪であったことを想起されたい）、その設備は当時の大学には見られない完全なものであって、冷蔵庫、遠心分離器など立派なものがあった。それゆえ血清とかワクチンを処置する装置は、日本ではここ以外どこにもなかったのである。

さらに、その当時の府県の衛生課長の大部分が北里研究所の門下生であり、府県における北里派の勢力は非常に強力なものになってきていた。開業医と府県の衛生課は緊密な関係にあり、その結果開業医の勢力がことごとく北里派に吸収されてしまって、大学の権威が通らなくなるおそれが出てきた。そこで大学の一部に、こうした状況を憂え、それを変える努力を主張する一派が出来てきたことは事実のようである。

しかし、今回は周到に準備され、所長の北里にさえなんらの相談、交渉もなく、政府の首脳部においてのみ談義され、決議されたもののようであった。すでに二回の試みが失敗に帰していたからである。そこに、怪しい談合が行われた可能性が限りなく強い。つまり、大隈、青山の両名による合議である。そこに緒方正規が嚙んでいたという証拠もないが、また加わっていなかったという証拠もない。それゆえに、世論に「大隈内閣は北里を毒殺せるものである」という風評も立つに至ったのである。

福沢諭吉と森村市左衛門の土地、器材の援助のもとで完成した伝染病研究所は、大日本私立衛生会の援助で成長し、創設わずかにして移転拡張を遂げ、さらに北里の才覚と努力によって一躍業績を上げ、本来その任を帯びるはずであった東大に歯嚙みさせたのである。隙あらばと狙っていた東大閥の青山胤通、同郷同学の士であった緒方正規らの画策によって、北里の育て上げた伝研は、彼から取り上げられた。あるいは少なくとも世間にはそのように見えた。

世間ではこれを面白おかしく述べ立て、長年の対立がついに激突したと感じた。確かに北里自身は、伝染病研究所の移管は東大、とりわけ青山の主導のもとに、彼が主治医を務める首相の大隈重信が後押ししたという筋書きを読んでいた。それは、彼の側近で事務局長を務めていた田端重晟日記の記述（『北里研究所五十年誌』）が如実に物語っている。

「先生曰く今度行政整理の為（大学の青山が大隈を動かせるなり）研究所が文部省移管になりし。」（十月七日）

これは、派閥抗争に敗れた北里の抵抗という面の他に、内務省から文部省へ主管が移ったことは、すなわち伝染病の研究の主目的が、かねてより北里が主張し、目的としていた国民の健康、衛生のために研究成果をすぐさま医療に役立てるというものではなく、伝染病の学術的研究を主なる目的とすることになったということである（当時は衛生病理・病院治療関係は内務省の管轄であった）。

十月四日、すでに東大で青山胤通は長与又郎に、伝研の移管の近いことを知らせている。十月七日には朝日新聞、萬朝報（よろずちょうほう）に移管の記事が掲載された。

大正三年十月十四日官報に勅令をもって以下のように発表された。

「伝染病研究所を内務大臣の管轄から文部大臣の管轄に移すこと、及び伝染病研究所長は衛生行政に関する事項に就ては特に内務大臣の指揮を受くべきこと。」

激怒した北里は、十月十九日をもって辞表を提出し、にわかに世論が騒がしくなったのである。以下、長与の日記に記された「伝染病研究所移管顚末（裏面史）」によって、間近に移管の状況を見ていた東大教授の理解を辿ってみよう。

「五日より十月十一日に至る間、学長は数度余を教室に訪問せられ、大学移管後の経営及び発表に際し研究所々員の去就に対する種々の談合を受け意見を徴された。学長は北里所長の辞任は止むを得ざるべきも、北島以下各技師は留任すべしと信じておられたようだ。（中略）北島氏等は大学側に対して北里氏程の隔意を有せざるものなれば、移管と同時に教授又は助教授に任命せば、喜んで文部省に来るべし、と極めて簡単に考えおられたり。

之に対し余はこの事の決行は余程の熟考を要すること、若し実行の際は一応、大隈首相兼内相より、北里氏に一応移管の理由及びその利益を懇談するの要あること、又北里氏にして辞表を呈する場合には、北島氏以下は必ず北里氏に随って去るべきことを再三警告し、且つ之等の点を熟考せられんことを懇請した。」

（『長与又郎日記』）

この件に関し、東大にいた長与は完全に北里の立場を理解し、またその行く末も予知していたことが分かる。

「之に対し青山学長は北里氏は研究所を去るも、更に民間に下りて新研究所を設立するの勇気と能力を有せざること、又民間に資力を供給するの有志者のなきこと、北里氏の人望は十年来既に著しく低落したること、北里氏等を如何にして養うべきかその途なくんば彼等は文部省に来ること以外、採る道なきことを論ぜられたり。」

医科大学学長の青山は、完全に北里を見くびっていたことだけは間違いない。しかし、ここからの長与の見方がまた興味深い。北里の社会的立場、あるいは医学的位置付けが、かつての華々しいものから少しずれていたことを如実に物語っている。

「余は、北里氏の人望信用は既に十年前に比し著しく落下せることと、氏の学問上の能力は到底大事をなし遂げ得ざる事は確かなりといえども、あらゆる方面に対する北里氏の処世法益巧妙上達の粋に達しおり、社会上の地位も交友も漸次に高く、且つ広く、自信は年の老ゆると共に加わることの一般なるが、北里氏の如き性格の人に於ては特にその甚だしきこと、又政府が突然この挙を断行するに於ては、氏の負けじ魂は決して之に屈するものに非ず、あらゆる方法を以て之に反抗する態度に出ずべきこと、又北島氏及びそれ以下の技師と北里氏との関係は師弟主従の関係を超え、寧ろ封建時代に於ける君臣の関係にして、決して大学長と教授との関係の如き表面的のものに非ざることよりして、これ等は北里氏の辞任を他所(よそ)にして文部省移管にその侭随従し来ることの不可能なる義理合に立てることを繰返し忠告せり。」

青山と同様、長与もまた北里の信望が失墜したことを指摘している。しかし、それに反比例して、まさに幼少の頃からの群を抜いた世間感覚というものが研ぎ澄まされ、さらにそれに自信が倍加していることを危惧している。また、北里の周辺において、師弟の関係があたかも封建時代の主従の関係のように固定化しかつ一方的であると認めている。すでに世界のキタザトになっていた北里は、日本の政財界、学問界で押しも押されもせぬ存在になっていたのである。それだけに、北里の意に反する研究所へのなんらかの介入は容易ならざるものがあると長与は見抜いていたのである。案の定、事態は紛糾し、収拾がつかない方向で進行していったのである。

「十月十日に至り、憤怒その極に達し、決して文部否大学に降らずと声言しおる由を聞き、青山氏は始めて事の容易に落着せざるを知るに至れり。而して北里氏を説きて同氏以下一同の平静に移管と共に文部省に来るべき様取計うことの計画に着手せられたのである。」

ようやく事態の緊急性を悟った青山が長与に依頼したのは、北里の説得であった。もちろん青山の代理という立場は固辞し、あくまで父長与専斎以来の知己であることをもって対話に当たることを承諾したのである。

翌日の十月十一日、青山からの緊急の依頼を電話で受けて、長与は北里と電話連絡を取り、ついにその日の夕刻に面会するに至った。

長与は、あえて青山からの依頼とは言わず、用の向きを伝えた。四年前に、長与は北里の媒酌で結婚していた。それのみならず、又郎の父長与専斎こそ北里の経歴の初期に多大な影響を与え、かつ伝染病研究所設立に心底努力してくれたその人だった。さらに、北里は又郎の兄弥吉とも交遊があった。長与又郎は、この仲裁をするにうってつけの人物だったのである。しかし、北里はそうした因縁、交誼をこの際は無にして、伝染病研究所の移管を論じたいとして、又郎と談じた。

しかし、この混乱の時期に興味深い変化も生じていた。それは十月十四日の移管に関する官報の発表と、十九日の北里の辞表提出の間の十月十七日に北里が内務省よりジフテリア、赤痢、破傷風、ハブ等の血清製造販売権を獲得していることである。確かに赤痢菌の発見は所員の秦佐八郎の成果であったし、破傷風菌の血清療法は北里の一大成果であり、またハブの血清療法も副所長の北島の研究成果であったので、これらを北里が独占的に入手するのは合理的であるが、もうここで次の手を打つことを考えていた北里の素早い反応であったことが推定される。

その十月十四日の官報に載った勅令二二一号とは、次のようなものだった。

「伝染病研究所官制左ノ通改正ス
第一條中「内務大臣」ヲ「文部大臣」ニ改ム
第二條中「内務大臣」ヲ「文部大臣」ニ改メ左ノ一項ヲ加フ
所長ハ衛生行政ニ関スル事項ニ付テハ内務大臣ノ指揮監督ヲ承ク」

世間はこの前後の事情を必ずしも十分知り得る立場にはなかったが、判官贔屓と言うべきか、世では大学と青山に対し侃々諤々の議論が沸騰したのである。

ついに大正三年十一月六日、内務省から文部省への伝染病研究所の移管が行われた。

これらを見てもわかるとおり、森のいる東大閥は、北里の研究を執拗に邪魔した。こうした観点から見ると、森鷗外の文豪としての業績は立派だが、こと医学、医学研究という点になると、森林太郎はまったく常に常識とその後の医学的発展から外れた学説・見解を展開しただけではなく、個人攻撃も厭わないという非道ぶりを示したことになる。その後の北里の功績を見ればこうした反目、諍いがいかに国益を損ねたかは一目瞭然である。

この伝研移管の前日の十一月五日、北里の辞表が聴許された日に、かねてからの計画通り、北里の長女康子と法科大学助教授渡辺銕造との結婚式が行われ、その披露宴には青山も招待されていた。青山は事態の推移を見守りながら、長与又郎に再三相談を繰り返し、最終的には長与の忠告を容れて、出席を見合わせた。長与の主張とはこうだった。青山が出席すれば、青山は潔白のように見えるが、今や感情的に激している北里の状況を理解すれば欠席するのが妥当というものであった。

この問題は世間の様々な憶測を呼び、また長与や一木が書いているように、北里の巧みなメディアの操作によって、いよいよ東大、文部省、政府、政治家を巻き込んだ一大スキャンダルになりそうであった。

たとえば大正三年十二月十五日の帝国議会衆議院では、十二月十日に八木逸郎によって提出された「伝染病研究所移管ニ関スル質問主意書」が、賛成者三十八名によって取り上げられた。それは以下のような質問書であった。

「一　内務省所管伝染病研究所を文部省所管に移せる原因は行政整理と学制統一に基づくと聞く果たして然る乎

二　其の結果如何なる改善を予想せられたるや

三　内務及文部両大臣は欧州及日本に於ける研究所の学術研究に対する特性を知悉せるや

四　文部省の所謂学制統一の真意義如何

五　万般の施設を変更するに際し事物の其の物の歴史を考慮すへきや論を俟たす内務文部両大臣は該研究所の歴史を知悉し及考慮せしや如何

六　該研究所の移管に対し両省の属僚は一も知る処なかりしと聞く然らば本件は単に両大臣の理想に因り決定せしものと見るへき乎

七　学者の技量に信頼せる機関の変更を為すに当り毫も其の意見を徴せすして決行するか如きは学問の権威を無視し学者を尊重せさる不穏当の行動と認む両大臣の所見如何

八　北里所長辞職の徴あるや文部大臣は始め医科大学に属すへき旨を告けたるにも拘わらす更に大学総長の下に属すと言ひ又更に文部大臣の直轄とすへしとして留任を勧告せりと聞く果して然らは是れ責任ある大臣の適当なる行動なるや其の所見如何

九　移管の結果却て多額の経費を要し併せて研究事業を阻害し及医事衛生上の運営を不十分ならしめたるは明白の事実なりと之に対する両大臣の責任の自覚如何」

この八木の質問書には政府内および大学の現状が如実に映され、それらの滑稽なほどの迷走が見て取れる。この長い質問書の中で、とりわけ伝染病研究所が、アメリカのロックフェラー研究所、フランスのパスツール研究所、ドイツのコッホ研究所と比較されているのが、この研究所の位置付けをよく示していると言えるだろう。そこにはまた英国のリスター研究所が付け加えられるべきだった。しかし、一見この質問だけが伝染病研究所の移管に関する質問かというとそうではない。見のがされがちだが、その二日前の十二月八日に若杉喜三郎が提出し、福井準造他三〇人の賛同を得た質問書に「東京帝国大学医科大学教授の職責に関する質問主意書」があった。

そこにはいみじくもこう書かれていた。

「東京帝国大学医科大学教授諸氏の行動については世間既に定評あり或は新聞に或は雑誌に内職問題の起るあり或は老朽教授の淘汰すへきを説くものあり又近来に至り伝染病研究所問題については大隈首相と青山学長との関係につき世論囂々たり左に政府の所見を問はむとす（中略）
三　伝染病研究所問題は要するに大隈首相か青山学長の請託を容れ立憲治下にあるまじき過酷なる処置を執りたるに起因す青山学長其の他の教授に対しおおいに懲戒を加ふへし政府の所見如何」

つまり、新聞や雑誌がこの問題で侃々諤々の論争を繰り広げているが、政府の見解は如何にという問いかけである。そこでも大隈首相の主治医を務めている青山胤通医科大学学長との密接な関係が云々されているのである。

それは、あるいは政界マスコミに広い知己を持つ北里一流の情報操作で、自分にとって都合のよい話を流してもらって、政治主導の伝研移管問題に解決の糸口を見出そうとしたのかも知れない。

さらにこの若杉の質問は、東大にとって痛い内容をも含んでいた。それは、学問的業績についてのことだった。

「而して医科大学現今の状態と、伝染病研究所の成績を比較致しますれば、医科大学教授の中には世界的著明なる大発見を為したる人殆ど無いと言うても可なるべきに、伝染病研究所の方にありましては、北里氏の破傷風病原菌を始めとして、志賀氏の赤痢菌発見、秦氏の、『サルワルサン』に於ける、梅野氏の痘苗に関する業績の如きは、実に世界的の大事業と言はなければなりませぬ。」
（「『ひあ〳〵』と呼ぶ者あり」）

不思議なことに、東京大学医学部が開設されてから、世界に出てこれほど活躍した人士は北里の前に北里なく、北里の後にも北里なし、という状態だったのである。少なくとも世界の人名事典と呼ばれるものの中で、北里の前後で名を掲載されている者は、東大出でない野口英世以外には誰もいない。

その伝染病研究所移管の主導者であった一木喜徳郎の考えはどうであったかを見ておく必要があるだろう。一木は、内務省官僚であり、また北里と同様に在職のままドイツ留学を果たしている。その後政界に転じ、文部大臣、内務大臣と当該官庁両方の大臣を経験している。

一木はその『一木先生回顧録』の中で、伝研移管を次のように語っている。

時は欧州大戦（第一次世界大戦）が大正三年七月に開始され、日英同盟の関係から、当初から大戦への参加を要請されていた。開戦後は世間が急激に不景気になり、政府は緊縮財政でいくことを決し、また新たに組閣した大隈内閣が野党であった前の山本内閣時代に、新政府の行った行政整理に対して不十分であると批判的であったので、さらに行政整理が行われる必要があった。文部省では特段することがなかったが、教育系統に属すべき各種の機関を文部省に集めることとしたのである。それが内務省所管の伝染病研究所と農商務省所管の水産講習所であった。逓信省所管の商船学校だけは、一種の士官学校として除外されたのである。

「然し着手して見ると案外問題は面倒になり、第一伝研が難問であった。所長北里柴三郎氏は辞表を提出し、再三呼んで『他意あるには非ず、仕事の系統を明かにするのみであるから』と留任を慫慂したが不承知であるのみか、氏は例の政治家であるから巧みに新聞にも宣伝し、各紙皆政府の処置に反対し、ヂフテリアやチブスの血清の製造等直ちに行詰るかの様に言はれた。大学も引受けたが、心配は心配であったが、幸に陸軍の軍医に此方面の研究者があったりして、実際は何等支障を起さなかった。処が議会では非常に喧しくなり、政友会の吉植庄一郎君の如きは大変な剣幕で、『北里を罷めるのは明治大帝の思召に背く、北里が洋行に当っては御内帑金が出たのである』とぶつかって来たので、余は『北里氏の洋行費が何処から出ようと、紊りに聖旨を忖度するのはよくない、そう云うことは控えたらよかろう、又もし功労者なるが故に何時までも其地位に置かねばならぬと云うなら世の中に進歩なるものは無い』と反駁した。」

（『一木先生回顧録』）

しかし、ここで行政整理、行政改革と云い条、実際には戦争が進行し、内閣には二個師団増設という懸案があって、それが国家の施策として何よりも優先するものであった。政府としてはその完遂に向けて尽力し、やがて伝研問題は矮小化されていったのが実情である。

政友会により「政府の処置は不当である」という議案が出され、採決の結果「不当」が一八六、「不当でない」が一七一で、不当であるほうが成立した。しかし、この時の内閣提案の二個師団増設問題を中心に議会は衝突し、解散となった。その後の選挙の結果、政友会が敗北したことでこの採決は無効となり、結果的に伝染病研究所は大正三年文部省へ移管することになる。時が北里に味方しなかったのである。

結局、この伝染病研究所移管の問題は、政府の都合のよい行政改革の一環だったが、かねがね北里柴三郎の医学界とりわけ細菌学の分野での世界的活躍に嫉妬していた、かつ共に香港のペスト騒動にでかけ、その生体資料の提供に勤しんだ青山がよもやのペスト感染をし、九死に一生を得たのに対し、他方の北里は細菌学の技術を駆使して世界に先駆けてペスト菌を発見するという栄誉を手にしたので、その果たした役割は違ったとはいえ、ほとんど北里に名誉のすべてがわたってしまったことは許し難いことだったろうことへの都合のよい報復でもあったのである。実際はそうでなかったにせよ、世間の目にはそのようにしか映らなかった、よしんばそれが北里の術中にはまるものであったにせよ、そうした悪いイメージは着実に人々の間に拡がったのである。

もちろん、そこには単に東大対伝染病研究所（北里研究所）、文部省対内務省といった組織的な感情、覇権の争いだけではなかったことはすでに述べた通りである。東京医科大学学生当時、先輩青山のかすかな失敗を北里が失笑し、青山が標本の人体の肩甲骨を振り上げて北里に打ちかからんとした、そのような遠く古い記憶の争いが、ついにこの一事をもって決したのである。人の恨みや深しと言わねばならない。

また、この北里対青山の諍（あらそ）いはまことしやかに世上の人々の口に上り、それゆえ揶揄（やゆ）され、冷笑され、語り種となった。名前、地名のことなのでいささか無関係ながら、昭和六年に北里が自宅で逝去した後、青山斎場で葬儀が執り行われ、またその式後、彼の骨が青山墓地に葬られたことは、妙な因縁と言えば言える。

しかし、北里と東大の間には確執があった、と見るべきだろう。その程度がどれくらいのものだったかは判断が難しいが、たとえば北里本人ではなく、その対立者としての青山胤通を見てみるとよい。その弟子達は、北里の存在をどのように考えていたのか。たとえば、北里、青山、ペストというキーワードで見てみよう。

伝研移管決定

大正三年（一九一四）十月一日に、伝染病研究所の内務省から文部省への移管が決定された。それは時の大隈重信内閣における、文政統一および行政整理（近々の「行政改革」を思い浮かべていただければよろしい）を理由としたものだったが、伝染病研究所をまず文部省管轄とし、ついで東京帝国大学医学部の傘下に置こうという試みだった。

この伝染病研究所移管の決定を聞いた事務局長の田端重晟は、日記にすぐ正直な感想を書いた。田端のこの日記は、福沢諭吉の推挽で北里の土筆ヶ丘養生園の事務を取り仕切るようになった明治二十六年（一八九六）以前からつけられていたもので、現在、北里学園に寄付され、その明治二十一年から大正十五年までの二十九冊が保存されている。

「大正三年十月七日　八時出園、博士来ラレ医長室ニ余ヲ招ク対座、先生曰ク今度行政整理ノ為メ（大学ノ青山ガ大隈ヲ動カセルナリ）研究所ガ文部省移管ニナリシ多分本日ノ官報ニ出テン。右ニ付今朝後藤男へ行相談シタガ余ノ考ニテハ研究所ニ付テ文部省ニ行ケルガ当然分離シテ当園空キ地へ馬ヲ飼ヒ研究室ヲ建テ独立セントス。幸ヒ君ガ丹精ヲ以テ積立タル金アレバ是ニテ独立セン。後藤ハ文部省へ行けとも云ヒシガ余ハ有金ヲ以テ独立スル話ヲシタラ賛成セリ。」
「十月十五日　七時出園、博士来ル。中川衛生局長ガ後藤男曰ク夫デハ僕ハ北里ニ大目玉ヲ喰タト話シタリト、又石黒ガ中ニ入リ大学側ニ此際引受ケヌ様セヨ、左スレバ北里ガ留ルナラントノ小刀細工中ナリ。」
「十月十六日　八時出園、博士来ル、博士今朝一木文相ニ招カレ官邸ニテ会見。文相シキリニ留任ヲ勧メタルモ博士是非ニト断リタリ。或ハ青山ヲ呼ビ対坐相談センカト言ハレタガ断リタリト博士話ス。」

（『北里研究所五十年誌』）

しかし、伝染病研究所が内務省所管から文部省所管に変わる時、北里が辞職を決意し、それまでの貯金をすべて吐き出して北里研究所を創設する決意を固めて、妻乕に相談したところ、即座に賛意を得て、北里はその旨をすぐさま北島に電話で伝えたのである。そうした決断の早さはおおいに北里を鼓舞せしめたであろうし、また家庭のいささかの犠牲をもよしとした態度がそこに読みとれる。

ここで興味深いのは、北里柴三郎の断固たる行動や、それに付和雷同するように、それどころか、大層な畏敬の念をもって弟子達も全員がそれに殉（じゅん）じることを申し出たことである。北里といわば心中しようという訳である。弟子や職員の将来を案じた北里は、彼等の翻意を促したが、誰一人翻すものはなかった。

さながら昔の城主に殉死するが如き行動が職員の中に見られたことは、北里の人心掌握術が優れていたのみならず、深い信頼を克ち得ていたということでもあろう。このことも私心のない、リーダーとしての資質を十分に示しているエピソードと言ってよいだろう。

その時の様子を、高野六郎は次のように日記に記した。


「十月十九日　所長辞表提出、北島部長亦文相訪問。

十月二十日　午後一時所員一同を来賓室に招集して所長より告別の辞あり。曰く、今回伝染病研究所は突如文部省所管となり、追て大学に併合せられんとす。而して不肖毫末も此議を与り知らず。既に御裁可を経て勅命出たる今日、又多くを語るを好まず。政府の欲する所は不肖の研究方針と相背す。所信を枉げて男子の面目を惜まざらんと欲するも学問の神聖を奈如せんやと。辞色沈痛、座に嗚咽の声あり。コッホ先生の塑像を後へに立てる恩師の鬢髪、また既に少しく斑なるを見ずや。所長は今半生の心血を注げる研究所と別れんとすなり。楣間に掲げたる故浅川、柴山両博士の像も又泣かんとす。重ねて問ふ、是聖代学芸の士を遇するの道なりや。

所長は辞を更めて所員の後来を訓誡し、邦家のため一層努力す可きを説きて去る。北島部長徐ろに立ちて曰く、余等は北里所長の恩顧を受くること久しく且つ深し、即ち所長と行動を共にし、信ずる所を行なはんと欲す。助手諸君は年齢尚壮なり。宜しく熟慮して研学の途を誤ることなかれと。

技師一同は此の日連袂辞表を提出したるなり。

訣別式後助手一同別室に退きて此際とる可きの道を協議す。座に燕趙悲歌の士乏しからず。君辱しめられて臣死せんとすと雖、唯懼る、所長の清節を完からしむるなきを。乃ち相飭めて軽挙妄動を避けんとす。抑々籍を本所におく学徒は孰れも北里先生の名を仰ぎて蝟集するにあらざるはなし。此の期に及びてまた何をか曰はん。一同の結束は期せずして成る。」（『北里研究所五十年誌』）

事態は急展開していて、さすがに文部大臣も効果的な手を打てなかった。ついには北里慰留のために、禁じ手さえ使いそうであった。田端日記にある。

「十月二十一日　博士十時文相官邸へ行カレタリ。文相譲歩シテ研究所ヲ総長ノ許ニ置キ医科長ノ許ニ置カヌカラ留任シテ呉レト勧誘セシガ、断然断リタリト博士云フ。北島以下博士達モ本日連袂辞表出シタリト云フ。」

つまり、内務省からの移管は動かしようがないが、大学内部での位置に関しては考慮の余地があると言い、なんとか北里を所長の地位に慰留しようとしていたことが分かる。翻って考えれば、文部省も北里の動向について甘く予想を立てていたということであり、また北里は北里で思いもよらぬほどこの件に関しては頑固であったということである。

「十月二十一日　所長の登庁は今日を限りとすといふ。助手一同は各自辞表を北島部長の手許に差出し、且つ所長に面接して、其の所懐を陳ず。所長稍ゝ難色ありと雖、其の志奪ふ可らざるを見て其の意を諒とせるものの如し。」

また、健康でかつ意気軒高な北里が、伝研を辞職するには、それなりの適当な理由がなければならなかった。この当時、なんらかの理由があって官職を辞する際には、たいがい明確な理由が添えられていたのである。北里の場合は、それを有り体に言えば、神経症ということにしたことであった。

診断書は、大正三年一〇月に発行されたが、正式な診断書は残っていないらしい。記録によると、当時は病気を申し立てるのが退職者の慣習であったようだが、北里はもともと健康な人だったので、公職に耐えられないほど重病であるとの診断書は、誰にも書くことなどできなかった。そこで北里は、内務省技師の内野仙一という医師に頼んで診断書を書いてもらったのである。その診断書は、「病名脳神経衰弱、時々亢進発作あり、当分の静養を要す」というものだった。

田端重晟日記にも、次の記述が見える。

「十月十九日　七時出園。人ヲ使トシ研究所長ノ辞表、神経衰弱トノ内野医師ノ診断書ヲ添ヘテ大隈首相宛ニテ文相秘書官ヘ送致セシム。時ニ午前九時ナリ。嗚呼博士モイヨイヨ辞職カ。」

北里の診断書に関する限り、最大限の嘘によって政府に一矢を報いたと言うべきか。

これに関しては同様のことが熊本第五高等学校からロンドン留学をした夏目漱石が、帰国後辞職を考えた時も行われたようである。

「小生熊本の方　辞職と事きまり候に就ては医師の診断書入用との事に有之候へども知人中に医者の知己無之大兄より呉秀三君に小世が「神経衰弱」なる旨の診断書を書て呉る様依頼して被下間敷候や小生は一度倫敦にて面会致候事あれど君程懇意ならず鳥渡ぢかにたのみにくし何分よろしく願上候（以下略）」。

（『漱石全集』書簡集）

もちろんよく知られているように、漱石は実際にいささか神経衰弱の傾向にあったし、文部省によるロンドン留学からの帰朝命令も、漱石発狂の噂が巷に流れたからであったし、本人もそのように病症を理解していたから、さして不思議ではなかったかも知れない。

今日でもなお辞職の際には多くの会社、役所で「一身上の都合により」と書くことが許されているらしい。どのようなことでも一身上の都合になるので、内容が不明のままでよい非常に都合のよい便利な理由であるが、これなら理由の欄が無い方がよい。

十月二十七日には、慶応義塾の方から、独自の伝染病研究所を、塾の医学部新設と併せて行っては如何かという申し出があった。これはこの前後から燻っていた計画で、六年後の大正九年に慶応義塾大学に医学部が創設されることになる大きなひとつの前哨戦であった。

「十月二十七日　石河幹明研究所ヲ塾医学部新設ノ方へ合シテハ如何、十万円支出ス云々トノ話、松田市長ガ遠山椿吉ヲ使シテ研究所ヲ高等学校ノ如ク商議員制ニシテハ如何トノ話モアリ。」

しかし、北里はその申し出を受けなかった。

このような混乱した中で、なんと北里の長女康子の結婚式が執り行われた。北里が金杉英五郎に頼んで仲人になってもらった東大の法学部助教授渡邊鐵蔵との婚姻であった。田端の日記に言う。

「十一月五日　帝国ホテルニテ北里長女康子、渡辺銕造結婚披露宴、来客二二〇余人。宴酣ナル頃内閣ニ於テ北里以下技師一同ヲ依願免官ト発令ナリ通達員来リシ。
　青山博士ニモ案内状出シタルガ断リノ状来リシ。」

ついに十一月六日、官報に北里研究所長以下の免官発令が出た。

北里と行動を共にして辞職した職員は上の表の如くである。

この北里に同調して伝染病研究所を辞職し、北里研究所創設に参画した連中は、その忠義心から世に「赤穂義士」とも称されたのである。伝研に残ることを慫慂した北里は、所員が悉く彼に付き従う

伝染病研究所移管の際の辞職者名

所長	北里柴三郎
技師	北島多一，志賀潔，秦佐八郎，梅野信吉，宮島幹之助，照内豊，草間滋（以上，7人）
技手	神田元次郎，戸田寅次，肥田音市，高野六郎，戸田晴生，金杉栄蔵，小林晴治郎，大河原一太郎，大橋秀一，矢部専之助（以上，10人）
嘱託	竹崎季薫，松井山象，飯塚斎作，後藤格次，千秋二郎，金井章次，村田光邦，小林六造，目黒庸三郎，水島信次，飯島勝次，助川喜四郎，古賀玄三郎（以上，13人）

出典：『北里研究所五十年誌』。

ことを知って、ただ一言、「有難う」と言った。伝染病研究所の部長、助手、事務長らが一斉に辞職を願い出たことを聞いて、渦中にあった青山の反応は意外なものだった。それは、「北里は良い弟子を持っている」というものだった。

すでに述べたように東京大学は、伝染病研究所が欲しかった。その時代の最先端を行く設備と研究を、内務省の北里に任せておくことは自負心が許さなかったのであろう。コッホ、パスツール、北里と世界三大研究所（英国のリスター研究所を含めると四大研究所）などという言われ方をしたとしたら、日本の最高学府を誇る東大の誇りはなし崩しになってしまう。

そこで伝染病研究所所員の全員辞任という異常な事態に立ち至ったのである。

しかし、次の職員の便宜のために、北里柴三郎はただ立つ鳥跡を濁さずの譬え（たとえ）の通り、事務引き継ぎに意を用いたのである。

しかし、不幸なことに北里は公費横領の嫌疑をかけられ、審問書も出される始末だった。これはどうやら事務官の一人が個人的にしたことというので解決したが、世間を騒がせたことに変わりはなかった。伝染病研究所には自殺者も出たのである。

北里の無念は、その手紙の中にも見ることができる。それはその年の十月三十日に、大日本私立衛生会会頭土方久元伯爵に宛てた書簡に次のように読める。北里はこの中で、伝染病研究所の故事来歴を縷々述べた後、いよいよ本論に入っている。

「廟議突然之ヲ内務省所管ヨリ文部省所管ニ移サルルコトアラントハ。蓋シ此ノ事タル一見単ニ政治機関ノ所管転換ニ過ギザルガ如クナルモ、終ニ之ガ事業ニ及ボス影響ノ至大ナル実ニ意想外ニアルベク、既ニ一木文部大臣ノ不肖ニ口示セラレタル所ニ拠ルモ、同省ハ近ク之ヲ医科大学ニ隷属セシメ、其ノ内部ヲ全然同大学ノ組織ニ変更セシメラルル予定ナルガ如シ。是レ実ニ不肖ガ多年支持シ來リタル研究方針ヲ根柢ヨリ破壊シ、併セテ伝染病研究所設立ノ主旨ヲ一朝ニ滅却スルモノニシテ、理ニ於テモ情ニ於テモ不肖ノ堪ヘ得ベキ所ニアラズ。噫、政府ノ不肖ニ対スル前ニ慇懃ニシテ後ニ冷酷ナル何ゾ此ノ如ク甚シキ。」

（『北里柴三郎伝』など）

それは、北里が推し進めてきた、いわば疫学、病理、実験、実験動物飼育、薬学、薬剤生成などの諸分野が渾然一体となって行われてきた疫病に対する効果的な研究方法を壊す仕業だった。

しかし、こうした騒動の時にも福沢諭吉の忠告は生きていた。

福沢は、伝染病研究所に官制が引かれた明治三十二年、ただちに北里にいずれこのような事態に立ち至ることを見越し、研究所とは別に土筆ヶ丘養生園を設立しその経営を北里に委ねることにしたのである。福沢は言う、「研究所を挙げて一切足下の指揮に任せ、足下を信頼すること今と毫も変わらぬならば官営もよろしかろう、しかし政府も人である、今日の方針が永久に踏襲さるるものと思ってはならぬ。足許の明るい間に、万一の際独立独行のできる用意をしておく事が肝要だ」と。そこで得た収入を貯蓄しておくことは、福沢の堅い言い付けであり、また芸者遊びに現を抜かす北里への強い誡めでもあった。

また、伝染病研究所の創設の時から物心両面で援助を惜しまなかった森村市左衛門も、再び援助を申し出ていたのである。田端重晟の日記。

「十月二十四日　十一時博士来ル。曰ク森村翁帰京ニ付今朝翁ヲ訪問ス。翁曰ク、旅行ヨリ帰途新聞ヲ見テ研究所事件ヲ知テ驚ク。実ニ大隈ハ不都合ナ奴ナリ。（中略）私ガ昔仏人カラ乗鞍ヲ作ルコトヲ聞テ民間ニ始メタラ其権利ヲ政府ニ奪ハルルノミナラズ陸軍ニ召喚サレタルコトアリ。今日研究所問題ヲ聞テ同情ニ不堪云々。付テハ援助ヲ惜マヌト云フ、博士曰ク有難クアルガ私ハ福沢先生ノオ陰ニテ多少貯ヘモアリマスカラ夫デヤリマス、此先路頭ニ迷タ時ハ又願ヒマスト答ヘタ。」

民間で商才を発揮し、財閥さえ築きつつあった、いやすでに財を成していた森村でさえこのような苦い思いをしたことがあったのである。官は民が造り上げた甘い完成物をいとも容易く手中にする術を心得ていたし、またそれだけ官がすべてのことに関して抑圧的力を持っていた時代でもあったのである。また逆に、官が殖産興業の政策に基づき産業を興し、その軌道に乗るや、ただちに民間に払い下げするということもあったのである。その典型例が、明治五年（一八七二）の官営富岡製糸場の開設であり、明治二十六年の三井高保への入札払い下げである。

移管騒動

伝研移管問題については、管轄が内務省から文部省に移管される計画が発表されると、大日本帝国議会では白熱の議論となり新聞も盛んに取り上げる大事件となった。

当時の文部大臣であった一木は回顧録の中で、「大正三年七月、欧州大戦、第一次世界大戦が始まり日英条約により英国は出兵を要求。急に不景気となる。経費削減のために各種機関を統合することにした。伝研と水産講習所が対象になった。また、「北里を辞めさせるのは明治大帝の思し召しに背く。留学に明治天皇の奨学金で行ったので、辞めさせるのは失礼である」という反対意見があったことも記されており、これに対し、「もし功労者なるが故に何時までもその地位に置かねばならぬというなら世の中に進歩はない」」と記録している。北里柴三郎氏は巧みに宣伝し、各新聞は政府に反対した。」と記載されていることはすでに述べた。

東京帝国大学側の伝研問題の記録では、当時の山川健次郎総長によって、自身の総長時代の難問の一つが伝染病研究所の移管問題であったとして、その経緯が記されている。

一木文部大臣の勧めで、「学術研究は文部省の所轄として大学が之に当たり、別に財団法人の機関を設けて血清の事業に当たらせよう」という提案がされた。内科の青山教授は賛成したが、薬理の林、病理の長与教授は断固反対し、「受けるなら事をすべて受けるのがいい」と主張。医学部長であった青山教授は衛生学を衛生学と細菌学に二分し、細菌学は北里柴三郎を教授として迎えたいという希望を持っていたが、大隈首相は直情直言直行の性格で移管を閣議で決定し進めた。外科の佐藤三吉教授が大隈首相に聞いたところ「我輩は身体のことなら青山君の指図を聞くが、政治は自ら別である。北里君も医界の硯学であることから十分に尊敬するが、しかしサイエンスは大学に委ねたほうが医政の常道であるのみならず、研究にも便利であると信じて決行したんである」と答えている。

その佐藤三吉の懐旧談に興味深い記述がある。それは当時も今も誘惑的に聞こえる北里対大学、あるいは内務省対東大の対立であると思われた。

しかし、『佐藤三吉先生伝』に掲載された彼の懐旧談ではいささか趣が違う。そこでは大正三年当時の大隈重信総理大臣の下で、文部大臣高田早苗、内務大臣には一木がなっていた。そもそも伝染病研究所は、内務省ではなく文部省に属するべきだという基本的考えがあり、それがそのように実行されたのである。しかし、医学雑誌などは面白おかしく、時に真剣に東大の青山胤通を責め続けた。それは以前から青山が大隈と懇意で、裏に回っていろいろ画策し、北里から伝染病研究所を奪ったという憶測に基づいているというのである。

佐藤の思い出はこのようにこの前後の事情を語っている。

「青山君は決してこのような左様な汚い事をする人でない。又其様な事をしたのではないと云ふ証拠には、次の様な事が、其以前にあったのでも判ります。ずつと以前に北里君が帰つて来られて以来、日本に於て細菌学の発達が非常な勢で進歩し、且つ非常に重大な科目になつて来たので、其時に青山君が次の様にいふて居られた事があります。どうもこの東京大学では、緒方君が細菌学の方面を引受けて居られるけれども、何分細菌学の発達は非常にすばらしいものであつて、緒方君が衛生学と細菌学との両方を一緒に兼ねる事は困難の様に思ふし、一方には、北里といふ学者が居るから、大学へ北里君を引っ張って来るという云ふ事は難しいか知らぬけれども、細菌学だけを緒方君から割いて、北里君にやつて貰ひたいと思ふがどうだらう、と云はれた事があります。其時に、成程夫れは結構な事であると私は考へるが、然し第一に北里君が来て呉れるか否やと云ふ事が問題である。若し来て兼任するとしても、緒方君に対する具合は如何であらうか、余り緒方君を踏みつける様なことになりはしないか、其辺も懸念の一つである、学問上から申せば洵に結構な事であるが、事実上からは或は行はれぬ事かも知れぬ、と謂ふやうなことを話合つたことがあります。」

つまり、従来の青山〜東大〜緒方正規というラインによる北里包囲網というものではなく、むしろ青山は緒方を衛生学に専念させ、細菌学から外してまでも北里の実績を買おうとしていたというのである。おそらくはこの目論見がうまく運ばず、結局、伝染病研究所が文部省管轄下に入り、自動的に東京大学に属するようになった時、世間はなんらかの裏工作を憶測で語っただろうし、またそこに青山という中心人物が果たした役割も縷々語られる運命にあった。青山は、東京大学医科大学学長の身分にあった。そして、確かに東大も文部省も、伝染病研究所の世界最新設備を欲しかったことも事実である。

長与又郎はその日記の『長与又郎日記』の大正三年十一月七日には、「どうも青山先生と北里先生の間で民間のさまざまな議論があるが、この頃は北里先生に関する学問上の評価に大分変化が来ており、必ずしも北里先生を支援できない」という記述がある。伝研を吸収する側の東大に居た長与であるから、その記述は必ずしも客観性に富んでいるとは言えないかも知れないが、徐々に北里のやり方に対する疑問の声が上がり始めていたという事情もあったのであろう。それは、ひとつには、北里の剛毅の性格、親分肌の言動が災いして、研究所内で真っ向から北里の意見に異議を唱えるものが無くなってきていたということである。こと研究に関しては、様々な観点からの意見の交換と議論が必要なのであった。すでに優秀だった柴山五郎作（一八六七～一九一三）が、若くして逝っていた。またもう一人の俊秀であった中川愛咲（一八七一～一九二二）研究員が北里のやり方に異を唱えて研究所を去っていた。あとには、優秀だが北里に従順な研究員ばかりが残った。そこに、北里研究所の発展に影が射すような事態が起こる可能性が胚胎していたのである。

この中川は慶応三年（一八九八）北海道函館生まれ。東京に出て、築地新栄教会執事を務めながら東京一致英和学校卒業後、宣教師ヘボンを保証人としてアメリカのプリンストン大学、コロンビア大学医学部で学び、さらにエディンバラ、ニューヨーク、ウィーン、ベルリン諸大学において研鑽を積み、帰国。築地に開業したが、明治二十八年（一八九五）に伝染病研究所に助手として採用され、北里柴三郎と共著『ペスト』を著している。

明治三十一年には依願退職し、後に仙台医学専門学校教授となったが、これも明治四十年には依願退官している。なお中川のスライドを使った授業を中国からの留学生魯迅（ろじん）（一八八一～一九三六）が受けたはずである。魯迅が後に「藤野先生」という一文をものにして、有名になったのは藤野だけだったが、中川のスライド授業も本当は当時としては画期的な授業形態だったのである。

2　北里研究所の登場

北里研究所設立の主旨　繰り返しになるが、北里は伝染病研究所所長の職を辞し、新たに北里研究所を創設すると決めた時、自宅に帰り、乕夫人にこう言った。

「おまえに渡してある金、全部出せ。研究所を設立するのであるから。将来のことは考えないで、いま一文なしになってもよろしいから、それに協力したらどうだ。」

乕夫人は、夫人で、なんらの異存もなく、ただちに尽力することに同意し、そこで資金の問題は解決した。

新たに設立することになった北里研究所は、それゆえ北里の個人財産で大部分が賄われることとなった。北里の決意は堅く、また未来を見据えたものだった。

北里は、自分の名前を冠した北里研究所設立の趣旨を、次のように述べたが、そこでは自分の来し方行く末を感謝の念をもって語らざるをえなかった。北里のいつもの恩人への堅い心服の念の反映である。

「十九世紀の医学界に於て精華を極めたるものは微生物学なり。ローベルト・コッホ先生がはじめて其の基礎を建てしより、伝染病の治療予防及び撲滅の研究に心血を注ぎしこと四十余年、先生の一生は国利民福の錦繍を以て飾らるるに至れり。不肖嘗て先生に師事せること七年、明治二十五年先生の学風をもたらして帰朝するや、福沢諭吉氏、森村市左衛門氏等の声援と幇助とを得て先づその研究を開始し、次で大日本私立衛生会の伝染病研究所を創立するにあたり、同会の委託を受けてこれが事業を管理し、直にジフテリア血清及び破傷風血清の製造に着手してこれを治療上に応用したり。（中略）同二十六年衆議院議員長谷川泰外数氏の建議に基き、国庫より研究所設立費及び研究費の補助をうけたる以来、内務大臣の監督指揮の下にその業を伸張し、進んで国立伝染病研究所となり、同三十八年血清院及び痘苗製造所を合して、更に大規模の研究所となりたるは世に周知せられたる所なり。

顧みれば不肖自らはからず微生物学を吾邦に移植してより、伝染病の病原、治療及び予防の方法を考究するために心身を傾倒し、就中結核治療法の研究は不肖終生の事業として奮励一日も止まざるところなり。ジフテリア血清は霊妙なる効果を奏し、しかも欧米の製品に比して遙かに優秀なるものを得るに至りしは不肖の窃かに誇りとするところなり。赤痢病原菌の発見、痘苗製造法の改良、飯匙蛇毒血清の応用、黴毒のサルバルサン療法等は、皆不肖の主管せる伝染病研究所の直接間接に成功したるものなり。

その他ペスト、恙虫病、脚気、吸虫病等を始め、諸種の血清療法及び予防接種法等に於て研究したるところ少からず。かくの如くして当初以来、上皇室の鴻恩に酬ひ奉り、下国家の進運に貢献し、併せて斯学の発達進歩を計らんがため拮据経営ここに二十余年、一朝図らずも廟議の定むるところにより、その所管を内務省より文部省に移さるるに及び、終に多年愛棲し来りし作業室を棄て、伝染病所長の職を辞するの止むをえざるに至りしは、不肖終生の憾として忘るる能はざるところなり。

但しそれ近時学問の趨勢は一日の安を偸むを許さず。列国競争の間に立ちて斯学の発達を図り国運の隆盛を計らんとせば、瞬時も業を廃する能はず。仍て不肖はここに憤然起ちて新たに私立の研究所を起しその研鑽を継続せんとす。蓋しこれらの研究機関の独立は時勢の要求するところにして、かのパスツール、コッホ、リスター、エーリッヒ、ロックフェラー研究所の世界に重きをなす所以及び近時ウイルヘルム皇帝学院、カーネギー学院等の設立をみたる所以亦実にここに存し、不肖等の事業が教育の府と何等関係なく専心一意これに没頭せざるべからざるを教示するものなり。不肖豈に奮励一番せざるべけんや。加うるに今や不肖の旧僚友助手十数名は連袂辞職し来りて不肖に協力せんことを誓へり。因て不肖はその企図を永遠にし、その基礎を鞏固にせんがため、その組織を社団と為すこととせり。斯く如くして始めて学問の独立と権威とを維持し、以て不肖の意志を確実に貫徹するを得んか。茲に聊か所信と希望とを披瀝して北里研究所設立の趣旨を開陳することと爾り。」

（『北里柴三郎伝』）

北里は、十二月二日、新聞社や医事雑誌社の記者を築地精養軒に招き、北里研究所設立の趣旨を披露した。すでに狂犬病予防注射、サルバルサン注射、ワッセルマン反応検査その他の事業を展開し、また研究所で補修講習会を開設することを告げた。

それは、事態が急を要するようになった時、所員が、おのおの持ちうる力、影響力を行使して、認可や認定を受けていたものばかりであった。

そうした時期に、十二月十五日の衆議院議会で、八木逸郎代議士が伝研移管の質問演説で政府の糾弾を試み、また翌十六日には吉植代議士が予算委員会で同様に政府糾弾の演説を行った。しかし、政府は戦争継続のための新しい師団増強予算を組むために何としてでも全体案件を通す必要があり、議会解散を決行し、伝研移管問題は、不問に付されてしまった。世にこれこそ大隈重信内閣の独断専行無謀の策であるとの評がたったが、時局の緊急性に鑑み、曖昧な形で集結を告げたのである。

ここで、北里と行動を共にし、伝染病研究所を去って北里研究所の設立に参画した若き研究者の当時の感慨に耳を傾けてみよう。これは北里研究所創立五十周年記念の座談会での後藤格次（一八八九〜一九六九）の発言である。後藤は、大正四年から英仏留学をした後に東大教授になったが、定年後北里研究所に復職している。

新研究所の雰囲気

「移管当時には、私どもはちょうど学校出のホヤホヤで、二十五、六才のとき。私は学校におりましたときから、いろんな因縁で北里柴三郎大先生のご庇護を受けておりましたものですから、移管当時の感想といたしましては、要するに、親分に対する子分という感じでありまして、ことの是非善悪、あるいは詳細なる裏面の事情等は考えずに、ただいちずに、先生が正しくそうして東大のやり方が悪かったんだという気持で奮闘したわけでありますが、その当時の方々は金井章次君、小林六造さん、その次が私ぐらいの順序になっておるのでありまして、ちょうど白金台から、いまの北里研究所のあります低地に移ってきたんであります。その当時にニイチェのツァラツストラの説教というのが非常にはやっておりまして、これはニイチェが日本に輸入された最初かもしれませんが、それに、『かくの如くしてツァラツストラは山を下りぬ』という文句が、しょっ中くり返しては出てくるんです。“Also steht Zarathustra den Bergen ab.”それでわれわれも、ちょうどその白金台から三光町の低いところにきたのは、ツァラツストラが山を下ってきたのと同じだという気持で意気軒高としてやってきたのでありまして、決してめめしく泣きごとをいってやってきたんではないのであります。」

（『北里研究所五十年誌』）

つまり、北里の所長辞職に伴って研究所を去った者たちは皆、心身共に気力が充実していたのである。

しかし、実際には、伝染病研究所という巨大な組織と設備を根こそぎ奪われて、所員はそれなりに苦しんでいたのである。伝研移管から一年後の大正四年十二月十一日に、北里研究所の開所式までの間、不満もそれなりにあった。ちょうどこの間の大正四年八月に赴任した内田三千太郎はその時の思い出をこう述べている。

「私が赴任した時の北里研究所は養生園の病室、八畳の間五〜六室と、それに畳敷きの講習室と若干の附属室があった程度で、部長先生達も若手連中も一緒に畳の上にあぐらをかいて十三銭の弁当を食べながら天下国家を論じ、天下の学者眼中に無しという気概横溢という風であった。

その頃、研究所の新築工事が遅れているとかで、血を湧かした若手連中が北里先生の所へ押して行って、『吾々は何時になったら研究が出来るようになるのでしょうか』というようなことを言ったらしい。それが胸にこたえていられた先生は、いよいよ建築が出来上って各自割り当てられた室へ引越命令を出したに拘らず、手間取っている者があるのに業を煮やしてか一日所内の各室を見て廻られた。」

（『北里研究所五十年誌』）

研究への意気軒高だったが、新しい建物、設備が整うまで、北里研究所はいわば世界から隔絶されて、おおいに優雅なのんびりとした、しかし焦燥の時間を過ごしたのである。

その後

この東大に吸収合併され大正五年に東京帝国大学附置伝染病研究所となった伝研と北里の創立した北里研究所の確執はその後かなり続いたが、第四代所長に長与又郎が就任することで、かなり改善された（ちなみに、北里の後、事務取扱いが福原鐐二郎、第二代青山胤通、第三代林春雄、第五代宮川米次と続く）。理由は簡単なことだが、長与又郎が北里の恩人の一人長与専斎の息子であったことも寄与していたのであろう。北里の内務省への就職、ドイツへの留学、ドイツでの留学延長、伝染病研究所の創立、その人生の節目節目で重要な役割を果たした長与専斎の恩義を忘れよう筈はなかった。

たとえばそれは大正八年六月二十六日に帝国ホテルにおいて行われた伝染病研究所の第二回招待会の参加者を見てみるとよい（第一回はすでに六月十九日に大学教授や附属病院代表者、研究所技師を招いて開かれた）。ここでは大学以外の人々、とりわけ伝研と密接な関係にある人々六十一人を招待していた。その中には、北里、北島、志賀、草間、古賀、大谷、土屋、梅野などの顔が見られる。

この招待会に北里以下の伝染病研究所の旧職員がこぞって参加し、また北里が答辞を述べたことは、医学界に異様な感じを与えたのである。そのため医学界の新聞には「大学と北研多年の確執も之より和むべし」とか、「長与はオツなことをやる。北里も大きい」といった記事が出たのである。

さらにこの年の十一月二十二日、伝研で大正六年十二月二十三日に死去した青山胤通の銅像が伝研

北里研究所

に置かれることになった時、来賓として来た山川総長が、隠れた史実の発表を行っている。それはつまり以下のようなことであった。

「青山氏は移管の張本人に非ざること勿論、理論上之を文部所管となすことに就ては異論なかりしも、世間伝うるが如く青山氏が大隈内閣を煽動してこの挙に出たるに非ず。移管問題は実にその前の政友会内閣の案にして、文相奥田義人氏はその案者の一人なり。」

この奥田義人は、西園寺公望内閣の文部大臣で、この行政改革はすでに大正元年に計画されていたものである。この西園寺第二次内閣の後、桂太郎第三次内閣、山本権兵衛内閣、大隈重信第二次内閣と続き、そこで伝研移管が行われたわけである。

なお、捲土重来を期した北里は、結核療養所土筆ヶ丘療養園からの収益を元に北里研究所を建設し、翌年大正四年十二月十一日に開所式に漕ぎ着けたのである。

余談にわたるが、この伝研移管に関して、遺憾の意を表し、帝国議会衆議院議会で質問に立った八木逸郎に関してのその後。八木が北里邸を訪問すると、北里は八木に丁重に質問の礼を述べた後、山本内閣時代に奥田文部大臣が立てた移管計画を、原敬内務大臣が一蹴したこと、その際に今後のためにと高橋是清大蔵大臣に見せた三つの案を、再び八木に見せている。

またこの直後の議会解散に際し、北里は八木に立候補を勧め、その選挙費用を負担することも申し出ている。残念ながらこの時は落選したが、その後大正六年に大隈内閣が倒れると再出馬し、その選挙費用総計一万円の内、約三千円を北里が自ら申し出て負担したのである。八木は、北里の追悼記(『北里柴三郎伝』所収)の中で次のように述べている。

「先生は他人の恩を感受する時は、数十数百倍として之を返却する人である。小生の如きは決して国士とか何とかの風格ではないが。先生は苟(いやしく)も国士と信ずる者に対し十分力を添えらるる義侠の持主である。又一旦人を助けんと欲すれば手を代え援助せられ、飽くまで其人をして志を達せしめずんば止まず、一度人を信ずれば徹頭徹尾之を信じて之に全托するの大雅量の持主である。」

そして八木の求めに応じて揮毫した書に「朋友有心」と記した。

確かに孤立無援の状況にあって、国会で堂々と審議を尽そうとしてくれた国会議員への恩義ということもあったのであるが、その後の陰に日向にの応援は、その報恩の姿勢の大きさを物語っている。

こうした恩義への返礼は、人生で唯一寄食した、郡代安田退三の未亡人が熊本で困窮の生活をしていると聞くや、ドイツからの帰朝直後で自分自身経済的に不如意であったにもかかわらず、収入の一部を割いて、数年にわたり送り届けたということにも見られる。その後、安田未亡人には政府からの援助金が出るようになったが、北里は相変わらず、その動静に注意を払い、万が一にも困ったことがないように配慮したということである。

さらに、直接的に恩義、恩恵を受けた訳ではないが、東京大学在学時の僅かの縁故を忘れず、ドイツ医学を導入し、東京大学を今日の本郷の加賀屋敷内に建立した日本医学の恩人、初代文部省医務局局長であった相良知安が、晩年落ちぶれて芝の新銭座の裏店（うらだな）に貧困と病苦に苛まれていた明治三十六年頃（一九〇三年頃）、そこを直に訪れ、それ以後、しばしば金品を贈呈して、相良の老後の無聊（ぶりょう）を慰めたということである。

また、このことはもう別項で触れたが、恩師コッホ亡き後、第一次世界大戦などで生活に不如意があったコッホ未亡人に北里は金銭を送付し、生活費の補助にしている（その返礼として、今日北里研究所が保管するコッホの肖像画が未亡人から北里に贈られたのである）。

この伝研移管問題は、その後も長く尾を引いたが、そこに同種の研究所が持つ問題が生じた。つまり、伝染病に関する研究の成果の角逐（かくちく）である。

たとえば、移管後三年の大正六年、発疹チフスの病原体に関する猛烈な論争が、伝研と北里研究所であった。まず伝研で発表があり、それから伝研の二木謙三博士が人力車に顕微鏡やその他の材料を載せて北里研究所に到来し、発疹チフスの病原体はスピロヘータであるという発表をなす、という次第だった。所員だった大坪五也は、ここでの厳しいやり取りを見聞きして、伝研と北研の双方の表情を見比べるばかりだったらしい。最後に、北里がしめくくりの言葉を述べている。

「学問のことは、あくまで双方において主張すべき問題だ。北里研究所も、伝研への反対をせんがために反対するじゃない。これは学問のためだ。その点を間違わないように伝研の諸君もせいぜい勉強したまえ。」

（『北里研究所五十年誌』）

ここには、学問の正しい論争のために、私情を制する北里の面目躍如たるところがある。おそらく北里は生涯、この伝研移管の苦痛を忘れなかったが、また細菌学の発達のためにあえてその私情を抑圧したものと考えられる。

この北里研究所が、今日の社団法人北里研究所である。この北里研究所は空襲での消失を免れ、戦後間もない混乱期においても赤痢・破傷風・狂犬病等の予防・治癒に多いに貢献した。

大正三年（一九一四）の北里研究所創立から四十八年後の、昭和三十七年（一九六二）に、学校法人北里学園は、北里大学衛生学部を設置し、初代学長に秦藤樹が就任した（藤樹は、エーリッヒと梅毒特効薬サルバルサンを開発した秦佐八郎の子息）。昭和三十九年には、薬学部薬学科設置、昭和四十一年には畜産学部、さらに昭和四十五年には医学部医学科の設置を認められ、翌年には北里大学病院をも開院した。その後、北里学園には、水産学部や東洋医学総合研究所が開設され、今日なお発展過程にあるのは喜ばしいことである。

なお、激しい綱引きの行われた伝染病研究所は、昭和四十二年（一九六七）に東京大学医科学研究所と名称を変更し、今日に至っている。

また大正四年に完成した研究所本館は、ドイツ・バロック風を基調とした、腰折屋根でスレート葺で、顕微鏡に安定した光を提供できるように、北側に面した部屋に屋根窓を配している。この八角尖塔を戴く木造二階建の本館は、昭和五十五年（一九八〇）本館改築を機に博物館は明治村に移築された。

第十一章　医学界の動き

北里は、常に福沢の言葉を旨として行動してきたが、その恩義に報いるためにも慶応義塾の医学部創設に関わったことは銘記されるべきことである。

1　慶応義塾大学医学部創設

創設への道のり

塾長福沢諭吉は、青年時代に大阪の蘭学塾適塾で緒方洪庵の門下生であったこともあり、医学には造詣が深かったが、明治六年には早くも慶応義塾内に医学所を創立して、松山棟庵（まつやまとうあん）、新宮涼園（しんぐうりょうえん）らを学科主任として、アメリカ流の教育を英語で施していた。しかし、多くの塾生を輩出したにもかかわらず、官立医学校の続々創立されるに及び、経費のかかることもあって、ついに明治十三年に閉鎖された。前後八年の経営で、約三百名の修了生を出していた。

福沢諭吉に私淑していた北里は、福沢の死後、慶応義塾創立六十年記念の新学部創立に当たり、協力を惜しまなかった。最初にヨーロッパで第一次世界大戦が勃発するに及び、工科と理科の重要性が云々されて、記念事業として工学部創立が企画され、京都帝国大学工学部をモデルに、そこで活躍中の難波博士を招聘して立ち上げる予定だった。ところが当の難波博士が万事多忙で出向することが出来ない上に、さらに慶応に北里がいて医学部を創らないのはおかしいじゃないかと迫られて、急遽、医科に変更したような次第だった。しかし、反対も多く、また費用が厖大になるというので、一時は創立が危ぶまれたりもしたが、慶応の卒業生から寄付を募り、最初は百五十万円くらいの予定だったが、後に膨張した予算三百万円に対応できるだけの寄付金がすぐさま集まったのである。

この資金を元に四谷に敷地を買い、今日の信濃町の慶応病院が登場した。あとは北里が、医学界の重要な人物を集めてきて、無事創立に漕ぎ着けたのだった。

北里は、大正六年（一九一七）四月一日慶応義塾に創設された医学科の学科長、つまり学部長となって貢献した。

北里は、その慶応大学医学部の創立記念パーティーで次のように演説している。

「予は福沢先生の門下ではないが、先生の恩顧を蒙ったことは門下生以上である。ゆえに不肖報恩の一端にもならんかと、進んで此の大任を引き受けたのである。我らの新しき医科大学は、多年医界の宿弊たる各科の分立を防ぎ、基礎医学と臨床医学の連携を緊密にし、学内は融合して一家族の如く、全員挙げて斯学の研鑽に努力するを以て特色としたい。」

（『北里柴三郎伝』）

北里は、人間の身体は一つなのであるから、各科が独立して研究、治療して、別個に治療することの弊害を説いて倦むことがなかった。この来賓二千五百を数えた開校式の後、宴会で万歳の音頭を執ったのは外ならぬ後藤新平男爵であった。

この慶応義塾大学医科が設置された大正六年（一九一七）から、北里は初代科長として昭和三年（一九二八）五月に辞任して顧問に就任するまで、その科長の職にあった。まもなく大正八年には医学部と改称したので、その肩書きも医学部長となった。北里は、常に学生たちの面倒を見、また彼らに勉学以外のことは気にせずに医学の勉強に没頭するように慫慂していた。

俊太郎心中事件

ところが、大正十四年（一九二五）六月、長男俊太郎が芸者と心中事件を起こし、相手の芸者だけが死ぬことになった。

時の新聞はその詳細を以下のように伝えている。

「長男俊太郎心中始末

大正十四年六月十四日（日）、日光中禅寺湖畔の旅館伊藤屋に人品いやしからぬ三十代の紳士と二十代の女性が、夫婦として宿泊した。その夜、夫婦は湖畔の散歩に出ると称して出掛けたまま帰ってこなかったので、旅館としてはおおいに困惑し、一応派出所に届け出た。ただちに捜索が開始され、翌朝午前五時頃、湖岸で咽を短刀で突いて倒れている紳士が発見され、旅館に収容の上救急手当てを加えて一命を取り留めた。しかるに、そのすぐ後の午前十時頃、湖水に浮き上がった死体があり、それが同行の淑女だった。
日光署から現場に急行した係官が、この紳士の素性を問うても頑としてそれを明かさなかった。しかし、その所持品から男爵北里柴三郎の長男で三井物産社員北里俊太郎（三一）と分かり、女はやがて赤坂林家の抱え芸妓琴寿こと矢崎なつ（二二）と判明した。」

俊太郎は大正十年の帝大法科出身で、卒業後すぐ会社員として勤めはじめた。会社の同僚の話では、その前年頃に同じ麻布区材木町に住む実業家杉浦宗三郎令嬢照子と結婚し、男児ももうけたが、その後家庭不和で別個に行動することが多かったことも分かった。この心中事件が起こった時も、夫人の照子はチフスに罹り、葉山に転地療養に行っていたらしい。

この報に接するや、ただちに北里は、女婿渡辺鉄造博士、伝染病研究所の茂木博士らと日光に向かったが、中禅寺湖の現場には行かず、後事を二人に託して東京に戻って今後の身の振り方を沈思黙考していた。

こうした前後の事情を「東京朝日新聞」大正十四年六月十六日号は次のように伝えている。

「俊太郎氏には恋の外家庭的の大きな悩みがあった、大正十年東大を出た氏は三井物産に入社すると共に間もなく実業家杉浦宗三郎氏の令嬢で大久保美人と歌われた今の照子夫人（二四）と結婚したが暴君の様な厳父北里男を中心とする氏の家庭は常に冷たい空気に閉ざされ風波は絶えなかった、殊に二年程前から母堂とら子夫人は強度のヒステリーに罹り病床に親しみ勝ちになっているが父男爵のとら子夫人に対する態度は孝心深い俊太郎氏の胸を痛めしむる程であった、父男爵は俊太郎氏のために昨年暮麻布材木町に新居を建築し、氏はてる子夫人と共に両親と別居したが、絶えずこうした家庭の問題に苦しんでいた、氏の月々三井物産から受ける給料は入社間もなくの事で決して十分でなく、毎月の生活費補助をかつて父男爵に申し出たが堅く拒絶され男爵に内緒で母堂から若干の補助を受けて居た、こんな事も金銭に厳重な父男爵の耳に入っては一層父子の間を冷たいものにしていた、てる子夫人との間に男児を設けてからは面白くなく、これ等種々こんがらかった家庭の不快なる事情が氏の足を花柳界に導く様にしたのである。」

はしなくも長男俊太郎の不祥事で、家庭内の不和や病気の内容が世に知れ、また北里が家庭においてて冷血漢であるかの如き印象を与えてしまうものであった。それはすでに花柳界で浮き名を流していた北里の負のイメージを増幅することになった。結婚後四十二年経った北里は、あるいはもう家庭内に幸せを求めていなかったのかも知れない。家族と食事を共にせず、孤独に食堂で独り食事をする北里の姿は、華やかな外での活躍とは比べようもないほど、静かで力なげに見える。

俊太郎はその後の経過良好で、この記事が出た十六日の夕刻には貸し切りの寝台車に乗って帰京することになった。

同日、すでに心中事件の事態の重大さに驚愕した北里は、今後は私経営する北里研究所以外のすべての公職から身を引くことを決断した。それらには、前年に、爵位をうけていた男爵爵位拝辞の他に、貴族院議員、慶応大学医学部長、慶応病院長、日本医師会会長などからの辞職が含まれていた。

北里は北里研究所所長であるばかりかまた、大日本医師会、中央衛生会、東京府医師会などの重鎮であり、中央衛生会でなにか医師全体の利害に関するような議題が起こった時、北里の一言が多くの場合雌雄を決していたので、その辞任の影響は相当大きいものと見なされた。

またそれとは別に宮内省宗秩寮では、この北里男爵嗣子俊太郎事件に関し、華族の風紀と品位を汚すものとして、調査を行い、場合によっては処分に付することもあるとして、除名、礼遇停止などの可能性を示唆していた。

この状況を憂えた長年の知己後藤新平子爵は、爵位の拝辞などに理解を示したが、反応は意外なところからやってきた。

まず、慶応大学医学部長辞任の意を受けた慶応大学塾長林毅陸（はやしきろく）は、罪三族に及ぶというのは昔風の考え方であると遺留につとめたが、辞意が堅く、評議会で決することとした。しかし、慶応大学医学部生が留任運動を開始し、同大学で演説会も開催し、また直接北里柴三郎博士に慰留するという役を何人かの学生が託されて六月十八日の午後には北里邸に向かった。

翌十九日には、慶応の卒業生が在学生と呼応して病院内講堂で卒業生大会を開き、留任運動をすることを確認、また交詢社（こうじゅんしゃ）で開かれる義塾の評議会にもその決議案を提出したのである。

しかし、その前の十八日午前中には、北里は学生代表を自宅に招き、辞意の翻意を伝え、その午後には評議会開催中の塾長林に、辞表の撤回を伝えたのである。

そこには、北里が辞めるのなら他の学校へ転校せよと責められている学生の窮状を察し、また約七百名に及ぶ連署の血判状を持参したことも北里の侠気を動かしたようだった。

金杉英五郎の追想によれば、この学生達を北里のもとへ連れていったのは、他ならぬ金杉だった。

「先年其家庭に起りたる某災難も北里さんには大なる苦労の一であった。為めに態々来訪されて先づ爵を拝辞し、其他総ての公職を辞するから医師会の方は宜しく頼むと云ふのであった、其節拙者は君の謹慎の意を表示することは結構であるが、千思万考の後決行すべきものであらうと思ふから、其等の事は敏達なる後藤さんに熟議せらるべしと進言した。（中略）其数日後慶応医科の学生十余名来訪、北里先生学長辞任の申出有り学生一同痛惜措く能はず、宜しく先生の力に依って留任せしめられたし云々と言ふのであった、そこで拙者は深く同情して直ちに学生等を引連れ北里邸を訪ひ大食堂にて北里さんと会見せしめ、先づ発言して曰く、今回の危禍は君の苦衷察するに余りあり、然れども是れ本と自身の失態に非ずして子供の失態なり。一定の謹慎意思は表示すべきは当然なれども、取急ぎて公職を辞するの要あるを認めず、宜しく他人の子供等の歎願をも容れて留任せられ、一層努力其教導に尽すべきではあるまいか、其他の公職に就ても天寿のあらん限りは引続き勤続せらるべきは当然の事なるべし、又熱烈に留任を懇願する君を目標として入学したる此学生等に対して、妄りに懇願を拒絶するが如きは如何にも無上の極ではあるまいか云々。」

こうした会話の後、学生代表の某が、北里に本当に辞職するのかと詰め寄ると、北里は頷く。北里は、「嘘は言わん。今も隣室で話したのだが、この不始末は教育者として自決の外に途はない」という風に、決意は固かった。

そこで学生は滂沱(ぼうだ)の涙となり、辞職の翻意を促し、十一人の代表はおのずと泣き落としになってしまったが、情に訴え、ついに北里の辞職宣言撤回を勝ち取るのである。嬉しさ余った弟子達は万歳絶叫し、北里のところ構わず抱きつき握りしめて嬉し泣きをしたらしい。情に篤かった北里らしいエピソードである。

師と弟子と泣き伏す梅雨の応接間

というのが、その日の情景を歌った弟子の一句である。

金杉は、学生達が北里邸を辞した後もなお邸に留まり、ついに他の場所における留任も悉く取り付けたのであった。

心中事件に関する警視庁の捜査報告書を受けた宮内省は、長男俊太郎の行状のみならず平生の北里柴三郎の言動も詳細に知ることによって「この親にしてこの子あり、俊太郎の罪は彼一人のものではない」(七月一日東京朝日新聞)という風に宮内省の空気は、一変し、却って俊太郎への同情から処罰は軽減されたのである。

七月十一日に宮内省宗秩寮審議会が開催され、長男俊太郎は華族令第二十四条第一項により華族から除籍されること、叙位条例に依り従五位の位記を返上することと決議された。一方照子夫人はなお華族の族称を有することとなったが、当然のこととして、俊太郎は北里家から分家することとなり、理論的には柴三郎男爵は男爵爵位を継ぐ嗣子を失うこととなった。

しかし、北里は、七月十七日に「俊太郎は絶対廃嫡せず北里男爵家は自分一代で以て終る決心である」旨を、家令金子有隣を通じて発表し、俊太郎を完全に許していることをも告げた。

北里はまた優しい家庭人でもあった。そのことは、四男三女の子宝に恵まれたことからも知れる。あいにく、妻の乕は、長男俊太郎のこともあってかなかってか、事件の翌年大正十五年（一九二六）五月二十二日にわずか五十七歳で没している。生涯夫柴三郎に仕え、表に出ることの少なかった人生だったが、その思い出は子供たちの中にしっかりと刻まれた。それらの子供たちは、男はその職分を尽くし、娘たちはおのおの父や親戚や知人等の紹介を得てよい縁に恵まれて婚家に入った。

北里は昭和三年まで前後十二年にわたって慶応大学医学部長を務め、高齢をもって退職したが、その後医学部顧問としてなお死ぬまで慶応に名を留めた。後任には高弟北島多一が就いた。

北里が慶応大学に礼節を尽くし、またその存亡に大きな貢献をしたのは、いつに福沢への恩義であったが、また同時にかねてから心に抱いていた教育方針の実現の場としての含みもあったであろう。

北里が亡くなってからはるか後の昭和三十七（一九六二）年に、北里研究所が創立五十周年を記念して北里学園を創り、そこに北里大学が創立されたことは、まことにその遺志のよく活かされたことであると言わざるを得ない。

また北里家では、次男善次郎が、北里研究所の所長を経験し、またその子北里一郎が、一族を代表するような形になっている。また、熊本の北里の郷では、今日でも遠くの親類、近くの縁者に北里の面影を見ることができる。明治以来進取の気象もあって、多くの医師や教育者を出したのは、柴三郎の衣鉢を継いでいると言わざるを得ない。

2 日本医師会創設

日本医師会創設への道

北里の行政的業績のひとつに、日本医師会の前身ともいうべき日本医会の結成とその運営がある。こうした医学会／医師会の動きの中で重要な働きをしたのが、医学会である。まず明治初期に、文部省に医務局が創設され、これが内務省に移管されて衛生局となった。

初代の衛生局長となった長与専斎は、明治六年（一八七三）に日本における医学行政全体を司る「医制」を定めた。ついで明治八年には医術開業試験の制度を設け、洋方医でなければ医師になれないことを定めた。これ以降、日本の漢方医は、医術開業試験に合格しなければ、医師として開業できなくなったのである。

そもそも日本における医師会の起源は、明治八年（一八七五）に松山棟庵、佐々木東洋、石黒忠悳、隈川宗悦らの発起によって成立した医学会社がその揺籃であった。

明治十九年には、東京医会が組織されたが、これは当時医学の中心となりつつあった西洋医学（洋方）に対抗して漢方医が集結し、時に洋方医の発展を妨害する挙に出たので、洋方医の団結が必要との認識から組織されたものだった。

東京医会の運動が実を結び始め、やがてそれが明治二十六年の大日本医会の創立に至ったのである。この約三三〇〇名の会員を集めた全国的規模の医師の団体は、高木兼寛、長谷川泰、長与専斎らを戴き、医業の発展、公衆衛生の向上を主旨とした。

大日本医会の中心メンバーである長与専斎、長谷川泰と親しい北里は、帰国後間もなくのことで、伝染病研究所の確立と自己の研究に忙殺されている状態だった。

明治三十一年頃、帝国議会において医師会法案の通過を目論見て、衆議院においては通過したが、貴族院においては東大出身の医師達によって反対され、否決された（ここにも内務省対文部省の影をみるべきであろう）。この否決を機に、東京大学出身者を中心とした明治医会が設立され、大日本医会と対立する構図が出来た。そして、この明治医会の主なるメンバーは、青山胤通、賀古鶴所（鷗外の親友）、川上元治郎、遠山椿吉、入沢達吉、田代義徳らであった。

大日本医会は、議会での医師会法通過に失敗すると、その盛運はいささか翳りを見せたが、一方東京医会はますますその勢力を増し、東京府下の洋方医の大部分が参加するほどに成長していった。明治三十四年（一九〇一）、北里がその会長に就任したということは、医師会運動の表に立つということだった。

そして、関東だけではなく、関西にも関西連合医会が組織され、東京医会と連合して、帝国連合医会が組織された。明治三十六年、京都において発会式が催され、北里は推されて会長となり、その後、東京、大阪と大会を開催して、その基礎を強固なものとした。

帝国連合医会は、医師法の立法化に尽力し、ついに明治三十九年（一九〇六）に医師法案が、帝国議会を通過した。この間にも、帝国連合医会と明治医会との確執は溶けず、それどころかますます過激化する方向にあった。当時の医学界を二分していた潮流は、ようやく医師法に関して妥協して、成立したのである。

こうして医師法が成立すると、次に医師の全国組織が待望され、北里をその首領にしようという動きがあったが、北里は国立伝染病研究所の所長であり、官吏であることを理由に、こうした医師の運動に参画することはなかった。

しかし、運悪くか、折り良くか、大正三年に伝染病研究所が、内務省から文部省へ移管するに伴って、北里の下野が決まり、ここに新天地に乗り出した北里が、また医師会行政に乗り出せる機会を作ったのである。

日本連合医学会会頭

こうして北里が日本医師会に貢献したことは甚大なものがあったが、その一側面を近くにいた金杉が、次のように書いていることをまた併せて見ておく必要があるだろう。

「日本医師会の今日あるを致したるも畢竟田中さんの人の知らざる奔走によって成立し、次で北里さんの威力と多数同業者の屈従に因る産物ではあるまいかと思はる。拙者は不思議にも北里さんの為せることには何事も参画したやうに世間から想はれて居るが、それは最初十二三年であつて、後の二十二三年間はいつも傍観の地位に立った、拙者は日本医師会の総会へも二三回臨席したことがあったが、彼れの暴君が愚民に命令するが如き態度と其説明の疎雑と、会場の多数が能く屈従せる状態とを観、唯偉らい人の威力と集団の過度の従順さに驚嘆したのであったが、平素事大主義に不快を感ずる癖のある拙者は一両度忠告したことがあったが、忠告は余り好きではなかったやうだ。」

（『極到余音』）

明治三十九年（一九〇六）五月に医学界の希望に沿った医師法が帝国議会を通過したが、帝国連合医会と明治医会との間の溝は埋まらず、医師法案もただただ医師会の設立を強制とすべきか否か、また医術開業試験の猶予期間を五年とするか十年とするかの違いだけだった。

大正三年二月に、東京で日本連合医師会組織の準備ができ、同年三月に発会式が行われた。たまたまその年の十月に伝染病研究所の移管問題が起こり、北里はその所長職を失っていたので、医師会に奉職するにはうってつけの状態にあった。

日本医学界における北里の影の裾野は、限りなく広がっている。たとえば、我々が体温を計る体温計の会社テルモは、元々ドイツ語のテルモメートル（Themometer）に由来し、第一次世界大戦（一九一四～一九一八）の影響でドイツや英国からの体温計の輸入が途絶え、国産体温計生産の要望が高まったことに呼応して設立されたものである。北里は会社設立の趣旨に賛同し、設立発起人として、「赤線検温器株式会社」設立総会の議長も務めている。

つまり、北里は明治維新以降急激に西洋化された急先鋒であり、またその具体的施策の立案者でもあり、かつそれに要する細かな器具の手配にまで気を配っていた人物なのであった。今日の日本医学が北里に負うているものは少なくないのである。

終章　幕引き

北里の死

晩年の生活は相変わらず隆盛かつ繁盛そのものだったが、個人的生活は静かで愁いがなかったかというと、必ずしもそうではない。風邪をこじらせ声が出なくて困ったこともあった。また顔面神経痛の問題もあった。また、長男の不始末がもたらした慶応大学医学部長辞任騒動等もあった。家族の不始末を恥じて辞任しようとする北里の動静を知った学生たちが立ち上がり、北里の辞任撤回を強固に要求したことは、人に感じ、義を重んじ、意気に感じて生きてきた北里の心の琴線を揺るがすに十分な義挙であったが、さらに慶応にとってもこの辞任撤回は十分安堵に足るものだった。おそらく北里は、その後倍旧の努力をこの慶応大学医学部の発展のために傾けた筈である。かねてより苦しまず、病気になることもなく死にたいと洩らしていた北里の死は、意外と早くやってきた。

その年の二月に金杉英五郎は、貴族院の内談室で、北里と面会している。そこで北里は、日本医師会のこと、府医師会のこと、健康保険のことについて社会局長官吉田を叱って欲しいなどといろいろ金杉に話した後で、伊東の別荘を売却して欲しいことなどを頼んでいる。そして、北里は、例に無く次のように金杉に言ったというのである（『極到余音』）。

「僕の生命は今度はもう長くは無いと思うが少しも不安を感ぜざること不思議である、死んだ後の事は彼是苦労したって成ることより外にはなるべきものでは無い、過日も次男の野郎があなたも段々老衰するようだから、我々に対する財産分配の事など考えて貰いたいと云うたから、唯一言馬鹿野郎おれをそう急に死ぬと思うかと、叱ってやったような次第である。」

また、北里はその死に様についても彼なりの思いがあった。

「死ぬるとき人に知らざるようにコロリと逝きたいものだ、只自分の恐怖するのは臨終の苦悶丈けにて其他は何等の執着も無い、加之色々の病魔の為めに、身体も幾分衰弱して鈍くなって居るから、いざとなれば臨終の苦感も左程強くはあるまいと思う。」

昭和六年（一九三一）六月十三日、実際、北里は眠るが如き大往生だった。

人生七十九年、熊本を出てより実に五十九年目のことだった。ついに北里は故郷の土に還ることはなかった。
金杉は、「極到」の漢詩の号を持っていて、その雅号で認めた漢詩がある。

北里博士輓詞　極到
医事求仁気味親　高姿在眼罕同倫
多年與我為交友　一世推君作達人
白日心香蒿里頌　青山杜宇夜台塵
幽明隔絶呼無返　追念生前感更新

北里の死後、多くの新聞、雑誌がその死を報じたが、海外のメディアもその例外ではなかった。たとえば『英国医学雑誌』(*British Medical Journal*)は、いちはやく六月二〇日号でその死を報じ、さらに六月二十七日号では、写真入りの詳細な訃報を、弟子の宮島幹之助の助けを借りて報じている。それはもう一方の主要な雑誌である『ランセット』でも大差なく、やはり六月二十七日号の訃報欄で、写真入りで北里男爵の死を報じている。
この両方で、破傷風の血清療法を打ち立てたこと、ならびにペスト菌の発見を香港で成し遂げたことが記述されているが、この後も、ペスト菌に関する彼の貢献を否定するか無視する動きが国の内外にあったことは事実である。さらに、ここに伝染病研究所の移管問題、北里研究所の設立の経緯が説明されていることからも、彼の残念を彼の死後も弟子達が衣鉢のように受け継いでいるのが分かって興味深い。

東大医学部の先輩として、また同時に内務省から二人の留学生となってドイツに渡った、北里の近くにいながら、北里にあまり親しむことのなかった中浜東一郎は、その死に際して次のように日記に書いた（すでに第五章で触れた）。

「六月十四日（日曜日）晴

北里柴三郎急病（脳溢血？）歿。新聞に多数の死亡広告あり死後迄もすきな宣伝を為す、笑う可し。」

この中浜の苦い反感に満ちた気持ちは、同窓でありながら、一方は世界のキタザトとなり、自分はせいぜい東京検疫所の所長で栄達の道を閉ざされてしまったという彼の苦渋を如実に示していた。確かに、北里は自分の関係する研究所、会合、領域、業績、家族までもの宣伝に関して、非常に巧妙に取りまとめ、かつ上昇志向に富んでいた。中浜が父親ジョン万次郎の功績に対してその総括を行おうとしたところにも、自分の腑甲斐無い人生を無念とする気持ちがあったのかも知れなかった。そこに偶然とはいえ、新しい世界に出ていき自己の運命を切り拓いて泰然自若としていた父への追慕と追懐の念が、内心忸怩たる思いであったことと見事に対蹠的に描かれることになったのであろう。

ドイツ留学中から生涯にわたって交流のあった金杉英五郎の北里柴三郎全般の評価にも耳を傾けてみたい。それは時に辛辣だが、気骨のある人士らしく、鋭い観察を含んでいる。

「北里さんの五十年を通観するに忌憚なく申せば大度量の人でも無く学者肌の人でも無く、寧ろ才智の人であり、策謀の人であり、精力旺盛にして満身エネルギーであったと観る可きであって、彼の成効は全く非凡のエネルギーが其資本であり、其才智、策謀が之を運転したるものと観るべきであると思う、又其強情の質として忠言者を好まず、屈従者を好んだように思われた。要するに北里さんの性格は或る時は開放主義と為り、或る時は極秘主義と為り、或る時は極端の官僚主義と為り、或る時は極端の野人主義と為り、或る時は其温情熱鉄の如く、或る時は其冷酷結氷の如く、或る時は豪放躍々たる大豪傑の如く、或る時は小心翼々たる小人の如く、或る時は陽気発揚して春草の如く、或る時は陰気鬱積して秋樹の如く、或る時は豪奢天下を驚かすものあり、或る時は節約見るに忍びざるもなり、其の変幻出没機略縦横測り知る可からざるものがあった。若し一定不変の性格を有するものが凡人であるとすれば北里さんは当に非凡の人であったに相違あるまい、乍併世人の誤解を受けたのも此性格であり、世人を驚嘆せしめたるも此性格であり、世人より偉大視されたるも此性格であったのだろうと思わるゝのである、恐くは北里さんの真の意思を知りたるものは一家、一族、一門、親友たりとも、一人も無かったのではあるまいか。」

（『極到余音』）

この金杉の、北里の一生をまとめた言葉は、それ以外の者によって書かれたいかなる伝記、偉人伝とも性格を異にする。それは、ほぼ同時代を生き、ほぼ対等に相談し批判し、揉み合い、援助を求め合うという付き合いをした人物による評が含まれているということである。そこには遠慮もないし、また下手な尊敬もないので、忌憚のない意見が述べられていると見てよいだろう。

しかし、金杉の言葉に従えば、誰も北里を充分には把握していないということであるから、金杉自身もその誹りを免れないであろう。それだけ、北里は複雑な神経と性格を有していた、また茫洋として捉えどころのない人格であったとも言える。

たとえば、家族思いで、両親に対する忠孝の篤さ、師コッホへの尋常でない傾倒と尊敬、畏怖は、それ以降の時に尊大にさえ見える北里の日本医学会での位置、態度と必ずしも同一人物のものではないように見える。

金杉も、そこのところを、ドイツでの経験をも踏まえて、『極到余音』に次のように述べている。

「北里さんに就て特筆すべき美点は非常に恩師を重敬したることにて終始一貫コッホさんのみを守りて離れず、在独七年間も他の碩学、名士とは殆ど没交渉であったらしく、又同時代の同門生等とも余り親密でなかったように思われた。」

そこに破傷風菌の純粋培養に成功し、また血清療法に先鞭をつけるに至った経緯を想起してみるとよい。一所懸命という言葉が思い浮かぶであろう。細菌学への傾倒も、また恩師コッホへの一方ならぬ思い入れも、こうした言葉に当る。

「北里さんの功労は日本人も科学者として用を為し得るものたるを欧米人に知らしめたる魁（さきがけ）を為したことである。」

確かに、欧米人主導だった科学、医学の分野で、北里は先駆的仕事を成し、それゆえにその存在を知らしめた最初の日本人だった。近代科学という分野で、欧米人以外の業績がまったく知られていなかった、つまりかつて中世にアラブ人が科学の先鞭をつけていたなどということがまるで健忘されていた時代に、アジア人として、創意工夫をもって、また地道な努力によって、そして余人が成し得なかったことを完遂したことでドイツに地歩を築いた功績は大きい。

そして、北里は、その学んだところを、十分欧米で経歴を追求することでさらに高めることができたにもかかわらず、帰国し、日本にその知識・技術を伝えた功績も大きい。それは細菌学の実習、講習という形で、日本の公衆衛生の担当者に隅々まで行き渡らせるような実績を持った。

つまるところ、金杉の言うように、北里は多重人格を持った人物であり、その多様な面は、とうてい凡人では計り知れないような意図、意思、意志をもって遂行された。

それは、たとえば北里、後藤、金杉と三人一組のように称された付き合いであったが、一旦相馬事件に遭遇し、後藤が司直の手に下り牢獄に幽閉されるに至った時、北里があまりに冷淡であったというので、後藤は出獄のあと絶交騒ぎまで起こしたが、ようやく金杉の仲裁を得て仲直りしたということにも見られた（ただし、鶴見祐輔『後藤新平』には、「伯（後藤）の盟友北里柴三郎も、伯の為めには、骨肉も及ばないほどの情誼を尽した」とあるから、資料の読み方は難しい。さらに同書に、後藤の保釈願いが前後十二通出されているが、その署名人は、大概岳父安場保和と北里柴三郎、あるいは時々金杉英五郎であったとある。金杉は、後藤の監禁中約三週間にわたって毎日または隔日に彼を診察し、ついでに外部との連絡掛りを務めたのである。後藤の出獄後の様子を慮って、北里はまたいろいろ按配した模様である）。

それは、北里が西洋にも日本にも真の友人をあまり作らず、また機に敏にして、人を利用する時だけの友達であるように誤解されることがあったからだと金杉は解釈している。

北里は、また政治的野心も世人の考えるよりは濃厚に持っていた。機を見るに敏であったことは、帰朝直後に長与専斎と福沢諭吉の支援を受けたことにも見られる。さらに、大隈重信への反感から原敬に接近し、ついで清浦奎吾（きようらけいご）（一八五〇～一九四二、北里と同郷の政治家、首相、後ろ楯となり、北里の授爵を奏請した）、晩年は鈴木喜三郎に往々面談して、支援を得ていた模様である。

「表面の大言壮語の割合よりは、裏面に於ける大官権門に対する用意周到等の状態は、全く別人の如きものありて、其点は頗る賢明に立廻ったものであることには、到底拙者等の企て及ぶ所では無かった。」

（『極到余音』）

また北里死後の葬儀の壮麗だったことは、北里の両親の葬儀の寂寞たるものであったことに比すれば、感慨無量であったと金杉は追懐している。

特に北里も後藤（新平）も、知り合った最初の三、四年はすこぶる貧乏で、いずれも妻君の実家から経済的援助を受けていたらしいことも漏らしている。

すでに触れたように、北里研究所は、昭和三十七年にその創立五十周年を記念して、北里大学を開設し、当初衛生学部での出発であったが、その後順次薬学部、畜産学部、医学部、看護学部、水産学部などを擁する理系大学として十分な役割を果たしている。それは滑稽な誤解だが、一般に信じられているように北里大学に北里研究所が付属施設としてできたのではなく、研究所が母体となってその創立五十周年記念事業として北里学園北里大学を創設したのである。

しかも、平成九年（一九九八）には、その北里研究所に「北里柴三郎記念室」が開室され、記念の品々が展示・解説されるようになった。

またすでに書いたことだが（第一章の幼少の教育参照）、近年橋本家の蔵から当時の医学書が多数発見され、ことごとく北里研究所に寄贈され、附属東洋医学総合研究所で整理、配架されている。

また、故郷では、縮小された北里の生家が、あらたに丘の上に移されて整備されている。この家を大正五年（一九一六）に訪れ、多数の少年少女向けの本を寄贈し、北里文庫を創設した彼は、宿舎として別棟を建てた。床の間に掛けられた巨大な掛け軸は、世界地図で、そこにこそ北里の次世代の人々に託す希望、世界への飛躍への夢があったのだろう。またこの部

故郷への回帰

屋には愛した鳥の剝製の一羽、白鳥が所在なげに立っている。

この北里の生家の記念館の背後には、小国町の青年センターがあり、そこで次代の青少年のための催し物が計画され、実行されている。この多くの医者を輩出した北里の地で、人々はなお世界に目を向けているのである。

彼の名声とその動静は世界に轟いたが、彼の夢はいつも両親と暮らした平和で風光明媚な山村の北里村にこそあったのである。

北里の墓は、夫人の㐮と共に、東京青山墓地にある。また、その隣には、すでに生前に熊本から東京に迎えていた両親の墓もある。

北里柴三郎は死後爵位を返上した。もちろん彼が返したのではなく、遺族が返上したのであるが、それが北里の遺志であったことは間違いない。

北里は幼少のみぎわに、「長袖（医者）と坊主は尊敬に値しない」と豪語し、政治家か軍人になることを志望していた。北里は、その医者に心ならずもなったが、そこで素晴らしい業績を上げ、世界のキタザトになった。世界で最初に破傷風菌の純粋培養に成功し、血清療法の先鞭を付け、ペスト菌を発見し、それからインフルエンザ菌（⁉）と赤痢菌（弟子の志賀潔にその栄冠は譲られたかに見える）の発見に功績があった。脚気菌の発見という誤った細菌学的問題に、正攻法で攻め、その誤謬を糺した（それが、彼の不遇を、とりわけ官と東大との確執をもたらした）。そして、そこで彼の積年の夢であった政治家としての道を歩みだしたのかも知れなかった。

実際、北里は伝染病研究所の所長となり、後に北里研究所所長となり、また日本医師会会頭、慶応医学部部長となり、貴族院議員となり、男爵となって、政治的実務にも精を出した。北里は、その意味で、初志を貫徹したと言っていいだろう。

文字通り破竹の勢いであった。弟子には神様に、敵対していた者には傲慢で剣呑に見えたことだろう。庶民には、西欧に留学し、難しい医学を究め、莫大な富を手にした成功者であった。そのどの像も間違ってはいない。しかし、そのどの像も彼のすべてではなかった。

その心には、幼少の頃のガキ大将としての自分があり、東大医学部時代の同盟社における会頭としての演説三昧も、また政治家的素質を感じさせる行動である。時にはその言動が粗暴に見えたこともあったろうが、基本的に、人を組織し、意識を改革し、目標を定めて行動する様式は、生涯不変だった。

参考文献

政府刊行物

『帝国議会衆議院議事速記録』

『文部省年報』（明治十年～十二年）

新聞雑誌

『東京日日新聞』（後の毎日新聞）
『郵便報知新聞』（後の讀賣新聞）
『萬朝報』

書籍／邦文

浅利佳一郎『鬼才福沢桃介の生涯』ＮＨＫ出版、二〇〇〇年。

飯沼和正・菅野富夫『高峰讓吉の生涯――アドレナリン発見の真実』朝日新聞社、二〇〇〇年。

石黒忠悳『懐旧九十年』岩波書店、一九八三年。

石橋長英・小川鼎三『お雇い外国人』第九巻、医学、鹿島出版会、一九七九年。

板倉聖交宜『模倣の時代』仮説社、一九八八年。

伊藤真次・佐野豊『日本医学のパイオニア』二巻、丸善、二〇〇三年。

伊藤智義・森田信吾『栄光なき天才たち』第四巻、集英社、一九九七年。

鵜崎熊吉『青山胤通』青山内科同窓会、一九三〇年。

梅沢彦太郎編『近代名医一夕話』(『日本医事新報』臨時増刊号)日本医事新報社、一九三七年。

大谷彬亮『医者大谷周庵』自家版、一九三五年。

小川鼎三・酒井シヅ『松本順自伝・長與専斎自伝』平凡社、一九八〇年。

小高健『伝染病研究所』学会出版センター、一九九三年。

小高健編『長與又郎日記』(上下)学会出版センター、二〇〇一年。

加我君孝編『北里柴三郎先生生誕一五〇周年記念シンポジウム(記録集)』国際医学出版株式会社、二〇〇三年。

金杉英五郎(西山信光編)『極到余音』(昭和十年、伝記叢書三一七)大空社、一九九八年。

鹿子木敏範『北里柴三郎回顧』肥後医育記念館、一九七八年。

鹿子木敏範『熊本における医学教育の変遷──古城医学校から熊本医科大学まで』肥後医育記念館、一九八五年。

鹿子木敏範『鹿子木敏範著作集──落葉集』医療法人桜ヶ丘病院、一九九九年。

鹿子木敏範・松村勝之・宮崎美代子『肥後医育史年表』肥後医育記念館、一九七六年。

神谷昭典『日本近代医学の成立』医薬図書出版社、一九八四年。

禿迷盧『小国郷史』熊本県小国町、河津泰雄、一九六五年。

河井弥八編『一木先生回顧録』一木先生追悼会、一九五四年。

河本重次郎『回顧録』東京帝国大学医学部眼科教室、河本先生喜寿祝賀会、一九三六年。

北　篤『正伝野口英世』毎日新聞社、二〇〇三年。

北里一郎『北里柴三郎の人と学説』北里一郎、一九九七年。

北里学園編『北里柴三郎記念館』北里学園、一九八七年。

北里記念室『生誕一五〇周年記念　北里柴三郎』北里研究所、二〇〇三年。

北里研究所編『北里研究所五十年誌』北里研究所、一九六六年。

北里研究所編『北里研究所七十五年誌』北里研究所、一九九二年。

北里柴三郎『北里医学博士演説』君沢田方郡私立衛生会、一八九三年。

北里柴三郎『傳染病研究講議』南江堂、一八九六年。

北里柴三郎論説編集委員会編『北里柴三郎論説集』北里研究所、一九七八年、
北島多一『北島多一自伝』北島先生記念事業会（慶応病院内）、一九五五年。

木下謙次郎『美味求眞』五月書房、一九七三年（一九二四年）。北里柴三郎序文。

熊谷謙二『思い出の青山胤通先生』青山先生生誕百年祭準備委員会、一九五九年。

熊本県立第一高等学校『隈本古城史』熊本県立第一高等学校、一九八四年。

佐藤三吉記念出版委員会『佐藤三吉先生傳』非売品、一九六一年。

志賀潔『或る細菌学者の回想』雪華社、一九六六年。

篠田達明『闘う医魂――小説・北里柴三郎』文藝春秋、一九九四年。

人文閣編『近代日本の科学者』（第1巻　北里柴三郎伝〔高野六郎〕青山胤通伝〔高野鄰德〕秦佐八郎伝〔小林六造〕野口英世伝〔鈴木要吾〕）人文閣、一九四一～一九四二年。

杉村顕道『日本名医伝』発行所不明、一九五三年。

砂川幸雄『森村市左衛門の無欲の生涯』草思社、一九九八年。

砂川幸雄『第一回ノーベル賞候補／北里柴三郎の生涯』ＮＴＴ出版、二〇〇三年。

高野六郎『北里柴三郎』（現代伝記全集3）日本書房、一九六五年。

高橋義雄編『福沢先生を語る――諸名士の直話』岩波書店、一九三四年。

竹内　均『難病に取り組み医学を発展させた人たち――ヒポクラテス、パスツール、北里柴三郎』ニュートンプレス、二〇〇三年。

ダルモン（寺田光徳・田川光照訳）『人と細菌』藤原書店、二〇〇六年。(Pierre Darmon, *L'homme et les microbes*, Fayard, Paris, 1999)

土屋雅春『医者のみた福沢諭吉――先生、ミイラとなって昭和に出現』中央公論社、一九九六年。

鶴見祐輔『後藤新平』後藤新平伯傳記編纂會、一九三七年。

寺島荘二『北里柴三郎――医学界の偉人』世界社、一九五一年。

東京慈恵医科大学『東京慈恵医科大学五十年史』一九八〇年。

東京大学医学教育国際協力研究センター『北里柴三郎先生生誕一五〇周年記念シンポジウム――教育者・研究者としての北里柴三郎先生』記録集、二〇〇三年。

東京大学医学部百年史編纂委員会編『東京大学医学部百年史』東京大学出版会、一九六七年。

戸川秋骨（坪内祐三編）『戸川秋骨人物肖像集』みすず書房、二〇〇四年。

富田正文監修・土橋俊一編集『福澤諭吉百通の手紙』中央公論美術出版、一九八四年。

長木大三『北里柴三郎』慶応通信、二〇〇三年。

長木大三『北里柴三郎とその一門』慶応通信、一九八九年。

長崎大学医学部編『長崎医学百年史』長崎大学医学部、一九六一年。

中村桂子編著『北里柴三郎論――破傷風菌論』哲学書房、一九九九年。

中浜明編『中浜東一郎日記』全五巻、冨山房、一九九二～一九九五年。

野村茂『北里柴三郎と緒方正規――日本近代医学の黎明期』熊日出版、二〇〇三年。

長谷川つとむ『東京帝大医学部総理――池田謙斎伝』新人物往来社、一九八九年。

秦佐八郎『秦佐八郎論説集』北里研究所、一九八一年。

福沢諭吉『福沢諭吉全集』岩波書店、一九六〇～一九六五年。

福田眞人『結核の文化史――近代日本における病のイメージ』名古屋大学出版会、一九九五年。

福田眞人『結核という文化――病の比較文化史』中央公論新社、二〇〇一年。

藤野恒三郎『藤野・日本細菌学史』近代出版、一九八四年。

ブロック『ローベルト・コッホ――医学の原野を切り拓いた忍耐と信念の人』シュプリンガー・フェアラーク東京、一九九一年。(Thomas D. Brock, *Robert Koch, a life in mdecine and bacteriology*, 1988)

ヘゼキール、トスカ編著（北村智明・小関恒雄訳）『明治初期御雇医師夫妻の生活：シュルツェ夫人の手紙から』玄同社、一九八七年。(Dr. med. Toska Hesekeil, *Ein deutscher Chirug und seine Frau in Japan vor 100 Jahren*, 1980)

松下長重編『東洋成功軌範』中央教育社、一九一一年。

マンスフェルト（C. G. Van Mansvelt）『満氏解剖學／満私歇尓彑講授』六冊、一八七四年、書写本、書写者不明、神戸大学附属図書館和辻文庫所蔵。（「一五三四年第四月兵庫縣病院ニ而冩製」）

宮島幹之助・高野六郎『北里柴三郎伝』北里研究所、一九八七年（一九三二年）。

村松駿吉編『長與又郎傳』長與博士記念會、一九四四年。

モーリッシュ、ハンス（瀬野文教訳）『植物学者モーリッシュの大正日本観察記』草思社、二〇〇三年。(Hans Molisch, *Im Lande der aufgehende Sonne*, 1927)

森　鷗外『鷗外全集・医事軍事』第二八～三四巻、岩波書店、一九七四～一九七九年。

森村市左衛門『㊍之礎』私家版、一九〇六年。

山崎光夫『ドンネルの男――北里柴三郎』二巻、東洋経済新報社、二〇〇三年。
山下政三『明治期における脚気の歴史』東京大学出版会、一九八八年。
吉見蒲州（和子）『紳士と藝者』啓業館書店、一九一二年。
若山三郎『人類をすくった〝カミナリおやじ〟――信念と努力の人生・北里柴三郎』ＰＨＰ研究所、一九九二年。
Bartholomew, J. R., *The Formation of Science in Japan: Building a Research Tradition*, Yale University Press, 1989.
Kitasato Institute and Kitasato University, *Collected Papers of Shibasaburo Kitasato*, Kitasato Institute, 1977
――, *Collected Papers of Sahachiro Hata*, Kitasato Institute, 1981.
Marriot, Edward, *Plagues: A Story of Science, Rivalry, and the Scourge That Won't Go Away*, Metropolitan Books, 2002 (Originally published in UK under the title *The Plague Race*, Picador UK).
Proust, A., *La de'fence de L'Europe contre la peste et la confe'rence de Venise de 1897*, Masson et Gle., E'diteurs, 1897.
Willis, Christopher, *Plagues: Their Origin, History and Future*, Harper Collins Publishers, 1996.

雑誌論文／記事

緒方規雄「北里、緒方両先生」『日本医事新報』日本医事新報社、第一四一五号、一九五一年。

岡本拓司「ノーベル賞文書からみた日本の科学、一九〇一～一九四八年――（Ⅱ）生理学・医学賞（北里柴三郎から山極勝三郎まで）」『科学技術史』第四号、一～六五頁、二〇〇〇年。

小川真里子「ローベルト・コッホの来日をめぐって」『生物学史研究』第四五号、七～一七頁、一九八五年。

小関恒雄「明治初期東京大学医学部卒業生動静一覧」（一）・（二）『日本医史学雑誌』、第三三巻、第三号、三一七

〜三二七頁、一九八七年、および第三六巻、第三号、二二九〜二四七頁、一九九〇年。

春日忠善「北里柴三郎先生のペスト菌発見とその後の経緯」『日本医事新報』日本医事新報社、第二八〇七号、一九七三年。

兼松一郎（戸井田一郎）「コッホの宿――保存されていたサイン」『日本医事新報』日本医事新報社、第三二一五号、一九八五年。

鹿子木敏範「熊本における医学教育の回顧――再春館創設から官立熊本医科大学発足まで」『熊杏』（母校創設八五周年記念特集号）熊本大学医学部同窓会、一九八一年。

川俣昭男「明治初期東京大学医学部医学生川俣四男也――その学生生活を中心に」『東京大学史』第二三号、二〇〇五年三月。

北里一郎「雷親爺の人となり」『文』公文研究会、第三五号、一九九四年。

北里善三郎「父北里柴三郎――記憶の泉から」『三田評論』慶応義塾大学出版会、八・九合併号、一九七一年。

酒井シヅ「日本最初の世界級の学者」『文』公文研究会、第三五号、一九九四年。

高野六郎「北里博士のペスト菌発見報告」『日本医事新報』日本医事新報社、第一三七六号、一九七一年。

田口文章・合田恵「北里柴三郎の明治25年」『日本医事新報』日本医事新報社、第三七七七〜三七七九号、一九五〇年。

田口文章・滝龍雄「北里先生とインフルエンザ桿菌」『北里研究所所内報』第七号、夏、一九九五年。

中瀬安清「北里柴三郎によるペスト菌発見とその周辺――ペスト菌発見百年に因んで」『日本細菌学雑誌』第五〇号第三巻、一九九五年。

中瀬安清「ペスト菌発見百年と北里先生」（一）〜（三）『北里研究所所内報』第五・六・七号、一九九五年。

山崎光夫「シャーロックホームズの日の丸」『オール讀物』第五二巻六号、三五六〜三八一頁、一九九七年。

Bibel, David J and T. H. Chen, "Diagnosis of Plague: aan Analysis of the Yersin-Kitasato Controversy", *Bacteriological Reviews*, American Society for Microbiology, Sept. 1976, pp. 633-651.

Solomon, Tom, "Hong Kong, 1894: the role of James A. Lowson in the controversial discovery of the plague bacillus", *The Lancet*, Vol. 350, July 5, 1997, pp. 59-62.

『細菌学雑誌』一九〇八年（第一四六号〜一五七号）。

インターネット・サイト

http://www.kitasato.or.jp/kinen-shitsu/ 北里記念室のホームページ。

http://www.microbes.jp/hiwa/hiwa.html 田口文章博士（北里大学名誉教授）のホームページで、ユニークな記述に満ちている。

http://idsc.nih.go.jp/idwr/kansen/k01_g3/k01_51/k01_51.html 国立感染症研究所ホームページ。

おわりに

一人の狩人（かりゅうど）が、自分の故郷の狩場から都へ出てそこで狩猟の腕を磨き、やがて異国へ赴いた。この細菌の狩人は、確かに大きな獲物をいくつも仕留め、その名は世界に喧伝（けんでん）された。

故国に戻った狩人は、称賛と歓迎の嵐を期待していたが、新しい弓と矢を携えた狩人は、あまりの斬新さゆえに、嫉妬をかい、揶揄さえされたのである。

彼は、狩猟が人々を幸せにすることを知っていたし、それに身を挺する覚悟もできていた。当然、彼は高く評価され、狩場は拡大され、獲物も益々大きくなり、その成功は確かなものになった。それゆえ、時に美酒に酔い、笑いさんざめくこともできるようになった。

狩人は、新しい狩人達を束ね、国全体のみならず、世界に狩場を持ったのである。そして彼は、狩場を倦むことなく所狭しと走り廻ったのである。

狩人は、やがて立ち止まらざるを得なくなった。年老い、力萎（な）え、気力が衰えたのである。しかし、豊饒な狩場は残り、狩人集団はなお力強く次世代に向けて発展を続けている。

しかし、それでは北里とは何者だったのか？　努力し、薫陶を受け、示唆を汲み取って自らの指針とし、飽くなき精勤と類い稀なる自信と洞察力を武器に、人生を突き進んだ男である。研究、仕事、人脈、金、食事、家族、それから愛人にさえ恵まれた、あえて誹（そし）りを恐れず言えば、男冥利（みょうり）に尽きる生き方である。彼が女性では、彼の時代にはこのように生き得なかったであろう。それゆえ時代の産物であるとも言える。

　しかし、彼ほどの医学的業績を積み上げ、国際的に認知され、その後、その力を蓄えることはあっても消沈したことがない男も珍しい。医学の政治に生き、研究所経営を通して立派な経営者と成り、資産を溜め、豪快に生きた。それでいて生き急いでいた訳ではなかった。幸運の星の下に生まれたと言えば簡単だが、それを持続したのもまた北里らしかった。彼には、いつも持続という素晴らしい性質があった。その上、彼には国のために役立とうという気概があった。これも明治的だったか。天下国家のために一肌脱いだのである。

　あるいはそれが利己的、利殖的、打算的に見えたこともあったかもしれない。しかし、どうであれ、北里は堂々と生き、堂々と死んだ。彼が蒔（ま）いた種は、北里学園として今日もなお繁栄を続けている。そこから輩出する医師、獣医師、保健関係従事者、薬剤師は、日本の隅々まで行き渡ったであろう。

　この北里柴三郎伝記の執筆に際し、大学院の恩師芳賀徹先生から慫慂いただいた。この書が、北里研究ならびに日本明治期医学の研究に資することがあればそれにすぐる歓びはない。もとよりこの諸氏のご協力、ご教示は、出来うる限り伝記の内容に反映された筈であるが、誤謬、また読者、関係者のご不満はすべて筆者の責である。資料の使い方、資料の解釈の仕方、文体、私的生活の追究は、またすべて筆者の構成である。

第一の資料は、昭和七年に上梓された『北里柴三郎伝』であろう。もちろん弟子達が、最上の注意を払って編纂したものであるから、どうしても恩師への顕彰のきらいがあるが、それでも実に見事に北里の面影が活写されている。

その直弟子が作った伝記に、孫弟子、曾孫弟子までの諸氏が北里学と称してもよいような活況を呈している。長木大三元北里大学学長、田口文章博士、中瀬安清博士らがそこに名を連ねている。

北里の生誕百五十年を記念するように、二〇〇二年前後に多くの伝記が刊行された。

この書がその末席に加えられることになったのには、ミネルヴァ書房編集部堀川健太郎さんの汗をかきかきの努力があったことを書かないわけにはいかない。

平成二〇年二月十六日　国際シンポジウム「身体のトポロジー」開催日

福田眞人

北里柴三郎略年譜

和暦	西暦	齢	関係事項	一般事項
嘉永 五	一八五二	0	12・20（新暦では一八五三年一月二九日）肥後国阿蘇郡小国郷北里村（現在の熊本県阿蘇郡小国町字北里）に父惟信、母貞の長男として誕生。	イギリス船琉球に来航。明治天皇誕生。
安政 五	一八五八	5	郷里の寺子屋に入る。8・12次男助五郎没、八月二三日三男貞喜没。	日米修好通商条約。福沢諭吉、築地で蘭学塾。
六	一八五九	6	8・21長女なち没。	安政の大獄。
文久 元	一八六一	8	志賀瀬村の親戚で儒者橋本淵泉方に預けられる。父龍雲より四書五経の素読。	種痘所を西洋医学所に改称。遣欧使節団（福沢）。
三	一八六三	10	豊後久留島藩士加藤海助（母の実家）方に預けられる。同藩の儒者園田保の門に入学。	薩英戦争。洋書調所を開成所と改称。
慶応 二	一八六六	13	熊本にて儒者田中司馬の門下生となる。	薩長同盟。海外留学許可。
三	一八六七	14	3・16松尾臣善次女乕誕生。4・30四男裟袈男誕生。	大政奉還。王政復古の大号令。
明治 元	一八六八	15	儒者栃原助之進の門下生となる。	東京遷都。
二	一八六九	16	12月細川藩の藩校時習館に入寮。	医学校を大学東校と改称。

三	一八七〇	17	時習館廃校後、小国郷郡代安田退三宅での書生として入る。	種痘法。
四	一八七一	18	2月古城医学所に入学、蘭医マンスフェルトに師事。	文部省設置。遣米欧使節団。
五	一八七二	19	熊本医学校と改称（後の熊本大学医学部）。	学制。太陽暦。
七	一八七四	21	9月上京、本郷の山田武甫宅へ書生として入る。	医制。
八	一八七五	22	11月東京医学校に入学。	
一〇	一八七七	24	東京大学医学部と改称。九州で西南の役、母貞が気丈に暴徒と応対した頃同盟社結成。演説と会合に取り組む。	西南戦争。東京大学設立。
一一	一八七八	25	4月演説会原稿『医道論』執筆。	
一六	一八八三	30	4月男爵松尾臣善次女乕と結婚、同月内務省雇申付。 7月東京大学医学部卒業。	鹿鳴館。
一八	一八八五	32	11月中浜東一郎と共にドイツ留学を命ぜられる（〜九二年）。	メートル条約加盟。
一九	一八八六	32	1月ベルリンにてローベルト・コッホに師事。	国際赤十字条約加盟。
二〇	一八八七	34	ウィーンの万国衛生会議に列席。	保安条例。
二二	一八八九	36	気腫疽菌純粋培養成功。破傷風菌純粋培養成功。	東海道線新橋〜神戸開通。
二三	一八九〇	37	破傷風免疫体（抗毒素）を発見。血清療法の確立。 12月肺結核治療研究に皇室金千円下賜、留学延長。	教育勅語発布。
二四	一八九一	38	医学博士（文部省）の学位受領。内務省令仏、英、	大津事件。

二五	一八九二	39	伊、米の四カ国衛生状態巡視。5月功績に対しドイツ政府「プロフェッソール」の称号贈与。5・28帰朝。10月私立伝染病研究所設立（福沢諭吉、森村市左衛門らの援助、芝公園内）。11月内務省復職、大日本私立衛生会伝染病研究所所長。弟裟袈男松尾臣善の四女千代と婚姻、妻乕の妹。12月勲三等瑞宝章。	「萬朝報」創刊。
二六	一八九三	40	結核サナトリウム「土筆ケ丘養生園」開設。「大日本医会」結成。東大系が「明治医会」結成。	
二七	一八九四	41	2月伝染病研究所移転。芝区愛宕町。ジフテリア抗血清の製造、使用開始。北島多一助手として入所。5月ペスト原因調査のため香港派遣。6月ペスト菌発見（別個に、フランスのイェルサンも発見）。	日清戦争。
二九	一八九六	42	志賀潔入所。	
三〇	一八九七	43	11・13母貞逝去。	
三二	一八九九	46	3月伝染病研究所の内務省移管（国立研究機関となる）。4月所長就任。東京痘苗製造所長心得。	改正条約実施。
三四	一九〇一	48	11月「東京医会」会長就任。第一回ノーベル生理学／医学賞に推薦さる。しかし、ベーリングが受賞。	高峰譲吉アドレナリン。
三五	一九〇二	49	血清薬院長心得。6・28父惟信逝去。	日英同盟。

三六	一九〇三	50	「帝国連合医会」会長（三府二十余県）。	
三七	一九〇四	51	米国万国学芸会議（セントルイス）。	日露戦争。
三八	一九〇五	52	国立伝染病研究所、新築移転（芝白金台町）。血清薬院および痘苗製造所官制廃止。	
三九	一九〇六	53	4月「日本連合医学会」会頭。5月「医師法」公布。9月帝国学士院会員。11月伝染病研究所を白金台町へ移転。	
四〇	一九〇七	54	全国に医師会結成される。	日仏協約。
四一	一九〇八	55	臨時脚気調査会の官制が公布される。6・12ローベルト・コッホ夫妻アメリカ経由で来日。8・24離日（七四日間）。英国王立学士院会員推挽。	
四二	一九〇九	56	ノルウェーの万国癩会議、ハンガリーの第十六回万国医学会参加。プロシアより星章赤鷲第二等勲章拝受。	高峰譲吉ジアスターゼ。
四四	一九一一	58	満州ペスト予防状況視察。恩賜財団済生会総裁。	鈴木梅太郎オリザニン。野口英世スピロヘータパリダ。
大正二	一九一三	60	日本結核予防協会設立、副会頭に就任。5・14フランス政府レジオン・ドヌール勲章受賞。	
三	一九一四	61	7月従三位授かる。10月伝染病研究所官制改正により内務省から文部省へ移管。11・5依願免本官、北	第一次世界大戦。

			里研究所設立、所長に選ばれる。11月正三位を授かる。	
四	一九一五	62	故郷北里村に北里文庫を設立し贈呈。10月恩賜財団済生会病院初代院長。12月北里研究所竣工。	
五	一九一六	63	フランス学士院会員。11月「大日本医師会」成立、会長に選出される。	
六	一九一七	64	4月慶応義塾大学医学科長。12・26貴族院議員に任ぜられる。	
七	一九一八	65	5月中央衛生会委員。10・5社団法人北里研究所設立、理事ならびに所長に互選。大日本私立衛生会会頭に選任される。	
八	一九一九	66	旭日重光章授かる。	結核予防法。
一二	一九二三	70	極東熱帯医学会会頭就任。日本医師会会長就任。	関東大震災。
一三	一九二四	71	2・11男爵授爵。	
一四	一九二五	72	6・15長男俊太郎、伊香保温泉で心中未遂。	
一五	一九二六	73	5・22妻乕没。	
昭和三	一九二八	75	慶応義塾大学医学部長の職を辞す。	
六	一九三一	78	6・13午前五時脳溢血にて自宅で逝去。6・17青山斎場で葬儀、青山墓地に葬られる。勲一等旭日大綬賞。従二位。爵位返上。	

大川周明　山内昌之
西田直二郎　林　淳
*折口信夫　斎藤英喜
シュタイン　瀧井一博
*西　周　清水多吉
*福澤諭吉　平山　洋
成島柳北　山田俊治
福地桜痴　山田俊治
*村山龍平　早房長治
島田三郎　武藤秀太郎
田口卯吉　鈴木栄樹
*陸　羯南　松田宏一郎
黒岩涙香　奥　武則
長谷川如是閑　織田健志
*吉野作造　田澤晴子
*山川　均　米原　謙
*岩波茂雄　十重田裕一
*北　一輝　岡本幸治
*穂積重遠　大村敦志
中野正剛　吉田則昭
*満川亀太郎　福家崇洋
*エドモンド・モレル　林田治男
*北里柴三郎　福田眞人
高峰譲吉　木村昌人
田辺朔郎　秋元せき
*南方熊楠　飯倉照平
石原　純　金子　務
*辰野金吾　河上眞理・清水重敦
*七代目小川治兵衛　尼崎博正

本多静六　岡本貴久子
ブルーノ・タウト　北村昌史

現代

昭和天皇　御厨　貴
高松宮宣仁親王　後藤致人
*李方子　小田部雄次
吉田　茂　中西　寛
マッカーサー　柴山　太
鳩山一郎　楠　綾子
*石橋湛山　増田　弘
重光　葵　武田知己
市川房枝　村井良太
*池田勇人　藤井信幸
高野　実　篠田　徹
和田博雄　庄司俊作
朴正熙　木村　幹
*田中角栄　新川敏光
宮沢喜一　村上友章
竹下　登　真渕　勝
*松永安左エ門　橘川武郎
鮎川義介　井口治夫
*出光佐三　橘川武郎
*松下幸之助　米倉誠一郎
渋沢敬三　井上　潤
*本田宗一郎　伊丹敬之
*井深　大　武田　徹
*佐治敬三　小玉　武

幸田家の人々　金井景子
*正宗白鳥　大嶋　仁
*大佛次郎　福島行一
*川端康成　大久保喬樹
*薩摩治郎八　小林　茂
坂口安吾　千葉一幹
太宰　治　安藤　宏
松本清張　杉原志啓
安部公房　鳥羽耕史
*三島由紀夫　島内景二
井上ひさし　成田龍一
R・H・ブライス　菅原克也
柳　宗悦　熊倉功夫
バーナード・リーチ　鈴木禎宏
熊谷守一　古川秀昭
川端龍子　岡部昌幸
藤田嗣治　林　洋子
*井上有一　海上雅臣
*手塚治虫　竹内オサム
古賀政男　藍川由美
*吉田　正　金子　勇
武満　徹　船山　隆
*八代目坂東三津五郎　田口章子
*力道山　岡村正史
*西田天香　宮田昌明
安倍能成　中根隆行
サンソム夫妻　平川祐弘・牧野陽子
*天野貞祐　貝塚茂樹

和辻哲郎　小坂国継
矢代幸雄　稲賀繁美
石田幹之助　岡本さえ
*平泉　澄　若井敏明
*早川孝太郎　須藤　功
安岡正篤　片山杜秀
青山二郎　田野　勲
島田謹二　小林信行
田中美知太郎　川久保剛
前嶋信次　杉田英明
*唐木順三　澤村修治
亀井勝一郎　山本直人
知里真志保　モコットゥナシ
*保田與重郎　谷崎昭男
石母田正　磯前順一
*福田恆存　川久保剛
井筒俊彦　安藤礼二
佐々木惣一　伊藤孝夫
小泉信三　都倉武之
*瀧川幸辰　伊藤孝夫
式場隆三郎　服部　正
大宅壮一　有馬　学
清水幾太郎　庄司武史
*フランク・ロイド・ライト　大久保美春
*中谷宇吉郎　杉山滋郎
今西錦司　山極寿一

*は既刊
二〇一九年七月現在

*西郷隆盛　家近良樹
*由利公正　角鹿尚計
*塚本明毅　塚本学
*月性　海原徹
*吉田松陰　海原徹
*高杉晋作　海原徹
*久坂玄瑞　一坂太郎
ペリー　遠藤泰生
ハリス　福岡万里子
オールコック　佐野真由子
アーネスト・サトウ　奈良岡聰智

近代

*明治天皇　伊藤之雄
*大正天皇　F・R・ディキンソン
*昭憲皇太后・貞明皇后　小田部雄次
大久保利通　三谷太一郎
山県有朋　鳥海靖
木戸孝允　落合弘樹
井上馨　伊藤之雄
*松方正義　室山義正
北垣国道　小林丈広
板垣退助　小川原正道
長与専斎　笠原英彦
大隈重信　五百旗頭薫
伊藤博文　坂本一登
井上毅　大石眞
*井上勝　老川慶喜

*桂太郎　小林道彦
*渡邉洪基　瀧井一博
*乃木希典　佐々木英昭
星亨　小林道彦
林董　奈良岡聰智
*児玉源太郎　小林道彦
*高宗・閔妃　木村幹
山本権兵衛　室山義正
*金子堅太郎　松村正義
高橋是清　鈴木俊夫
小村寿太郎　簑原俊洋
*犬養毅　小林惟司
原敬　季武嘉也
*加藤高明　櫻井良樹
牧野伸顕　小宮一夫
田中義一　黒沢文貴
内田康哉　高橋勝浩
平沼騏一郎　堀田慎一郎
*鈴木貫太郎　小堀桂一郎
宇垣一成　北岡伸一
*宮崎滔天　榎本泰子
*浜口雄幸　川田稔
幣原喜重郎　西田敏宏
関一　玉井金五
水野広徳　片山慶隆
広田弘毅　井上寿一
安重根　上垣外憲一
*グルー　廣部泉
*永田鉄山　森靖夫
東條英機　牛村圭
今村均　前田雅之

蔣介石　劉岸偉
石原莞爾　山室信一
近衛文麿　庄司潤一郎
*岩崎弥太郎　武田晴人
伊藤忠兵衛　末永國紀
*五代友厚　田付茉莉子
大倉喜八郎　村上勝彦
*安田善次郎　由井常彦
渋沢栄一　武田晴人
中野武営　佐賀香織
益田孝　鈴木邦夫
山辺丈夫　宮本又郎
武藤山治　阿部武司・桑原哲也
池田成彬　松浦正孝
西原亀三　森川正則
小林一三　橋爪紳也
大倉恒吉　石川健次郎
大原孫三郎　猪木武徳
*河竹黙阿弥　今尾哲也
イザベラ・バード　加納孝代
*林忠正　木々康子
*森鷗外　小堀桂一郎
*二葉亭四迷　ヨコタ村上孝之
*夏目漱石　佐々木英昭
徳冨蘆花　半藤英明
巌谷小波　千葉信胤
樋口一葉　佐伯順子
*島崎藤村　十川信介
泉鏡花　東郷克美
上田敏　小林茂

*有島武郎　亀井俊介
北原白秋　平石典子
菊池寛　山本芳明
芥川龍之介　髙橋龍夫
*宮沢賢治　千葉一幹
高浜虚子　坪内稔典
与謝野晶子　佐伯順子
*種田山頭火　村上護
*斎藤茂吉　品田悦一
*高村光太郎　湯原かの子
石川啄木　先崎彰容
萩原朔太郎　エリス俊子・栗原飛宇馬
*原阿佐緒　秋山佐和子
*狩野芳崖・高橋由一　古田亮
川村清雄　落合則子
*小堀鞆音　小堀桂一郎
竹内栖鳳　北澤憲昭
黒田清輝　高階秀爾
中村不折　石川九楊
横山大観　高階秀爾
*橋本関雪　西原大輔
小出楢重　芳賀徹
土田麦僊　天野一夫
岸田劉生　北澤憲昭
濱田庄司　濱田琢司
*山田耕筰　後藤暢子
松旭斎天勝　川添裕
中山みき　鎌田東二
佐田介石　谷川穣
*ニコライ　中村健之介

*出口なお・王仁三郎　川村邦光
*新島襄　太田雄三
新島八重　佐伯順子
木下広次　冨岡勝
海老名弾正　西田毅
嘉納治五郎　クリストファー・スピルマン
柏木義円　片野真佐子
津田梅子　田中智子
*澤柳政太郎　新田義之
河口慧海　高山龍三
山室軍平　室田保夫
大谷光瑞　白須淨眞
*久米邦武　髙田誠二
フェノロサ　伊藤豊
井上哲次郎
井ノ口哲也
三宅雪嶺　長妻三佐雄
*岡倉天心　木下長宏
志賀重昂　中野目徹
徳富蘇峰　杉原志啓
*竹越与三郎　西田毅
*内藤湖南・桑原隲蔵　礪波護
*廣池千九郎　橋本富太郎
岩村透　今橋映子
*西田幾多郎　大橋良介
*金沢庄三郎　石川遼子
柳田国男　鶴見太郎
厨川白村　張競
*村岡典嗣　水野雄司

*護良親王　新井孝重
*懐良親王　森　茂暁
*赤松氏五代　渡邊大門
*北畠親房　岡野友彦
楠正成　兵藤裕己
楠木正行・正儀　生駒孝臣
*新田義貞　山本隆志
*光厳天皇　深津睦夫
足利尊氏　市沢　哲
*足利直義　亀田俊和
佐々木道誉　下坂　守
細川頼之　亀田俊和
円観・文観　田中貴子
足利義詮　早島大祐
足利義満　川嶋將生
*足利義持　吉田賢司
足利義政　木下昌規
*大内義弘　平瀬直樹
伏見宮貞成親王　松薗　斉
*山名宗全　山本隆志
細川勝元・政元　古野　貢
畠山義就　呉座勇一
足利成氏　阿部能久
世阿弥　西野春雄
雪舟等楊　河合正朝
宗祇　鶴崎裕雄
*満済　森　茂暁
一休宗純　原田正俊
蓮如　岡村喜史

戦国・織豊

北条早雲　家永遵嗣
*北条氏政　黒田基樹
大内義隆　藤井　崇
斎藤氏三代　木下　聡
*毛利元就　岸田裕之
*毛利輝元　光成準治
*小早川隆景・秀秋　光成準治
*六角定頼　村井祐樹
*今川義元　小和田哲男
*武田信玄　笹本正治
*武田勝頼　笹本正治
*真田氏三代　笹本正治
*三好長慶　天野忠幸
松永久秀　天野忠幸
*宇喜多直家・秀家　渡邊大門
大友宗麟　鹿毛敏夫
*上杉謙信　矢田俊文
島津義久・義弘　福島金治
*長宗我部元親・盛親　平井上総
浅井長政　長谷川裕子
吉田兼倶　西山　克
山科言継　松薗　斉
*雪村周継　赤澤英二
正親町天皇・後陽成天皇　神田裕理
足利義輝・義昭　山田康弘
織田信長　三鬼清一郎
織田長益　八尾嘉男
*明智光秀・秀満　小和田哲男
豊臣秀吉　藤井譲治
豊臣秀次　矢部健太郎
*北政所おね　田端泰子
*淀殿　福田千鶴
蜂須賀正勝・家政　三宅正浩
前田利家　東四柳史明
山内一豊・忠義　長屋隆幸
*黒田如水　小和田哲男
*蒲生氏郷　藤田達生
石田三成　堀越祐一
*細川ガラシャ　田端泰子
*支倉常長　田中英道
千利休　熊倉功夫
*長谷川等伯　宮島新一
顕如　神田千里
教如　安藤　弥

江戸

*徳川家康　笠谷和比古
本多忠勝　柴　裕之
*徳川家光　野村　玄
徳川吉宗　横田冬彦
*後水尾天皇　久保貴子
後桜町天皇　所　京子
*光格天皇　藤田　覚
*春日局　福田千鶴
宮本武蔵　渡邊大門
*池田光政　倉地克直
保科正之　八木清治
シャクシャイン　岩崎奈緒子
*田沼意次　藤田　覚
細川重賢　安高啓明
*二宮尊徳　小林惟司
末次平蔵　岡　美穂子
*高田屋嘉兵衛　生田美智子
*林羅山　鈴木健一
吉野太夫　渡辺憲司
熊沢蕃山　川口　浩
*山崎闇斎　澤井啓一
山鹿素行　前田　勉
*北村季吟　島内景二
伊藤仁斎　澤井啓一
貝原益軒　辻本雅史
*ケンペル　B・M・ボダルト＝ベイリー
新井白石　大川　真
荻生徂徠　柴田　純
*雨森芳洲　上田正昭
石田梅岩　高野秀晴
白隠慧鶴　芳澤勝弘
前野良沢　松田　清
平賀源内　石上　敏
本居宣長　田尻祐一郎
杉田玄白　吉田　忠
木村蒹葭堂　有坂道子
*大田南畝　沓掛良彦
菅江真澄　赤坂憲雄
*鶴屋南北　諏訪春雄
良寛　阿部龍一
*山東京伝　佐藤至子
*滝沢馬琴　高田　衛
平田篤胤　山下久夫
国友一貫斎　太田浩司
シーボルト　宮坂正英
本阿弥光悦　岡　佳子
小堀遠州　中村利則
狩野探幽・山雪　山下善也
尾形光琳・乾山　河野元昭
*二代目市川團十郎　田口章子
伊藤若冲　狩野博幸
浦上玉堂　高橋博巳
*佐竹曙山　成瀬不二雄
葛飾北斎　岸　文和
酒井抱一　玉蟲敏子
孝明天皇　青山忠正
*和宮　辻ミチ子
徳川慶喜　大庭邦彦
島津斉彬　原口　泉
横井小楠　沖田行司
*古賀謹一郎　小野寺龍太
*永井尚志　高村直助
*岩瀬忠震　小野寺龍太
*栗本鋤雲　小野寺龍太
大村益次郎　竹本知行
河井継之助　小川和也

ミネルヴァ日本評伝選

企画推薦
梅原猛
ドナルド・キーン
佐伯彰一
角田文衞

監修委員
上横手雅敬
芳賀徹

編集委員
石川九楊
伊藤之雄
猪木武徳
今谷明
今橋映子
熊倉功夫
佐伯順子
坂本多加雄
武田佐知子
竹西寛子
西口順子
兵藤裕己
御厨貴

上代

*俾弥呼 古田武彦
*日本武尊 西宮秀紀
*仁徳天皇 若井敏明
雄略天皇 吉村武彦
継体天皇 若井敏明
*蘇我氏四代 遠山美都男
推古天皇 義江明子
聖徳太子 仁藤敦史
斉明天皇 武田佐知子
*小野妹子・毛人・毛野 大橋信弥
*額田王 梶川信行
弘文天皇 遠山美都男
天武天皇 新川登亀男
持統天皇 丸山裕美子
阿倍比羅夫 熊田亮介
*藤原四子 木本好信
*柿本人麿 古橋信孝
*元明天皇・元正天皇 渡部育子
聖武天皇 本郷真紹
光明皇后 寺崎保広

*孝謙・称徳天皇 勝浦令子
藤原不比等 荒木敏夫
橘諸兄・奈良麻呂 遠山美都男
吉備真備 今津勝紀
*藤原仲麻呂 木本好信
道鏡 吉川真司
*藤原種継 木本好信
*行基 吉田靖雄

平安

*桓武天皇 井上満郎
嵯峨天皇 西別府元日
宇多天皇 古藤真平
醍醐天皇 石上英一
村上天皇 京樂真帆子
花山天皇 上島享
*三条天皇 倉本一宏
藤原薬子 中野渡俊治
*藤原良房・基経 瀧浪貞子
*紀貫之 神田龍身
源高明 所功
*安倍晴明 斎藤英喜

*藤原道長 朧谷寿
*藤原伊周・隆家 倉本一宏
藤原定子 山本淳子
*藤原彰子 朧谷寿
清少納言 三田村雅子
和泉式部 ツベタナ・クリステワ
大江匡房 小峯和明
*阿弖流為 樋口知志
坂上田村麻呂 熊谷公男
*源満仲・頼光 元木泰雄
平将門 西山良平
藤原純友 寺内浩
最澄 吉田一彦
円珍 岡野浩二
*空也 石井義長
奝然 上川通夫
*源信 小原仁
慶滋保胤 吉原浩人
*後白河天皇 美川圭
*式子内親王 奥野陽子
建礼門院 生形貴重

*藤原秀衡 入間田宣夫
平時子・時忠 元木泰雄
平維盛 根井浄
守覚法親王 阿部泰郎
藤原隆信・信実 山本陽子

鎌倉

源頼朝 川合康
*源義経 近藤好和
源実朝 神田龍身
*九条兼実 加納重文
九条道家 上横手雅敬
北条時政 野口実
熊谷直実 佐伯真一
*北条政子 関幸彦
*北条義時 岡田清一
曾我十郎・五郎 杉橋隆夫
北条時頼 山本隆志
北条時宗 近藤成一
平頼綱 細川重男
竹崎季長 堀本一繁
西行 光田和伸

鴨長明 浅見和彦
藤原定家 赤瀬信吾
*京極為兼 今谷明
*兼好 島内裕子
重源 横内裕人
*運慶 根立研介
快慶 井上一稔
法然 今堀太逸
栄西 中尾良信
明恵 西山厚
*親鸞 末木文美士
恵信尼・覚信尼 西口順子
覚如 今井雅晴
*道元 船岡誠
叡尊 細川涼一
*忍性 松尾剛次
*日蓮 佐藤弘夫
一遍 蒲池勢至
夢窓疎石 原田正俊
*宗峰妙超 竹貫元勝

南北朝・室町

後醍醐天皇 上横手雅敬

刊行のことば

歴史を動かすものは人間であり、興趣に富んだ人間の動きを通じて、世の移り変わりを考えるのは、歴史に接する醍醐味である。

しかし過去の歴史学を顧みるとき、人間不在という批判さえ見られたように、歴史における人間のすがたが、必ずしも十分に描かれてきたとはいえない。二十一世紀を迎えた今、歴史の中の人物像を蘇生させようとの要請はいよいよ強く、またそのための条件もしだいに熟してきている。

この「ミネルヴァ日本評伝選」は、正確な史実に基づいて書かれるのはいうまでもないが、単に経歴の羅列にとどまらず、歴史を動かしてきたすぐれた個性をいきいきとよみがえらせたいと考える。そのためには、対象とした人物とじっくりと対話し、ときにはきびしく対決していくことも必要になるだろう。

今日の歴史学が直面している困難の一つに、研究の過度の細分化、瑣末化が挙げられる。それは緻密さを求めるが故に陥った弊害といえるが、その結果として、歴史の大きな見通しが失われ、歴史学を通しての社会への働きかけの途が閉ざされ、人々の歴史への関心を弱める危険性がある。今こそ歴史が何のためにあるのかという、基本的な課題に応える必要があろう。評伝という興味ある方法を通じて、解決の手がかりを見出せないだろうかというのも、この企画の一つのねらいである。

狭義の歴史学の研究者だけでなく、多くの分野ですぐれた業績をあげている著者たちを迎えて、従来見られなかった規模の大きな人物史の叢書として、「ミネルヴァ日本評伝選」の刊行を開始したい。

平成十五年（二〇〇三）九月

ミネルヴァ書房

《著者紹介》

福田眞人（ふくだ・まひと）

京都市生まれ。

京都大学卒業（工学部），東京大学大学院修了（比較文学比較文化）。

現　在　名古屋外国語大学世界教養学部長・教授，名古屋大学名誉教授。

著　書　『結核の文化史』名古屋大学出版会，1995年（毎日出版文化賞受賞）。

『結核という文化』中央公論新社，2001年。

共編著　『日本梅毒史の研究』（鈴木則子と）思文閣出版，2005年，などがある。

ミネルヴァ日本評伝選

北里柴三郎（きたざとしばさぶろう）

——熱と誠があれば——

2008年10月10日　初版第1刷発行

2019年7月10日　初版第2刷発行

〈検印省略〉

定価はカバーに
表示しています

著　者　福田眞人

発行者　杉田啓三

印刷者　江戸孝典

発行所　株式会社　ミネルヴァ書房

607-8494　京都市山科区日ノ岡堤谷町1

電話（075）581-5191（代表）

振替口座　01020-0-8076番

共同印刷工業・新生製本

ISBN978-4-623-04981-3

Printed in Japan

人名索引

あ 行

か 行

さ　行

た　行

な　行

は　行

ま　行

や　行

ら　行

わ　行

事項索引

あ 行

か 行

さ　行

た　行

な　行

は　行

ま　行

や　行

ら　行